"十三五"国家重点出版物出版规划项目

跨文化研究
核心话题丛书
Key Topics in
Intercultural Studies

外语学科核心话题
前沿研究文库

跨文化能力研究

＊

A Study on Intercultural Competence

戴晓东　著

外语教学与研究出版社
FOREIGN LANGUAGE TEACHING AND RESEARCH PRESS
北京 BEIJING

图书在版编目 (CIP) 数据

跨文化能力研究 / 戴晓东著． -- 北京 ：外语教学与研究出版社，2018.12
（2024.1 重印）
（外语学科核心话题前沿研究文库. 跨文化研究核心话题丛书）
ISBN 978-7-5135-7519-5

Ⅰ. ①跨… Ⅱ. ①戴… Ⅲ. ①文化交流-研究 Ⅳ. ①G115

中国版本图书馆 CIP 数据核字 (2018) 第 282228 号

出 版 人　王　芳
选题策划　常小玲　李会钦　段长城
项目负责　陈　阳
责任编辑　段长城
责任校对　解碧琰
装帧设计　杨林青工作室
出版发行　外语教学与研究出版社
社　　址　北京市西三环北路 19 号（100089）
网　　址　https://www.fltrp.com
印　　刷　北京九州迅驰传媒文化有限公司
开　　本　650×980　1/16
印　　张　18.5
版　　次　2018 年 12 月第 1 版 2024 年 1 月第 4 次印刷
书　　号　ISBN 978-7-5135-7519-5
定　　价　68.90 元

如有图书采购需求，图书内容或印刷装订等问题，侵权、盗版书籍等线索，请拨打以下电话或关注官方服务号：
客服电话：400 898 7008
官方服务号：微信搜索并关注公众号"外研社官方服务号"
外研社购书网址：https://fltrp.tmall.com

物料号：275190001

记载人类文明
沟通世界文化
www.fltrp.com

出版前言

　　随着中国特色社会主义进入新时代，国家对外开放、信息技术发展、语言产业繁荣与教育领域改革等对我国外语教育发展和外语学科建设产生了深远影响，也有力推动了我国的外语学术出版。为梳理学科发展脉络，展现前沿研究成果，外语教学与研究出版社汇聚国内外语学界各相关领域专家学者，精心策划出版"外语学科核心话题前沿研究文库"（下文简称"文库"）。

　　"文库"精选语言学、应用语言学、翻译学、外国文学研究和跨文化研究五大方向共25个重要领域100余个核心话题，按一个话题一本书撰写。每本书深入探讨该话题在国内外的研究脉络、研究方法和前沿成果，精选经典研究及原创研究案例，并对未来研究趋势进行展望。"文库"在整体上具有学术性、系统性、前沿性与引领性，力求做到点面结合、经典与创新结合、国外与国内结合，既有全面的宏观视野，又有深入的细致分析。

　　"文库"邀请国内外语学科各方向的众多专家学者担任总主编、子系列主编和作者，经三年协力组织与精心写作，自2018年底陆续推出。"文库"已获批"十三五"国家重点出版物出版规划项目，作为一个开放性大型书系，将在未来数年内持续出版，并计划进行不定期修订，使之成为外语学科的经典著作。

我们希望"文库"能够为外语学科及其他相关学科的研究生、教师及研究者提供有益参考,帮助读者清晰、全面地了解各核心话题的发展脉络,并有望开展进一步深入研究。期待"文库"为我国外语学科研究的创新发展与成果传播做出更多积极贡献。

外语教学与研究出版社

2018年11月

目录

总序 ……………………………………………………… 孙有中　xi

序 ………………………………………………………… 陈国明　xiv

前言 ……………………………………………………… 戴晓东　xvi

第一章　导论 ………………………………………………………… 1

　　1.1　跨文化能力概念的界定 …………………………………… 2

　　1.2　跨文化能力理论视角的建构 ……………………………… 5

　　1.3　跨文化能力评估方法与工具的发展 …………………… 9

　　1.4　本书的思路与架构 ………………………………………… 14

　　1.5　小结 ………………………………………………………… 17

第二章　跨文化能力研究的历史回顾 ………………………… 19

　　2.1　跨文化能力研究的起步与成长：1960—1979 ………… 19

　　2.2　跨文化能力研究的拓展与西方范式的建立：1980—1989 …… 23

　　2.3　跨文化能力研究的深化与西方范式面临的质疑：

　　　　 1990—1999 ……………………………………………… 28

　　2.4　非西方视角的兴起与跨文化能力研究的多元化：

　　　　 2000—2009 ……………………………………………… 35

　　2.5　跨文化能力研究的整合与新起点：2010年至今 ……… 42

　　2.6　小结 ………………………………………………………… 50

第三章 关于一般跨文化能力的理论（一）：西方视角 52

3.1 M. J. Bennett的跨文化敏感性发展模型 ················52

3.2 T. Imahori & M. L. Lanigan的相互关系的跨文化交际能力
模型 ····················56

3.3 G. M. Chen & W. J. Starosta的综合的跨文化交际能力模型 ······60

3.4 M. Byram以外语教育为中心的跨文化交际能力模型 ·········63

3.5 B. H. Spitzberg的综合的跨文化能力模型 ··············67

3.6 L. A. Arasaratnam *et al.*的综合的跨文化交际能力模型 ·······71

3.7 P. M. King & M. B. Baxter Magolda的跨文化成熟发展模型 ·····74

3.8 D. Carbaugh & S. Lie文化话语分析视角下的跨文化能力
理论 ····················77

3.9 S. Rathje新文化概念视角下的跨文化能力理论 ··········80

3.10 G. M. Chen的全球交际能力模型 ·················83

3.11 B. Hunter *et al.*的全球能力模型 ·················86

3.12 小结 ····················88

第四章 关于一般跨文化能力的理论（二）：非西方视角 90

4.1 X. S. Xiao & G. M. Chen的儒家视角的跨文化能力理论 ·····90

4.2 J. Takai & H. Ota的日本文化视角的跨文化能力模型 ·········93

4.3 J. O. Yum的韩国文化视角的跨文化能力模型 ············97

4.4 P. O. Nwosu的非洲文化视角的跨文化能力理论 ··········99

4.5 R. S. Zaharna的阿拉伯文化视角的跨文化能力理论 ·······103

4.6 高一虹的"道"与"器"跨文化能力理论 ············106

4.7 许力生与孙淑女的跨文化能力递进—交互培养模型 ········109

4.8 高永晨的"知行合一"跨文化能力模型 ············113

4.9　孙有中的中国外语教育视角下的跨文化能力模型·············116

4.10　X. D. Dai & G. M. Chen的文化间性视角下的跨文化能力
模型·············118

4.11　小结·············123

第五章　关于特定跨文化能力的理论　124

5.1　W. B. Gudykunst的跨文化焦虑与不确定性管理能力
模型·············124

5.2　C. Gallois *et al.*的跨文化通融能力模型·············128

5.3　Y. Y. Kim的跨文化适应能力理论·············133

5.4　M. J. Collier & M. Thomas的跨文化身份协商能力理论······137

5.5　W. R. Cupach & T. Imahori的跨文化身份管理能力模型·····139

5.6　S. Ting-Toomey & A. Kurogi的跨文化冲突中面子行为
能力模型·············142

5.7　B. B. Haslett的跨文化面子能力理论·············145

5.8　T. K. Nakayama & J. N. Martin的跨文化伦理能力理论····148

5.9　L. Chen & J. Du的组织跨文化能力理论·············151

5.10　安然的孔子学院志愿者跨文化能力模型·············154

5.11　A. Bird *et al.*的全球领导者跨文化能力模型·············156

5.12　小结·············159

第六章　跨文化能力的评估　161

6.1　跨文化能力评估的基础·············162

6.2　跨文化能力评估的对象与目标·············167

6.3　跨文化能力评估的方法·············171

6.4 跨文化能力评估结果的分析 ················· 179

6.5 小结 ································ 183

第七章 跨文化能力的评估工具 184

7.1 跨文化能力评估工具概要 ················ 184

7.1.1 跨文化行为评估量表 ··············· 185

7.1.2 跨文化适应能力评价量表 ············ 185

7.1.3 跨文化交际行为评估量表 ············ 185

7.1.4 社会文化适应量表 ··············· 186

7.1.5 跨文化敏感性评价量表 ············· 186

7.1.6 跨文化交际意愿量表 ·············· 186

7.1.7 一般化的族群中心主义量表 ·········· 187

7.1.8 跨文化敏感性量表 ··············· 187

7.1.9 多元文化人格问卷 ··············· 187

7.1.10 跨文化调整潜力量表 ············· 188

7.1.11 跨文化发展评价量表 ············· 189

7.1.12 文化智力量表 ················ 189

7.1.13 跨文化交际能力量表 ············· 189

7.1.14 跨文化效力量表 ··············· 190

7.1.15 中国大学生跨文化交际能力自测量表 ······ 190

7.1.16 中国大学生跨文化能力评估量表 ········ 191

7.2 跨文化能力评估工具评介（一）：ICCS与ICCAS ······ 192

7.2.1 ICCS ····················· 194

7.2.2 ICCAS ···················· 197

7.3 跨文化能力评估工具评介（二）：GENE与ISS ············ 199

　　7.3.1 GENE ············ 199

　　7.3.2 ISS ············ 202

7.4 跨文化能力评估工具评介（三）：SCAS与IES ········ 206

　　7.4.1 SCAS ············ 206

　　7.4.2 IES ············ 209

7.5 跨文化能力评估工具评介（四）：MPQ-SF与CQS ········ 213

　　7.5.1 MPQ-SF ············ 213

　　7.5.2 CQS ············ 216

7.6 小结 ············ 220

第八章　跨文化能力研究的未来展望　　　　　　　　　221

8.1 跨文化能力概念的辨析与重新界定 ············ 221

8.2 跨文化能力理论视角的梳理、批评与建构 ············ 225

8.3 跨文化能力评估工具的验证、改进与创建 ············ 232

8.4 小结 ············ 238

参考文献 ············ 240

推荐文献 ············ 267

索引 ············ 269

总序

　　跨文化研究在国内和国际学术界如今都堪称显学，相关的学术组织、研究机构、学术期刊乃至学位项目如雨后春笋般涌现。有趣的是，对于"跨文化研究"的定义，学术界至今尚未形成共识。

　　英文和中文中与跨文化研究相关的概念有多个。最常用的英文概念可能是intercultural communication，对应的中文表述一直是一个争论不休的问题。有学者主张译为"跨文化交际"，有学者主张译为"跨文化沟通"，有学者主张译为"跨文化交流"，还有学者主张译为"跨文化传播"。其实不同的译法暗示了不同的研究取向。"跨文化交际"和"跨文化沟通"关注的是跨文化人际互动；"跨文化交流"不仅关注人际间的跨文化互动，而且关注组织乃至国家间的跨文化互动；"跨文化传播"则主要关注通过大众传媒实现的跨文化互动。

　　英文中另一个与跨文化研究相关的概念是cross-cultural communication。根据Gudykunst的区分，intercultural communication强调的是文化间的互动，而cross-cultural communication强调的是文化间的比较。所以，cross-cultural communication studies的准确译法应该是"比较文化研究"。也有学者不加区分地使用这两个概念。

　　让问题变得更加复杂的是近年来开始流行的英文概念transcultural communication。在英语文献中，这个概念所关注的是文化间的"杂糅"或"交融"现象。这个概念在中国学术界也开始受到关注。

　　大概因为这些概念彼此交叉，歧义横生，国内学术界越来越多的学者开始使用"跨文化研究"这个更具包容性的概念。英文中的 intercultural studies 正好与之对应。但到底什么是"跨文化研究"呢？

　　不同学科的学者在使用这个概念时其实各有所指。语言研究领域的学者说的是跨文化人际交往；传播学领域的学者说的是基于媒介的跨文化互动；文学/文化研究领域的学者说的是比较文学/文化；教育学领域的学者说的是跨文化教育或国际教育；历史学领域的学者说的是全球史；哲学领域的学者说的是跨文化观念比较；文化人类学领域的学者说的是文化的普遍性与相对性；心理学领域的学者说的是不同文化群体的心理倾向或价值取向，如此等等。各研究领域的实际情形其实更为复杂。

　　但是，如果我们超越不同学科间的人为藩篱，不难发现"跨文化研究"说到底是一种研究的视角，它关注文化的多样性及其对个人和群体的影响，主张超越本土文化局限的"他者"意识和"文化间性"，试图理解和应对全球化时代因文化差异而导致的种种矛盾和冲突，其最终目的是增进跨文化理解，促进文明互鉴，构建人类命运共同体。在此意义上，跨文化研究是"问题导向"而非学科导向的研究，或者说它就是跨学科研究。无论研究什么问题，跨文化研究往往因跨越学科而彰显特色，因跨越文化而富于原创。跨文化研究不囿于任何一种研究方法或范式，可以是定量研究，可以是定性研究，可以是民族志研究，可以是文本阐释，可以是案例分析，可以是混合研究，不一而足。不难想象，随着全球化在深度和广度上不断推进，人文和社会科学的所有领域都将更加跨文化。

　　基于此，本丛书在问题导向和跨学科研究两个维度上理解跨文化研究。凡是已经产出丰富研究成果并具有广阔发展前景的具有重要学术意义和现实意义的跨文化核心话题（key topics），不论学科背景，都可以成为本套丛书的选题。

　　每一个核心话题其实就是跨文化研究领域一个明确的研究方向，构成本丛书一个分册的主题。每一分册深入探讨该话题在国内和国外学术界的研究脉络、经典理论、重要学者与著述、相关研究方法与范式。作者在系统梳理该核心话题研究文献的基础上，对现有研究成果的贡献和局限性进行点评，并对该话题领域的当前热点问题、研究空白和未来走向做出分析和预测。

本丛书具有如下鲜明特点：

工具性：一书在手，读者可以纵览跨文化研究某一核心话题领域的国内外研究历史、现状与趋势，掌握相关文献，登堂入室，寻幽览胜，激发研究兴趣，找到研究问题，开启独立探索之旅。

学术性：对每一个核心话题的研究均穷尽相关领域的学术专著与期刊论文，细心筛选，去粗取精，务求完整呈现最具代表性的学者与流派、经典理论与标志性成果，并努力做出公允评价。

可读性：本丛书的目标读者定位为有志于进入跨文化研究不同领域的年轻学子和研究者，因此语言务求通俗易懂，论述务求雅俗共赏。由于跨文化研究的高度跨学科性，本丛书对于人文社会科学不同领域的学者亦具有重要参考价值。

孙有中

北京外国语大学

2018年11月

序

　　跨文化能力研究于20世纪60年代初，因外派工作人员与国际学生的增加而兴起。20世纪80年代因全球化潮流的推进，跨文化能力成了跨学科研究的主要概念之一，不仅受到传播、语言、教育、商业、心理等学科学生的重视，也受到跨国公司的重视。

　　半个世纪以来，中外有关跨文化能力的研究已相当普遍，研究成果的发表数量也颇为可观。不过，仔细观察就会发现，关于跨文化能力的研究大部分以期刊论文发表为主，成书出版的还是少数，而且都属于基础性的教科书或包罗广泛的论文集。虽然对跨文化能力这个概念的基本理解与研究视角有所助益，但对于从学术角度系统地研究这个概念的贡献仍属有限。戴晓东博士的这本《跨文化能力研究》恰好弥补了这个缺失，从学术研究的角度，领先群论，从概念的定义与理论的梳理，到评估方法与测评工具的解析，对跨文化能力这个概念做了全面的探索。它整合了颇具参考价值的文献，对未来的研究方向提出了颇具启发性的见解，为跨文化能力研究铺下了一条可遵循的道路。本书对这个概念研究的贡献可谓重大。

　　本书第一章简要地说明全书的思路与架构，然后分七章对跨文化能力研究进行系统性的讨论。第二章回顾跨文化能力研究从20世纪60年代至今的历史发展轨迹，为这个概念的生成与研究进程理出了一条清晰的脉络。第三章至第五章从一般跨文化能力与特定跨文化能力的角度，综述、归纳与评介32个具有代表性的跨文化能力理论和模型。这些理论和模型不仅包括西方文化视角，而且涵盖亚非与中东文化的非西方视角。值得一提的是，其中几个由国内学者建立的跨文化能力理论和模型，对中国读者更具有参考与激励的意义。第六章与第七章探讨如何评估跨文化能力并介绍相应的评估工具，提供了如何依据理论来观察与收集资料，以便测定个人跨文化能力水平的方法。最后一章从跨文化能力的定义、理论与评估三个方向，对其未来的研究进行展望，并提出了作者自己的看法与建议。

人类社会目前正值全球化潮流正反力量碰撞以及多元文化激荡的世事纷扰之时，如何增进来自不同文化的人们彼此之间的了解与良性互动，进而达到和平共存的佳境，正是跨文化能力所欲实现的目标。戴晓东博士的这本《跨文化能力研究》的出版正是时候。本人从事跨文化能力研究已有35年，不仅个人感激戴晓东博士这本书的出版，更希望此书能在学术界引起共鸣，最终为整个人类社会的发展做出积极的贡献。

陈国明

美国罗得岛大学

2018 年 5 月

前言

经过近两年的努力，终于完成《跨文化能力研究》的写作。跨文化能力是跨文化交际学的核心概念之一，在过去的五十多年里一直是学者们热衷探讨的问题。我从2008年起开始关注跨文化能力，虽然经过数年的学习与研究，积累了丰富的资料，比较系统地掌握了相关的理论与研究方法，但写作过程中仍不断地遇到这样或那样的困惑与不解。跨文化能力极为复杂，要想准确、深入地理解它，对之进行全面的分析，需要渊博的跨学科知识和深厚的学术修养，对我来说无疑是一个极大的挑战。在写作过程中，本书的总体框架经过较长时间的酝酿、尝试和修改，成文的书稿也经过多次调整、补充和删减，形成现在的模样。本书的完成并非全凭我一己之力，写作期间我曾得到多方帮助，在此谨表达我诚挚的谢意。

首先感谢中国跨文化交际学会会长、北京外国语大学副校长孙有中教授。感谢他邀请我参加外语教学与研究出版社"跨文化研究核心话题丛书"的写作，给我一个学习与探索的好机会。其次，我要感谢美国夏威夷大学的Yoshitaka Miike（三池贤孝）教授。三池教授经常寄来宝贵的文献资料，与我分享他的研究心得与成果，使我获益匪浅。再次，我要感谢上海外国语大学的翁立平博士。他帮助我借阅与复印外文资料，助益良多。此外，我要感谢外研社的编辑。他们的督促与协调为本书的顺利完成提供了良好保障。

最后，我要特别感谢国际跨文化传播学会会长、美国罗得岛大学的陈国明教授。他既是我的老师，也是我的好朋友，多年来一直对我倍加关怀，给我鼓励。在写作过程中，陈老师不仅帮助我收集资料，阅读了全部文稿，而且提出诸多中肯而富有启发的建议，为本书的质量把关。书稿完成之后，他在繁忙的教学与科研中不辞辛苦，欣然为本书提笔作序。

当然，本书肯定存在许多疏漏、不足或谬误，一切都应由我承担。

戴晓东

上海师范大学

2018 年 8 月

第一章 | # 导论

我们生活在全球化时代，其显著的特征是文化之间联系的增强、边界的淡化以及相互影响的加深。现代交通与传媒技术革命打破了地理屏障，把不同的地区、国家与社会整合到一起，形成一个前所未有、广大而宏阔的全球语境。在此语境中，人们与远方的友人通信、出国旅游、海外留学、移居他乡、举行跨国商务谈判、参与国际体育竞赛以及人文艺术交流和学术研讨，展开各种形式的跨文化交际活动。人们参加各种跨文化交际活动的时候，常常遇到一些难以处理的问题。例如，当坦率、直接的美国人遇到爱面子的中国人时，如何避免让对方感到尴尬和不满？注重非语言交流的日本人如何向注重语言交流的英国人表达自己的观点和感受？认同集体主义的成员如何化解与认同个体主义的成员之间的价值冲突？面对文化差异带来的重重障碍，唯有培养跨文化能力才能驾驭世界的多样性，实现成功的交际。跨文化能力在全球化时代有其不可或缺的重要性，是当今所有公民都应该具备的能力与素养（Chen 2010a）。

跨文化能力研究大致始于20世纪60年代，80年代之后逐渐成为跨文化交际研究的重要领域，至今仍然是学界关注的核心问题之一。在半个多世纪的发展过程中，学者们从不同学科及其不同视角分析跨文化能力，取得了丰硕成果，成绩斐然，有必要对此进行系统的整合，以观其全貌、检点其得失。Deardorff（2009）曾做过这方面的努力，推出了《跨文化能力手册》(*The SAGE Handbook of Intercultural Competence*)。
Bennett(2015)编辑了《跨文化能力百科全书》(*The SAGE Encyclopedia of Intercultural Competence*),进一步推动这项工作。国内有关这方面的著述尚不多见,相关的研究也比较薄弱。本书将系统地梳理与整合国内外跨文化能力研究的重要成果,阐明当今学术动态,揭示未来发展趋势,以期弥补这方面的不足。跨文化能力研究涉及许多复杂的问题,例如概念的界定、理论的建构、能力的教学与培训、交际情景中能力的运用以及它的测量与评估等,不一而足。限于篇幅,本书重点讨论其中三个基本问题:跨文化能力概念的界定、理论视角的建构以及评估方法与工具的发展。

1.1 跨文化能力概念的界定

跨文化能力是跨文化交际学的核心概念之一(Dai & Chen 2014)。自20世纪70年代以来,学者们一直试图全面地界定跨文化能力,准确理解它的内涵。他们各抒己见、见仁见智,提出多种定义,但至今未能达成一致见解,探索与争论仍在继续。

能力(competence)一词源自法语(competere),本义是"角逐、竞争或争夺"(Bruneau 2002: 4)。在英语中,有能力意味着一个人掌握了熟练的技能,表现出色,行为有效,效果良好。交际能力是人与人互动的能力,既涉及自我也涉及他人,在社会交往中起到互通信息、分享情感与知识、举行社交仪式、建立人际关系、控制交际进程以及实现预期目标等功能(Chen 1990)。交际能力分为一般能力与特定能力。一般能力是指应用于各种社会场景的最根本的交际能力(Spitzberg & Cupach 1984)。特定能力是指和特定语境或技能联系在一起的能力,包含情绪控制、知识习得、身份协商、人际关系管理和冲突调解等方面的能力(Perry & Southwell 2011)。

跨文化能力是来自不同文化的人们进行互动与对话的能力，涉及多元的文化背景与身份。与之类似或相联系的概念有许多，例如跨文化交际能力（intercultural/cross-cultural communication competence）、跨文化语者（intercultural speaker）、跨文化人（intercultural person）、多元文化人格（multicultural personality）、文化智力（cultural intelligence）、跨文化成熟（intercultural maturity）及世界公民（global citizen）等。有些人认为，跨文化能力属于人际交往能力的类型之一，两者之间的共同点多于差异（Kealey 2015；Spitzberg 2015）；有些人认为，两者虽然密切联系但存在重要的差异（Chen & Starosta 1996）。文化背景在人际互动中往往隐而不现，但在跨文化互动中却变得突出起来，能否跨越文化差异造成的种种障碍是衡量交际者是否有能力的关键指标。在此意义上，后一种观点更有说服力，也是大多数学者界定跨文化能力的起点。

目前，已有很多学者借鉴人类学、语言学、教育学、社会学、传播学、管理学和心理学等学科的研究成果，从各自的角度来界定跨文化能力。例如，Ting-Toomey（1993）提出，跨文化能力是交际者与来自其他文化的成员展开有效的协商，获得满意结果的能力。Chen & Starosta（1996）将跨文化能力理解为交际者在具体的语境中商讨意义、辨析文化身份，有效而得体地交际的能力。Kim（2001 a）认为，跨文化能力是交际者进行心理调整，适应新环境的内在的能力。Arasaratnam & Doerfel（2005）提出，跨文化能力是交际双方感知的、达到称心结果的能力。Dai & Chen（2015）把跨文化能力界定为建立跨文化联系，发展和谐互利的关系，一起成长的能力。

在众多彼此不同、各具特色的跨文化能力定义中，有三个争议引人注目：其一，个人特性与发展过程的争议；其二，内在潜能与外在效果的争议；其三，东西方文化不同侧重点的争议。

许多学者把跨文化能力看作交际者个人的特性，例如开放、敏感、博识、灵活与合作等（Harris 1973；Howard-Hamilton *et al.* 1998；Hunter *et al.* 2006）。这种观点静态地理解跨文化能力，忽略了它的变化与发展。以 Bennett 和 Hammer 等为代表的一批学者，从动态的发展过程分析跨文化能力概念，辨析其演进的不同阶段（Bennett 1984，1986；Hammer *et al.* 2003；King & Baxter Magolda 2005）。

第二个争议也有较大的理论意义。一些学者认为，跨文化能力是交际的有效性，能力与有效性几乎是等量齐观、可以交替使用的概念（Gudykunst 1998a；Hammer *et al.* 1978；Ruben 1976）。另一些学者认为，跨文化能力不是外在的交际行为的有效性，而是交际者内在的素养、潜能及人格的力量（Kim 2001a；高一虹 1998；杨建培 2012）。

第三个争议是当下跨文化能力研究中的一个重要议题。以英美为代表的西方学者认为，跨文化能力是交际者掌握文化知识，控制互动过程，实现个人目标的能力；而以中日韩为代表的东方学者认为，跨文化能力是准确、细腻地体会他人情感，克制自我，建立和谐的人际关系的能力。人际关系的和谐远比自我目标的实现重要。

在上述三个争议中，前两个争议反映出学者对跨文化能力的不同理解，后一个争议体现出东西方文化迥异的价值取向。经过多年的学术争鸣，学者们对跨文化能力的认识逐步提高，也取得了一些基本的共识。例如，大部分人赞同跨文化能力既是个人特性，又是行为技能，更是一个动态的发展过程，有效性（effectiveness）和得体性（appropriateness）是衡量它的两个关键标准。跨文化能力包括情感、认知和行为三个基本要素，不仅表现在交际目标的实现上，而且表现在交际方式的恰当与行为的得体上。

需要指出的是，西方学者在界定跨文化能力时倾向于回避东方文化推崇的道德修养，也比较轻视情感因素。目前，西方学者的理论主导着跨文化能力研究，我们应该努力摆脱西方的文化偏见，以更开阔的视野理解跨文化能力的内涵。既然来自不同文化的成员之间可以展开跨文化交际，那么跨文化能力理应包括多元的价值取向。

与交际能力一样，跨文化能力也可以分为一般跨文化能力和特定跨文化能力。一般跨文化能力是指那些应用于所有跨文化情境的基本的交际能力。特定跨文化能力是指在特定语境中的抑或与特定技能相联系的交际能力，例如跨文化交际意愿的培养、焦虑与不确定性的控制、外语学习、跨文化适应、言语通融、身份建构、面子协商以及组织协调和领导管理等方面的能力。我们在界定跨文化能力时应该注意两者之间的差异。本书在关注各种界定跨文化能力的视角之时，努力寻找比较全面、合理的定义，以期能够更准确地把握它的意义。

1.2　跨文化能力理论视角的建构

概念的界定既是理论建构的基础，也是其有机的组成部分。比较而言，后者有着更加丰富的内容。任何科学研究都需要理论的引导，理论建构在跨文化能力研究中扮演着不可或缺的角色。自20世纪80年代起，学者们开始探索建构跨文化能力理论的途径，并且在随后的四十多年里创建了许多视角独特、形态各异的理论模型。90年代之前，西方理论占据主导地位，其后非西方视角逐步兴起，推动了跨文化能力理论的多元化发展。

理论是一系列相互联系的假设或命题，是对事物系统理性的解释和一般化的解释（戴晓东 2011；郑全全等 2010）。它帮助研究者把零散杂乱的经验与知识系统地组织起来，使之简约化、条理化。没有理论视角，我们便无法确定跨文化能力研究的方向，无法说明所观察到的现象，检验研究结果，分析它们的得失，也不能对它们进行综合，并且在此基础上开启新的研究议程。

20世纪60年代以来，跨文化交际学者从多种视角建构跨文化能力理论，极大地提高了我们对它的认识水平。例如，Ruben（1976）从行为主义角度分析跨文化能力，把它看作一系列可辨析的交际技巧，尊重、移情及其对暧昧的包容是其关键的要素。Imahori & Lanigan（1989）从相互关系角度建构跨文化能力模型。他们提出，跨文化能力包括知识、动机和技巧三个方面，其衡量的标准在于交际双方对结果的满意程度以及稳定、良好关系的建立。Byram（1997）从外语教育角度来探究跨文化能力。他认为，一个有能力的跨文化交际者应该具备语言技能和社会文化知识，能够协调不同的文化系统。Ting-Toomey（2005）从身份协商的角度审视跨文化能力。在她看来，一名胜任的跨文化交际者是细心灵活、随机应变、富有创见的人，能够在交际过程中保持恰到好处的平衡，建构双方希冀的身份。

国内学者在20世纪90年代开始从外语学习与教学视角发展跨文化能力理论，也取得了许多进展。例如，林大津（1996）借鉴Chomsky（1965）的语言能力以及Hymes（1972）的交际能力理论分析跨文化能力，指出跨文化能力涵盖表层与深层结构，知识、心理素质和道德修养是其关键的要素。许力生（1997）认为，跨文化能力包括语言、社会语言、语篇、语法和策略能力，其中语法和策略能力更具跨文化性，在交际中起着更重要的作用。高一虹（2002）在批判西方主流观点"认知、情感和行为"跨文化能力三要素的基础上，提出跨越和超越两个阶梯的能力观。跨越阶梯包括文化知识、交际技能和移情能力；超越阶梯包括文化差异意识、灵活性与开放性以及生产性自我认同。钟华、樊葳葳（2013）参考Byram（1997）的模型建构了理论框架，她们认为，跨文化交际能力涵盖交际能力与跨文化能力。其中，交际能力包括语言、社会语言、语篇和策略能力；跨文化能力包括技能、知识、态度和意识四个构成要素。

在跨文化能力理论研究中，有三个分野值得关注：其一是一般跨文化能力与特定跨文化能力的分野；其二是主位与客位的分野；其三是西方视角与非西方视角的分野。在国内外学者建构的跨文化能力理论中，有些是关于一般跨文化能力的理论，有些则是关于特定跨文化能力的理论。一般跨文化能力的理论针对跨文化交际过程中普遍的、一般性的问题；特定跨文化能力的理论针对跨文化交际过程的某个侧面或特定的问题。例如，

Imahori & Lanigan（1989）、Chen & Starosta（1996）以及 Spitzberg（2009）提出的跨文化能力理论就属于一般跨文化能力的理论，Ting-Toomey & Kurogi（1998）的面子行为能力、Kim（2001a）的跨文化适应能力、Nishida（1999）的文化图式理论就属于特定跨文化能力的理论。在国内学者中，高一虹（1998）提出的跨文化能力的"道"与"器"、杨盈、庄恩平（2007）提出的跨文化能力理论可以划归前者，胡庚申（2004）的跨文化语用能力、高永晨（2005）的文化移情能力理论可以划归后者。

一般跨文化能力理论指导人们观察跨文化能力的全貌，了解其整体运行的机制和发展趋势，适用于广泛的领域。特定跨文化能力理论引导人们审视跨文化能力在某些关键层面或特定情境中的表现，理解其遵循的特定法则和社会规范。两者各有优势，互为补充，一起揭示跨文化能力运作的社会规则与科学原理。

跨文化能力理论还有主位和客位之分。站在特定的文化立场上解读跨文化能力的理论就是主位理论。站在科学、普遍的立场上研究跨文化能力，尽量避免受到自身文化偏见影响的理论就是客位理论。Ruben（1976）、Chen & Starosta（1996）、Nishida（1999）的跨文化能力理论属于后者，Xiao & Chen（2009）提出的儒家文化视野下的跨文化能力理论、Zaharna（2009）从阿拉伯文化视角以及 Yum（2012）从韩国文化视角提出的跨文化能力理论属于前者。

中国学者在研究初期阶段主要运用客位视角建构理论，近年来一些学者开始倡导本土视角，发展立足中华文化的主位跨文化能力理论。例如，高一虹（1998）运用中国文化思想推出的"道、器"跨文化能力理论以及张卫东、杨莉（2012）和顾晓乐（2017）从中国外语教育视角建构的跨文化能力模型与跨文化交际能力互动理论模型。

主位理论从研究者自身的文化视角审视跨文化能力，深入探析它形成与发展的社会根基与文化逻辑。客位理论以科学、中立、客观的眼光分析跨文化能力，努力摆脱文化偏见，揭示其发展的普遍规律与一般原理。

主位视角立足本土文化，有其理论根基上的优势，但其明显的缺陷是忽略其他文化的价值取向与行为偏好，不能充分解释跨文化互动、协商、沟通与适应的过程。客位理论试图站在科学、中立的立场上解析跨文化能力，建构适用于所有文化的理论。然而，跨文化能力是文化的建构，研究者在发展理论时不可能完全不带有任何价值判断，即使他们努力排除既定的文化立场，以客观的态度进行分析，也难免会有这样或那样的文化取向与偏见。

由于大多数西方学者采用客位视角发展跨文化能力理论，其理论带有明显的文化偏见[1]。非西方学者开始发展本土视角，或对之补充，或与之抗衡。主位与客位视角之争导致西方理论与非西方理论分野的形成。西方的跨文化能力理论倾向于以自我为中心，以理性为准绳，以交际的效用和对过程的控制为目标，轻视情感、道德因素以及交际者的相互关系（Bruneau 2002；Xiao & Chen 2009）。与此形成鲜明对比的是非西方理论，特别是以中日韩为代表的东方文化以人际关系为核心，以情感为纽带，强调道德修养与人格魅力的功效，淡化知识与技能的作用。

目前，欧美学者创建的理论主导着跨文化能力研究，形成了以实证主义为内核的西方范式。在西方范式主导跨文化能力研究的情况下，本土视角和主位视角的建构显得尤为重要。正如Collier（1989）所言，只有建立了有效的适用于特定文化的视角，才能发展普遍适用的跨文化能力理论。本土视角立足特定的文化，更贴近当地的社会现实，不仅能够纠正西方理论的偏见，而且能够消除它的盲点，揭示非西方交际行为的独特之处。

近年来，由于无力解析一些非西方交际行为，西方理论受到众多质疑和挑战，建构本土理论的呼声逐渐高涨，非西方视角获得长足发展。Asante（1988，1998）率先提出以非洲为中心的跨文化交际理论，其后Miike（2003，2010）提出以亚洲为中心的跨文化交际理论，还有学者提出建构其他形式的非西方理论的构想（Kim 2002）。在非西方视角的跨文

1　例如，中国人的害羞、谦虚与变通，日本人的沉默、委婉与暧昧等在东方文化中被认为是有能力的表现，而在西方理论中却被负面地解读。

化能力理论建构方面，Miyahara（1995）、高一虹（1998）、Xiao & Chen（2009）、高永晨（2014）等已经做了有益的尝试。这些理论把非西方文化放在中心位置，从其特定的文化视角解析交际行为，促进了跨文化能力理论的平衡发展。当然，从特定的文化视角来分析跨文化能力并不能解决所有问题，仍有必要对不同的文化视角作比较，发现共同之处并加以整合，建立适用面更广的理论，更有效地指导跨文化交际实践及其研究。正是带着这个目的，本书系统地梳理西方与非西方跨文化能力理论，希望在呈现多种视角的同时，促进不同理论的相互比较、批评、借鉴与融合，形成更具普遍性和跨文化解释力的理论。

1.3　跨文化能力评估方法与工具的发展

　　跨文化能力研究的另一个基本问题是能力的评估与测量。早在20世纪70年代，学者们就开始寻求评估跨文化能力的可能路径。其后，他们一直努力探索评估的基本原则，发展行之有效的方法，创建可靠的测量工具，使跨文化能力评估得到不断的改进与完善。

　　跨文化能力的评估是运用科学的方法和可靠的工具系统地收集信息，然后对信息进行分析与评价，以判断参与者跨文化能力的高低与发展状况的过程。早期，学者们认为跨文化能力就是交际行为的有效性，因此他们主要围绕外在的交际行为进行评估（例如，Ruben 1976；Ruben & Kealey 1979）。也有学者认为，跨文化能力是内在的，评估的要点在于交际者的个人特性（例如，Harris 1973；Kim 2001a）。还有学者认为，跨文化能力包括个人特性、行为技能、心理适应和文化意识，评估应该涵盖它的各个方面（例如，Byram 1997；Chen & Starosta 1996；Deardorff 2009，2015；Gudykunst et al. 1977）。90年代之后，随着认识的逐步提高，越来越多的人意识到跨文化能力是一个复合概念，需要对其进行多方位的综合评估。

围绕跨文化能力评估问题，学界存在两个较大的分歧：其一，文化普遍性与文化特殊性的分歧；其二，整体评估与局部评估的分歧。对于第一个分歧，一些学者认为，跨文化能力包括的层面在任何文化中都是一样的，西方学者提出的知识、情感与行为三要素评估框架同样适用于非西方文化中跨文化能力的评估（Gudykunst & Hammer 1984）。另一些学者认为，西方的评估框架有其特定的文化取向，不一定适用于非西方文化（Chen & Starosta 1996；Wiseman & Abe 1984；Xiao & Chen 2009）。

对于第二个分歧，有学者认为，跨文化能力的各个层面是相互依存的整体，如果把它分解开来进行评估就无法反映不同层面之间的联系与影响，难以得到全面、充分的评价（Byram 1997；Imahori & Lanigan 1989）。还有学者认为，跨文化能力是一个十分复杂的概念，整体评估难度很大，应把它分解开来，每次评估其某个特定的层面或要素，这样可能更有收获（Deardorff 2009，2015；Fantini 2009）。

第一个分歧反映出学者们对能力的普遍性与特殊性的认识。跨文化能力当然存在文化上的差异，但也有文化上的共性。正如不同的文化共享一些基本的价值观一样，有些基本的能力要素也具有普遍性。例如，积极的情感和必要的经验、知识与技能是任何成功的交际都不可或缺的要素。当然，有些能力具有文化上的特殊性。例如，人际网络的建立、人与人之间的心灵感应以及面子维护等能力可能具有较大的跨文化差异。如果非西方学者使用西方的评估框架，就要做适当的文化调适，抑或建立新的框架。第二个分歧反映出学者们对能力要素之间关系的认知上的差异。跨文化能力的不同层面在相互联系的同时也有相对的独立性，研究者既需要对特定的层面或要素进行测量，也需要对整体进行测量，才能实现全面、有效的评估。

跨文化能力的评估首先要解决概念化的问题（Fantini 2009）。准确地界定跨文化能力的意义、辨析其构成要素之后，研究者才能确切地知道要评估什么。其次，研究者需要确定评估的对象与目标，找到与之匹配的方法和合适的工具，然后再组织人员进行测量与分析。由于跨文化能力是一个复杂的概念，任何单一的视角、方法与工具都有局限性，因此研究者应该尽量从多种角度、运用多种方法与工具对其进行评估（Deardorff 2015）。

除了评估的基本原则，评估方法的探索也具有重要的意义。在过去的近五十年中，学者们不断发展各种有效的评估方法，建立严谨科学的探索程序。常见的评估方法包括：访谈（interview）、问卷（questionnaire）、个案研究（case study）、观察（observation）、前测／后测实验法（pre-/post-test）、叙事日记分析（analysis of narrative dairies）和文件夹（portfolio）等（Deardorff 2006；Fantini 2009）。

这些方法大致可以分为定性与定量两种性质的评估。定性评估是指用语言而非数字来描述信息、判断事实的方法；定量评估是指以数字统计来显示信息、判断事实的方法。访谈是典型的定性评估方法，问卷与实验法是典型的定量评估方法。从跨文化能力研究的现有文献看，20世纪90年代中期之前，大多数学者采用定量评估方法，其后定性评估方法的使用有所增加，但现在前者仍居多数（Takai 2015）。理论上讲，任何方法都可以用于跨文化能力评估，但不同的方法各有所长，使用时应该与评估的目标相匹配。例如，评估比较容易量化的文化知识或交际行为可以采用问卷，但评估比较复杂的批判思维或解释能力时，访谈、个案研究或文件夹则更为合适。一般而言，为了获得全面、准确的信息，需要综合运用定性与定量的评估方法（Byram 1997；Deardorff 2009，2015；Fantini 2009）。

目前，跨文化能力评估方法的一个显著特征是西方实证主义的主导性。实证主义认为，客观世界中的事物独立于认知它的人；对世界的理解应该建立在对可观察现象的研究之上；对事物最小单元的观察是最有意义的研究目标；局部研究的总和等于整个研究过程（Smith 1988）。在跨文化能力评估中，实证主义要求研究者通过严格的科学程序，排除个人主观的见解，对可观察的交际行为做客观的描述与分析，获得普遍适用的评价与判断。对于那些通过个人体察、感悟、思辨等非实证的方法得到的观点，西方学界一般不接受或不承认。

　　实证主义的力量在于它能够用客观的事实和量化的数据评价跨文化能力的发展水平,评估的结果可以推而广之,具有普遍的适用性。其局限性是人为地分解事物,评估的系统性较差,对于评估一些难以量化的跨文化能力要素显得力不从心,甚至刻意地回避。但这些不足并没有撼动它的主导地位,至今大多数跨文化能力的评估,无论是定量的还是定性的,仍然倾向于采用实证的方法。在2000年之前,中国学者较少使用实证的方法研究跨文化能力。近十几年来,它逐渐被中国学者接受,并开始流行起来。这种趋势要求我们系统地学习与掌握各种实证研究方法与统计原理,按照科学的规范评估跨文化能力;与此同时,不断探索新的方案,努力消除实证研究的偏差,更准确地评估跨文化能力。

　　工欲善其事,必先利其器。20世纪70年代以来,学者们一直致力于发展稳定可靠的跨文化能力评估工具,迄今为止已经创建了一百多个形态多样、功能迥异、手段不一的工具。例如,Ruben(1976)编制的跨文化行为评估量表(Intercultural Behavioral Assessment Indices, IBAI)、Hammer & Bennett(1998)创建的跨文化发展评价量表(Intercultural Development Inventory, IDI)、Chen & Starosta(2000a)编制的跨文化敏感性量表(Intercultural Sensitivity Scale, ISS)、Arasaratnam(2009)创建的跨文化交际能力量表(Intercultural Communication Competence Scale, ICCS)、Portalla & Chen(2010)发展的跨文化效力量表(Intercultural Effectiveness Scale, IES)等。

　　这些众多的评估工具可以根据其功能以及评估的手段进行分类。就功能而言,可以分为评估一般跨文化能力与特定跨文化能力的工具;就评估的手段而言,可以分为自评工具与他评工具。评估一般跨文化能力的工具指从整体上评估一般场合下交际能力的工具。例如,Hammer *et al.*(2003)的跨文化发展评价量表(IDI)[1]、Fantini(2006)的跨文化能力评估量表(Assessment of Intercultural Competence, AIC)、Arasaratnam(2009)的

1　该量表是Hammer & Bennett(1988)创建的跨文化发展评价量表的改进版。

跨文化交际能力量表（ICCS）等都是一般跨文化能力的评估工具。

　　评估特定跨文化能力的工具指评估特定层面或特定场合下跨文化能力的工具。例如，Neuliep & McCroskey（1997a）的一般化的族群中心主义量表（Generalized Ethnocentrism Scale，GENE）、Kassing（1997）的跨文化交际意愿量表（Intercultural Willingness to Communicate Scale，IWTC）、Chen & Starosta（2000a）编制的跨文化敏感性量表（ISS）以及Matsumoto et al.（2001）的跨文化调整潜力量表（Intercultural Adjustment Potential Scale，ICAPS）等都属于特定跨文化能力的评估工具。当然，我们还可以根据其他标准对其进行分类。例如，根据针对的人群，跨文化能力评估工具可以分为评估一般人群的工具与评估特定人群的工具。西方的评估工具基本上属于前者，国内学者发展的评估工具基本上属于后者，主要针对在校的大学生。例如，钟华等（2013）建构的中国大学生跨文化交际能力自测量表（Intercultural Communicative Competence Self Report Scale，ICCSRS）以及吴卫平等（2013）建构的中国大学生跨文化能力评估量表（Intercultural Communicative Competence Assessment Scale，ICCAS）。

　　目前，跨文化能力评估工具的分布具有三个显著的特点：其一，以自评工具为主；其二，评估行为与知识的工具居多；其三，非西方学者开发的工具较少。学者们建构的一百多个跨文化能力评估工具大多数是自评问卷量表（Kealey 2015；Takai 2015）。自评工具能够较好地评估跨文化能力的有效性，但其缺陷是人们往往高估自己的能力，评估的结果不太准确（Hinner 2014）。他评工具更客观一些，但他人有时不能全面、深刻地认识受测者，评估结果也会产生偏差。鉴于跨文化能力的复杂性，使用一种评估工具一般无法做到全面、深入的测评，需要通过多种工具的综合评估才能得到准确的信息。

　　以上提及的一百多个评估工具中的大多数用于评估跨文化行为与知识，评估跨文化情感与意识的工具很少（Fantini 2009；Takai 2015）。Kassing（1997）、Chen & Starosta（2000a）、Gudykunst（2004）、Chen &

Young（2012）分别创建了用于评估跨文化情感与意识的量表，但它们在整体上所占的比例较少。此外，以上提及的一百多个评估工具大多是西方学者创建的，很少有出自非西方学者的。这种情形导致了评估工具的跨文化适用性问题。西方学者针对自己面临的社会问题，依据自己的文化偏好建构跨文化能力评估工具。这些工具在西方文化中可以得心应手地使用，但不一定适用于非西方文化，必须经过调整、修正与检验，达到可接受的信度与效度之后才能加以应用（Deardorff 2009；郑全全等 2010）。

以上众多评估工具被广泛地应用于跨文化能力研究中，不仅帮助我们收集信息，加深对跨文化能力的理解，而且在跨文化教育与培训中发挥着重要的作用。然而，现有的评估工具远未达到理想的水平，真正令人满意的寥寥无几，仍有很大改进与提升的空间（Chen 2014；Kealey 2015）。在实证主义大行其道，研究者频繁使用跨文化能力评估工具的情况下，对其长处与不足尤其要有一个清醒的认识。本书全面地综述与评介中外认可度较高的跨文化能力评估工具，既客观地陈述它们的强项，也坦率地指出它们的弱点，希望能为大家提供一些有益的线索。

1.4　本书的思路与架构

本书围绕跨文化能力的三个基本问题，即跨文化能力概念的界定、理论视角的建构以及评估方法与工具的发展，系统地整合国内外学者五十多年来的研究成果，对之进行梳理与评价，全面把握当今研究动态，分析其薄弱环节，探索未来的研究方向，基本思路如下：首先回顾跨文化能力研究的发展历程，展示各个阶段的不同特点与代表性成果，找出存在的问题；然后重点评介当今学界认可的理论视角，同时关注最新研究成果以及被忽略的声音，特别是本土学者的建树；接着介绍跨文化能力评估的方法与工具；最后展望未来的研究方向。

回顾跨文化能力研究的发展历程是进行有意义探索的基础。中外学者曾从各自的角度综述跨文化能力研究的发展状况与历史进程，例如，Collier（1989）、Martin（1993）、Arasaratnam（2007）、Spitzberg & Changnon（2009）的研究。然而，上述回顾只关注西方的成果，忽略了非西方的研究。非西方理论在情感、人际关系和道德伦理等方面有着独到的见解，不仅可以弥补西方理论的缺失，而且可以纠正其文化偏见，理应得到重视。黄文红（2013）对中西跨文化能力模型作了对比研究，揭示各自的价值取向以及建构方法上的差异，但她的研究仅仅涉及1950—1980年、1980—2000年、2000—2013年这三个阶段的一部分代表性成果，遗漏了一些重要文献，近几年刚提出的理论视角也需要补充进来。本书将以跨文化交际学科发展为背景，系统回顾国内外跨文化能力研究在过去五十多年中的发展历程。

本书的第二个部分全面评介国内外有影响力的跨文化能力理论视角。现有的跨文化能力理论在学科背景、专业术语和研究目标上呈现出高度的多样化，需要加以分类和梳理才能准确把握其要旨，对其进行客观的分析。Arasaratnam（2007）、Deardorff（2009）以及Dai & Chen（2014）都按照视角进行分类，梳理跨文化能力理论与模型。这种分类的长处是能充分展示每个视角的独特性，但现有跨文化能力理论的视角众多，如此分类往往显得比较零散，缺乏条理。Spitzberg & Changnon（2009）依据理论的显著特征来分类，但他们的分类中不同类型理论之间的重叠较多，容易造成混淆。理论的梳理可以按照学派与范式，也可以根据视角与特征抑或时序与研究问题来分类，每种分类各有所长，也皆有不足。

本书采取综合的策略，首先依据研究的范围，以一般跨文化能力和特定跨文化能力两个基本范畴对现有跨文化能力理论作总体上的分类，然后依据视角进一步分类。根据视角进行分类时，突出西方理论与非西方理论的分野。最后，以作者为主，适当地考虑时序，再做进一步的归类与整理。这种分类方法的优点是能够在简明地划分一般与特定跨文化能力类型的同时，昭示各个视角的特征以及跨文化能力理论发展的时序。

本书的第三个部分讨论跨文化能力的评估。评估研究不仅可以帮助人们了解跨文化能力的发展水平，而且能够验证现有的理论，发现存在的问题，对之加以完善。早在20世纪70年代，西方学者就已经开始探讨跨文化能力的评估问题，其后一直持续研究，不断地改进评估方法与工具。与此同时，他们还建构了许多比较稳定可靠的测量工具。跨文化能力的评估是国内研究的薄弱环节，对评估方法的研究尚不多见，所开发的测量工具也屈指可数，本书对这方面将予以较多的关注。

鉴于国内外学者早就发表了许多关于跨文化交际研究方法的著述，对跨文化能力的评估方法以及统计手段做了详尽的描述与讨论，大家随时可以参考，本书没有深入评介跨文化能力的评估方法，而把重点放在评估步骤的阐述以及常用方法的说明与反思上。在阐述跨文化能力评估的步骤、介绍常用方法之后，本书接着评介学界认可度较高的评估工具。为了使读者能够既对整体有全面的了解，又对局部有深入的挖掘，本书在简要介绍16个认可度较高的评估工具的基础上，选择其中8个具有代表性的量表分别进行更细致的评介。对跨文化能力评估的评介与理论视角部分一样，也尽量兼顾国内外学者的研究成果，平视不同的方法与工具，全面展示该领域的发展图景。

本书没有安排单独的章节讨论跨文化能力的概念，因为它与理论视角及其评估研究联系密切，所以把对它的讨论穿插到各个章节中，与各章研究的问题一起研讨，分析它在不同视角与语境下的共性与差异，探索更加全面、精确、合理的定义。

基于上述思路，本书的章节分布如下：第一章总体介绍跨文化能力的三个基本问题。第二章回顾跨文化能力研究的历程，辨析其主要的发展阶段，陈述每个阶段的代表性成果，总结它们的主要贡献与缺失。第三章概述关于一般跨文化能力的西方视角。第四章介绍关于一般跨文化能力的非西方视角。第五章介绍关于特定跨文化能力的理论。第六章讨论跨文化能力评估的步骤与方法。第七章评介国内外具有代表性的跨文化能力评估工具。第八章围绕概念的界定、理论视角的建构及其评估工具的发展三个基本问题展望跨文化能力研究的未来发展方向。

1.5　小结

跨文化能力是跨文化交际学的核心概念之一，在世界文化互动日益深化、全球社群不断成长的当今时代有着不容忽略的意义。跨文化能力研究涉及许多错综复杂的问题，本书探讨其中的三个基本问题——概念的界定、理论视角的建构以及评估方法与工具的发展，以此为中心系统地整合现有跨文化能力研究的代表性成果，探索未来的研究方向。

跨文化能力概念的界定属于理论研究的有机组成部分，它不仅是理论视角建构的前提，也是进行测量与评估的首要环节。迄今为止，学者们提出了几十种描述跨文化能力的术语，概念纷杂、令人困惑，需要予以辨析与厘清，以找到比较合理的方案，达成必要的共识。

除了界定概念与明确研究对象，我们还需要建构理论视角。任何科学研究都离不开理论的指导。有了理论框架，收集的信息才有意义，研究者才能对之做出全面的、一般化的分析与解释。中外学者已从多重视角审视跨文化能力，比较而言，外国学者较多从传播学与心理学视角对其进行解析，重视行为层面的因素；中国学者则较多从外语教育视角对其进行解析，重视外语能力的关键作用。在跨文化能力理论研究中，主位与客位视角以及相应的西方与非西方视角的分野值得特别关注。鉴于西方理论长期主导跨文化能力研究，但却带有文化偏见，第二个分野尤其需要反思与探讨。

能力的评估也是跨文化能力研究的重要组成部分。它根据第一手信息，揭示跨文化能力的发展状况，验证理论的正确与否，研究者因此可以不断地提高认识水平，促进跨文化能力研究的良性发展。目前，学者们已经发展了众多稳定且有效的评估工具。但大多数评估工具是自评工具，用于测评跨文化行为与知识。相对而言，评估跨文化情感与意识的工具屈指可数，亟待发展。了解过去，方能知晓当下、预见未来，下一章将回顾跨文化能力研究的五十多年的发展历程。

第二章	跨文化能力研究的历史回顾

跨文化交际学兴起之后不久跨文化能力研究就开始起步，早期的研究与外语技能及其文化知识的学习与培训联系密切。其后，学者们借鉴语言学、心理学、人类学和社会学等学科的成果，不断地拓展其领域，全面、深入地分析跨文化能力的构成要素及其运作原理，创建各种功能的评估工具。中外学者从各自的角度解析跨文化能力，评估其发展状况，在显著提高我们的认识水平、有效应对各种跨文化交际问题的同时，也留下不少尚待探索的疑点与困惑。本章将以跨文化交际学的演进历程为背景，全面回顾跨文化能力研究的五个重要发展阶段。

2.1 跨文化能力研究的起步与成长：1960—1979

跨文化交际学的历史可以追溯到20世纪30至40年代美国人类学家对文化模式和国民性的探讨，但它真正意义上出现萌芽是在50年代末，其标志是E. T. Hall的著作《沉默的语言》(*The Silent Language*)的面世。在此书中，Hall第一次把文化和交际两个概念结合在一起，并且在随后的论著中指出，人们不应仅仅关注某个文化的模式，而应把目光投向文化之间的差异以及不同文化互动的过程，特别是文化微观层面的互动过程。但当时他并未明确表示要建立一门新的学科（Martin & Nakayama 2010）。作为一名人类学家的Hall受雇于美国国务院的外事处，他和语言学家H. L. Smith等人负责培训即将去海外工作的外交人员，解决他们在国外可能遇到的各种语言文化问题。人类学家与语言学家的合作悄然推动了跨文化交际学的起步（Martin *et al.* 2014）。

在起步阶段，学者们主要关注外语技能和文化知识的作用，将这两个方面理解为跨文化能力的要素。外语技能侧重口语能力而非语法、阅读与写作能力。文化知识也非传统人类学意义上的文化模式、价值观念或国民性，而是微观层面的日常行为，主要包括空间的使用、时间的安排和身体语言等非言语交际行为的知识与经验。两个方面的学习都强调材料的地道性和真实性，以外国语言文化的规范为准绳。这一模式不断延续，对后来的跨文化能力研究产生了较大的影响（Leeds-Hurwitz 1990）。

这个时期的学者们致力于解决跨文化交际中的实际问题，零星的理论探索集中在跨文化有效性因素的辨析以及文化适应阶段模型的建构。代表性成果包括：Cleveland *et al.*（1960）、Morris（1960）、Oberg（1960）、Gardner（1962）、Deutsch & Won（1963）以及Gullahorn & Gullahorn（1963）等。

Morris（1960）和Deutsch & Won（1963）揭示流利的外语在跨文化能力发展中的关键作用。Cleveland *et al.*（1960）与Gardner（1962）分析交际者个人特性与跨文化能力发展的有机联系。Cleveland *et al.*（1960：172-173）认为，若要进行有效的跨文化互动，一个人需要具备四个方面的特性：（1）活泼机智；（2）随机应变；（3）对知识的好奇；（4）善于组织。Gardner（1962：248）认为，若要有效交际，一个人需要具备五个方面的特性：（1）很高的稳定性；（2）外向人格；（3）全面的价值系统；（4）基于文化普遍性之上的社会化；（5）天生的敏感性。上述研究主要分析影响跨文化能力的个人特性，没有探讨能力动态的发展过程。

Lysgaard（1955）提出U曲线文化适应假说，Oberg（1960）将它发展成相对完整、在时序上渐进的文化适应阶段模型。该模型表明，海外旅居者[1]在形成文化适应能力的过程中往往经历蜜月、危机、调整和双文化四个阶段。Gullahorn & Gullahorn（1963）对之进行拓展，加入回归再适应阶段，形成W曲线模型。这些理论描述了跨文化能力的发展阶段，但未解析个人特质对其产生的影响，也未揭示不同因素之间的相互关系。

20世纪60年代中期，跨文化能力评估的研究滞后于理论探索，稳定可靠的评估工具难得一见。在此期间，人类学对跨文化交际学的影响十分强劲，学界主要采用访谈和观察等定性研究方法，但60年代末传播学者开始接棒，70年代之后逐步成为研究的生力军。跨文化交际学科进一步发展，成为人类传播学（human communication）的一个分支，专注于人际互动过程的研究，学科发展也渐渐走上正轨。

20世纪70年代，跨文化能力研究获得较大进展，其显著变化是以实证主义为宗旨的定量研究的兴起。定量研究自传播学建立以来就占据着学科的主导地位。多数学者认为，传播学是一门社会科学，其目的是发现传播的普遍规律与法则（罗杰斯 2005：408-409）。在此期间，有效性（effectiveness）明确成为跨文化能力研究的焦点。有些人认为跨文化能力就是交际的有效性，有效性和能力可以交互使用（Gudykunst *et al.* 1977；Ruben 1976）。在跨文化有效性研究中，学者们表现出两种不同的倾向：其一，侧重交际行为；其二，综合分析人格、行为、意识和技能。

David（1972）和Ruben（1976）是强调交际行为的代表。David（1972）认为，有效的跨文化交际要求人们具备在当地文化中灵活调整行为、得体进行交际的能力。Ruben（1976）提出，跨文化有效性涉及七个方面的因素：（1）尊重的表示；（2）互动姿态；（3）知识定位；（4）移情；（5）自我定位的角色行为；（6）互动管理；（7）对暧昧的容忍。侧重行为分析的路径易于操作化，但它忽略交际者内在的特质，有较大的片面性。

1 　即在国外短期居住几个月到几年，然后回国的人。例如，留学生、国际访问学者、跨国公司外派人员等都属于旅居者。

Harris(1973)、Porter & Samovar(1976)、Gudykunst *et al.*(1977)和Benson(1978)是综合分析的代表。Harris(1973)提出，人格力量、专业技能、文化互动及其人际关系四个方面的能力是成功的海外志愿者应该具备的素质。Porter & Samovar(1976)认为，影响跨文化有效性的要素有八个：(1)态度；(2)社会组织；(3)思维模式；(4)角色与角色预期；(5)语言；(6)空间；(7)时间；(8)非语言表达。Gudykunst *et al.*(1977)提出，跨文化能力包括个人特性、交际技巧、心理调适和文化意识四个要素。Benson(1978)提出，跨文化能力包括十个方面的因素：(1)语言技能；(2)交际技能；(3)经常、愉快的互动；(4)强化行动；(5)友好；(6)得体的社交行为；(7)工作表现；(8)态度；(9)满意度；(10)机动性。这种综合分析的路径比较全面，但它涉及纷杂的因素，缺乏明晰且合理的分类。

20世纪70年代中期，跨文化能力评估研究取得了重要的进展。Ruben(1976)选取其跨文化有效性概念化的七个方面为测试对象，建立了跨文化行为评估量表(IBAI)。这是一个他评量表，观察者按照交际者在上述七个方面的表现对之进行打分。Ruben(1977)、Ruben *et al.*(1977)、Ruben & Kealey(1979)对之加以验证与完善。Hammer *et al.*(1978)发展了跨文化效力量表(Intercultural Effectiveness Scale，IES)，该量表包括3个因子、12个题项，测量个人在新的文化中应对心理压力、有效交际和建立人际关系的能力。这些量表具有较高的信度和效度，但其评估范围局限于交际行为，不够全面，稳健性与可靠性仍需进一步验证。

20世纪60至70年代，学者们没有重视理论建设，理论探索因而变得薄弱、零散且不够深入。60年代强调语言技能、文化知识及其个人特质，70年代侧重个人行为以及综合分析的四种路径。虽然各自存在缺憾，但它们已经触及跨文化能力的多个方面，为80年代系统的理论建构以及西方范式的建立打下了良好的基础(Chen 2010a)。在此期间，学者们发展的跨文化能力评估工具虽不甚完备，但它们与理论探索一样具有开拓性，引导着后来的研究，同样起着奠基性的作用。

2.2　跨文化能力研究的拓展与西方范式的建立：1980—1989

20世纪80年代跨文化交际学获得快速发展。交际行为依然是学者关注的焦点，其研究范围不断拓展，涉及言语通融、不确定性与焦虑管理、身份协商和面子维护等问题的探讨。最为关键的是以前一直被忽略的理论建构迅速得到重视，并且结出了丰硕的成果。与此同时，对研究方法的讨论也已展开，研究程序趋于规范化与科学化。理论建构与方法的完善使跨文化交际研究更加深入和精确，学科地位得到稳固。80年代是中国跨文化交际研究的滥觞期。何道宽和胡文仲等从事外语教学与研究的学者在80年代初将这门新兴学科从西方引进中国，中国学者主要围绕语言与文化的关系探讨文化背景如何影响外语学习与教学。

80年代跨文化能力研究有了重大的发展与突破。在此期间，行为有效性的讨论继续深入，得体性开始进入分析视野，学者们对跨文化能力的理解更加全面。与此同时，系统的理论建构渐次展开，西方范式逐步形成，评估研究继续发展，整体水准上了新的台阶。

一部分学者继续围绕交际行为的有效性研究跨文化能力。例如，Brislin（1981）认为，成功的跨文化互动建立在旅居者的态度、个人特性和社交技巧上。Abe & Wiseman（1983）探究影响海外旅居者文化适应有效性的基本要素，研究发现在美国的日本留学生文化适应的有效性受到五个方面能力的影响：（1）人际交流能力；（2）对不同文化作调整的能力；（3）应对不同社会体制的能力；（4）建立人际关系的能力；（5）理解他人的能力。

早期的学者没有注意文化对跨文化能力因素分布的影响。Wiseman & Abe（1984）的研究发现，跨文化能力要素的分布并不统一，不同的文化包括不同的因素。当然，也有学者（例如，Gudykunst & Hammer 1984）坚持认为，跨文化能力要素的分布是普遍的，不存在文化上的差异，即使存在差异也是表面的，不足以说明其文化上的特殊性。

　　与此同时部分学者提出，除了行为的有效性，得体性也是跨文化能力不可或缺的要素，成功的交际不仅有效而且得体。得体意味着交际者较好地遵守文化规则，没有严重违反社会规范（Spitzberg & Cupach 1984）。Schneider & Jordan（1981）、Collier（1986）、Martin & Hammer（1989）等都从各自的角度检视跨文化行为的得体性。Schneider & Jordan（1981）指出，中美学生在交际过程中常常会遇到文化障碍，但熟练的语言技巧以及较强的个人吸引力等因素能够让人感觉良好，有助于双方关系的发展。Collier（1986）认为，交际者应该尊重他人的性别和身份需要，避免社会歧视。Martin & Hammer（1989）的研究揭示，友好、礼貌和热情的交际者能够给别人留下满意的印象。

　　80年代的跨文化能力研究以行为层面为重点，但也有学者探索认知、情感和态度层面。例如，Gudykunst & Hammer（1984）探究不确定性与焦虑对跨文化适应的负面作用。他们认为，提高有关东道国的文化知识水平，有助于预测和理解当地人的行为，提高跨文化能力。Gudykunst *et al.*（1987）研究文化差异对自我意识的影响。他们的研究表明，认识文化差异能够帮助人们更有效地发展跨文化关系。Harris & Moran（1987）也分析如何理解和驾驭文化差异，避免相互冲突的有效途径。在跨文化情感方面，Brislin（1981）提出，自尊心强、积极看待他人有助于跨文化能力的提升。60年代的跨文化适应，特别是文化休克研究早就触及情感对跨文化交际有效性的影响，70至80年代的情形大体相似，但学者们的视野更加开阔，所讨论的情感因素也更为全面。

　　80年代之后，有一些学者尝试在文化适应能力研究基础上拓展领域，开始讨论身份认同、冲突管理和言语通融能力，其研究对象主要是移民群体。Collier & Thomas（1988）探讨文化认同问题，解析理解文化规范与规则对跨文化能力的影响。Ting-Toomey（1988）讨论跨文化交际中的面子冲突，分析有效维护面子的策略。Gallois *et al.*（1988）揭示跨文化交际过程中语言认同对会话风格的影响，揭示发展通融能力的要点。这个时期的许多学者从单一维度解析跨文化能力，也有少数学者从多维度的视角进行探讨（例如，Chen 1989；Imahori & Lanigan 1989），并且开始着手整合研究成果。1989年《跨文化关系国际期刊》（*International Journal of Intercultural Relations*）开辟由 J. N. Martin 编辑的专刊，讨论跨文化能力。该期共收录九篇论文，其中有五篇关于定量实证研究，四篇关于理论探索，大体代表了当时的研究旨趣和发展动态。

80年代最大的突破表现在跨文化能力理论建构以及西方范式的确立上。之前的研究主要针对跨文化交际中的实际问题，没有全面地从学理上分析跨文化能力的内涵与构成要素。80年代之后，以理论建构为旨趣的研究开始启动，形成了一些经典的理论模型。

在一般跨文化能力的理论方面，Bennett（1984，1986）提出跨文化敏感性发展模型。他揭示，跨文化敏感性经历了从族群中心主义到族群相对主义两个有连续性但有本质区别的发展阶段。族群中心主义阶段的交际者视野狭隘，对文化差异持否定态度，否认、抵御或轻视其他文化的价值。进入族群相对主义阶段的交际者开始接受并主动适应差异，将其融合到自己的文化中去。Imahori & Lanigan（1989）提出相互关系视角下的跨文化能力模型。他们认为，跨文化能力具有多重维度，主要包括知识、动机和技巧层面；它是在相互关系的发展中形成的，得体、有效的交际会带来令双方皆感到满意的结果。Chen（1989）提出包含四个维度的跨文化交际能力模型。他认为，跨文化能力包括个人特性、互动技巧、心理调节和文化意识四个层面。这些能力相互联系，一起促进跨文化能力的提高。

在特定跨文化能力的理论方面，Ting-Toomey（1988）提出跨文化面子冲突管理能力理论。她指出，文化价值塑造维护面子的方式，只有了解集体主义/个体主义、高/低语境文化价值取向及其面子行为的差异，才能恰当地处理跨文化交际中的面子冲突。Collier & Thomas（1988）发展跨文化身份协商能力理论。她们提出，跨文化身份协商能力是建构共享的规则与意义的能力，其衡量标准包括自我概念的强化、身份的确认、关系的维系以及目标的实现。Gallois *et al.*（1988）提出跨文化通融能力理论。他们认为，跨文化通融能力涉及三个方面的因素：（1）群体；（2）场合；（3）个人。群体因素包括交际者的群体归属、身份认同、群体活力以及群体关系；场合因素包括交际规范、角色和安全感；个人因素包括交际者的情感、认知、行为和互动目标。Kim & Ruben（1988）提出跨文化适应能力理论。他们认为，进入陌生的文化环境之后，交际者自身内在的平衡被打破，面临巨大的适应压力。经过不断的学习和调整，他们在认知、情感和行为方面逐步发生转变，具备高超的交际能力，最终成为跨文化人。这些理论揭示了特定情形中影响跨文化能力的具体因素，拓展了我们的视野，深化了理论建构。

在理论建构中，有些学者延续早期的路径，继续探索旅居者与移民的文化适应或身份协商与言语通融等方面的能力，有些学者则站在更开阔的角度，创建适于各种情形、更具一般性的跨文化能力理论。这些基础性研究为我们准确、清晰地理解跨文化能力的意义，更深入地分析它在不同语境中的表现做了良好的铺垫。自此，我们可以发现跨文化能力研究的三个主要流派：其一，沿着人类学传统，探讨文化行为的研究；其二，接续语言学传统，审视言语行为的研究；其三，采取传播学的路径，考察人际互动过程的研究。其中，传播学流派后来者居上，渐渐占据主导地位，人类学和语言学流派，特别是语言学流派在美国慢慢地被边缘化了，这种情形后来更为明显。

学者们虽然在跨文化能力研究的视角和路径上有着各自的立场，相互之间的借鉴与整合较少，但理论与方法的发展促使他们达成了一些基本共识，推动了范式的建立。首先，在概念术语上，部分学者继续使用跨文化有效性，但较多的学者开始使用跨文化能力。在分析视角上，多数学者从普遍文化视角解析跨文化能力，揭示其运作的一般原理。在研究方法上，人类学常用的观察与访谈等定性研究方法仍在沿用，但传播学偏好的问卷调查和实验等定量研究方法后来者居上，逐渐成为主流。

Martin *et al.*（2014）在回顾跨文化交际研究历史时指出，早期的研究没有形成大家认可的范式，但到了20世纪80年代中期跨文化交际学有了普遍运用的范式。跨文化交际学者越来越多地采取以实证主义思想为核心、以社会心理学路径为方法的研究范式。研究范式既可以从广义上来理解，也可以从狭义上来理解。前者涉及信仰、价值和技术的改变，后者指具体的研究成果发挥示范作用，在开启新的治学门径的同时，又留下许多尚待解决的问题(陈平原 1998)。本书是在第二种意义上使用范式概念。正如Bruneau（2002：4-5）所言，美国传播学者首先提出以沟通理性为预设、以自我为中心、以个人目标为指向，寻求说服与控制的路径；该路径在80年代末已经主导了跨文化能力研究，成为西方学者普遍认同的一种范式，其影响至今仍在继续（Martin *et al.* 2014：21）。J. N. Martin于1989年编辑的《跨文化关系国际期刊》跨文化能力专刊中的论文就是这种范式的典型代表。

由于美国文化建立于欧洲传统之上，我们把这种研究路径称为西方范式。其主要特点有三个：(1)文化取向上以西方的价值观念及其行为方式为准绳，注重东西方文化分野，轻视文化内部，特别是东方文化内部的多样性；(2)在研究方法上推崇实证主义，主要运用定量与定性研究方法，其中定量研究方法占据主导地位；(3)在研究内容上，倡导研究可观察、测量和检验的跨文化行为，回避难以得到量化和客观测评的因素，轻视东方人重视的道德修养问题。

范式确定了哪些问题值得探索、什么样的信息能够回答这些问题，在学术研究中起着向导和典范的作用。范式的形成是学科发展成熟的标志，意味着学者们在研究对象、研究方法和分析框架等方面达成了一些基本的共识，可以更直接且有效地相互借鉴，协力推进研究的发展（Smith 1988）。跨文化能力研究方法当然需要自己的范式，否则只能以零散的方式进行研究，难以取得重大的突破。

20世纪80年代，跨文化能力评估在西方范式的指导下取得了新的成果。Ruben（1985）继续验证与完善跨文化行为评估量表（IBAI）。Kelly & Meyers（1987）发展跨文化适应能力评价量表（Cross-Cultural Adaptability Inventory，CCAI）。该量表包括4个层面、50个项目，用于测量交际者适应其他文化的能力。Koester & Olebe（1988）对IBAI进行修改，提出跨文化交际行为评估量表（Behavioral Assessment Scale for Intercultural Communication，BASIC）。该量表包括1个因子、8个项目，用于评估跨文化有效性。Olebe & Koester（1989）使用同样的数据，对BASIC的跨文化等价性进行分析。研究发现，BASIC在检验跨文化有效性上对美国与美国之外的样本同样适用。其结论是，BASIC有较大的普遍性，适用于多种文化。这些研究虽然测评的范围比较有限，但积累了一定的学术资源，为90年代跨文化能力评估的快速发展打下坚实的基础。

80年代，理论建构的发展以及西方范式的建立有力地推进了跨文化能力研究。毋庸置疑，西方理论与范式有其自身的偏见和盲点，不一定适用于解析其他文化的交际能力。针对某些西方学者认为西方理论与范式是普适的观点，一些学者提出犀利的批评，大声呼吁建构本土理论。在不同观点与视角的碰撞中，跨文化能力研究不断得到深化，进入新的发展阶段。

2.3　跨文化能力研究的深化与西方范式面临的质疑：1990—1999

20世纪90年代跨文化交际学迅速发展。1997年国际跨文化研究院（The International Academy for Intercultural Research，IAIR）成立，其首要目标是促进跨学科研究，推动跨文化交际理论与实践的探索（Bennett 2015）。1999年国际语言与跨文化交际学会（The International Association for Languages and Intercultural Communication，IALIC）在英国成立，重点研究外语学习与跨文化能力的培养（Corbett 2009）。在此期间，跨文化研究大致围绕六个主题展开：(1) 文化价值观，(2) 文化适应,(3)跨文化能力,(4)跨文化关系,(5)文化认同,(6)权力的不平等,研究方法趋于多元化(Kim 2001b;陈国明 2014)。90年代,跨文化交际学的发展在中国取得了长足进步。1995年中国跨文化交际学会(The China Association for Intercultural Communication, CAFIC)成立,着力引进西方跨文化研究成果并开拓自己的研究领域。在此期间,语言与文化的关系仍然是研究的中心,但有些学者开始探讨跨文化能力、文化价值观、移情和定型(即刻板印象)等新问题,还有一些学者分析研究方法。跨文化交际学从此在中国立稳了脚跟。

20世纪90年代是美国跨文化能力研究蓬勃发展、硕果累累的十年(Bennett 2015)。众多影响广泛的理论模型以及稳定可靠的评估工具在此期间产生。同时,这也是西方范式受到尖锐质疑,非西方视角逐步兴起的十年。其间,中国的跨文化能力研究也开始起步,产生了一些奠基性成果。

90年代期间,一部分学者运用传播学与社会学方法展开定量研究,一部分学者延续修辞学和人类学传统,采取定性研究方法,但以实证主义为内核的定量研究无疑占据了主导地位(陈国明 2009)。除了实证主义之外,还有人从解释学(例如,Carbaugh 1993)、批判和辩证视角(例如,Martin & Nakayama 1999)研究跨文化能力。与80年代相比,一个值得关注的变化是学者们对跨文化能力的认识水平有所提高,越来越多的学者开始使用能力概念,而有效性则成为能力的一个关键层面(Wiseman & Koester 1993)。另一个变化是更多的实证研究立足于严谨的概念界定和完善的理论模型,行为层面依然是跨文化能力研究的重点,认知层面开始受到较多的关注,而情感与动机方面的研究则显得相对薄弱(Spitzberg & Changnon 2009)。

这种趋势可以从Wiseman & Koester(1993)主编的《跨国与跨文化交际年刊》(*International and Intercultural Communication Annual*)中看出端倪。该刊收录10篇论文,分别探讨跨文化交际能力概念、理论视角和实证研究问题。专刊的第一部分讨论跨文化能力概念的问题,阐述其多种语言的表达形式、重要的研究领域以及基本的研究方法，回顾了分析跨文化能力的各种视角及其可行的路径。第二部分讨论理论视角，包括焦虑与不确定性管理、身份协商、身份管理以及以文化为基础的互动约束（interactive constraints）四种研究特定跨文化能力的视角。第三部分探讨跨文化能力的研究路径，涵盖方法论和实证研究两个方面。在三个实证研究中，一个采取人类学定性研究方法，其他两个运用定量研究方法，所有论文都以理论为基础，描述与分析跨文化交际行为，揭示影响跨文化能力的关键因素。这种趋势在20世纪90年代后期的研究中表现得更加显著，例如，Ward *et al.* (1998)、Yamamoto (1998)、Nishida (1999) 和 Ward & Rana-Deuba (1999) 等人的研究就是这种模式的代表。

90年代是跨文化能力理论探索取得较大突破的十年，其间学者们对跨文化能力概念和运作原理做了系统且深入的研讨，涌现出诸多应用广泛、至今仍具影响力的模型。在概念分析方面，Chen & Starosta (1997, 1998-9) 分别对跨文化敏感性和跨文化意识概念进行总结、批评和重新界定。他们认为，跨文化敏感性是区分不同文化之间差异的能力，虽然涉及情感、认知与行为，但主要是情感层面的能力。本着这个立场，他们把跨文化敏感性界定为交际者培养积极对待差异的情感、促进跨文化理解和成功交际的能力。它涵盖六个要素:（1）自尊（self-esteem）;（2）自我监控（self-monitoring）;（3）心胸开阔（open-mindedness）;（4）移情（empathy）;（5）互动参与（interaction involvement）;（6）悬置判断（suspension of judgment）。

Chen & Starosta (1998) 进一步指出，跨文化意识主要指交际者的文化认知，即交际者对自我与他人文化的特征与模式的理解能力。它类似文化地图，有助于减少跨文化交际中的模棱两可与不确定性。跨文化意识大致可分为三个层次:（1）对表面的文化特征的认知;（2）对细微和重要的文化特征的认知，以及对不同文化特性之间差异的认知;（3）理解他人如何看待自己的文化。处于第一层次的交际者往往依靠刻板印象来理解其他文化。进入第二层次的交际者开始根据直接或间接经验来判断不同文化特征之间细微与重要的差异，并且认识到从其他视角来看问题的可能性。进入第三层次的交际者具备移情能力，能够站在对方的视角来理解文化，逐步成为双文化或跨文化人。

在一般跨文化能力的理论方面，Chen & Starosta（1996）综合前人成果，在此基础上提出包含三个过程的跨文化能力模型。他们认为，跨文化能力是在特定的语境中商讨文化意义，辨析多重身份，有效、得体地进行交际的能力。它涉及三个同等重要、相互联系的过程：情感、认知和行为。情感过程主要指跨文化敏感性，包括自我概念、心胸开放、不武断、社交从容四个方面的能力。认知过程主要指跨文化意识，由自我意识与文化意识构成。自我意识包括：（1）对自己的举止是否符合社会规范的注意；（2）对社交场合中不同文化得体举止之间差异的注意；（3）控制和调整交际行为的能力；（4）特定场合下对这种能力的运用；（5）特定场合下调整自己的行为，彬彬有礼地进行交际的能力。文化意识指对自我与他人文化规约和风俗习惯的理解，包括对人类行为共性以及不同文化模式之间差异的认知能力。行为过程主要指跨文化交际的灵巧性，包括传递信息、自我表露、灵活性、互动管理以及社交方面的技能。

Spitzberg（1997）提出包括五个层面的跨文化能力模型。他指出，跨文化能力是交际者在互动情境中实现预期目的的能力，由动机、知识、能力、语境和结果五个层面构成。如果交际者有较强的动机，具备良好的个人素质，并且能够运用应对具体和一般交际情形的知识达到期望的目标，那么这个交际者就是胜任的交际者。

英国人Byram（1997）创建以外语教育为中心的跨文化能力模型。研究跨文化能力的美国学者大多数来自传播学，不太重视外语学习在促进跨文化能力方面的作用。Byram的视角可以纠正这一偏颇。他认为，跨文化能力是交际者协调自我与他人文化的关系，理解其语言表达的意义与信仰的能力，外语学习是跨文化能力培养中不可或缺的部分。跨文化能力涉及四个层面的要素：知识、态度、技能和批判的文化意识。知识涵盖语言以及相关的社会文化知识；态度涵盖对文化差异的尊重、偏见的消除及其自我的去中心化，即自我的相对化；技能涵盖解读、联系、发现和互动技能。其中，批判的文化意识起着核心作用。

在特定跨文化能力的理论方面，Searle & Ward(1990)建构跨文化适应能力模型。他们的研究表明，跨文化适应能力可以分解为心理适应能力和社会文化适应能力。影响心理适应能力的因素包括：对与东道主建立的关系的满意程度、性格的外向性、生活的变化以及社交困难；影响社会文化适应能力的因素包括：文化距离、预料的困难以及心理抑郁。心理适应能力与社会文化适应能力有一定的联系，但它们的发展并不完全同步，两种能力显示出各自的特点。

Gudykunst(1995)提出跨文化焦虑与不确定性管理能力理论。这个理论继续使用有效性概念，侧重情感层面因素的分析。他认为，影响陌生人在新文化中交际有效性的因素有六个：(1)自我与自我概念；(2)动机；(3)对陌生人的反应；(4)社会范畴；(5)情境过程；(6)与陌生人的联系。当集体主义文化成员与个体主义文化成员交际时，只有充分了解两种文化在上述六个方面的差异，管理好心理焦虑和交流过程中的不确定性，才能提高互动能力，游刃有余地进行交际。

Ting-Toomey & Kurogi(1998)提出跨文化冲突中面子行为能力理论。这个理论是Ting-Toomey(1988)面子冲突管理能力理论的更新版本，在集体主义和个体主义价值取向之外增加了权力距离因素的分析。她们认为，跨文化冲突中的面子行为能力涉及三个层面的因素：知识、留意和互动技巧。知识指对文化现象的深刻理解，例如集体主义文化与个体主义文化的不同偏好，以及权势距离较大的文化与权势距离较小的文化之间的差异。留意，亦即态度，指细心关注交际过程中的情感、信息与身份，并且能够迅速与他人协调，抑或进行创造性交流的能力。互动技巧指交际者在特定场合下得体、有效地交流的能力。在三个层面之中，知识层面的因素最重要，对其他两个层面起到支撑作用。只有了解不同文化的价值取向、权势距离以及面子行为之间的差异，才能恰当地处理跨文化交际中的面子冲突。

20世纪90年代期间，西方学者创建了许多比较稳定可靠的跨文化能力评估工具。Bhawuk & Brislin（1992）建构跨文化敏感性评价量表（Intercultural Sensitivity Inventory，ICSI）。该量表包括46个项目，分别测量交际者对集体主义和个体主义文化差异的理解、对差异的开放程度以及在陌生环境中行为的灵活性。Neuliep & McCroskey（1997a）创建一般化的族群中心主义量表（GENE）。它是一个包含22个项目的量表，分别从对自我与其他文化的认知以及情感和行为的表现方面评估跨文化交际者的族群中心主义倾向。

Hammer & Bennett（1998）在 Bennett（1993）提出的理论模型的基础上创建了跨文化发展评价量表（IDI）。这是一个包含60个项目的评估工具，共有6个量表，即否认量表、防卫量表、轻视量表、接受量表、认知适应量表和行为适应量表，各包含10个项目。Ward & Kennedy（1999）创建社会文化适应量表（Sociocultural Adaptation Scale，SCAS）。该量表包括2个因子、29个项目，分别对旅居者在东道国的社会生活、人际交往以及文化理解等方面进行评估。80年代的评估工具的测评范围主要局限于文化适应行为，90年代的评估工具的测评范围有所拓展，开始涉及态度、认知与情感层面，其稳健性与可靠性也有所提高。

以上是90年代西方学者在跨文化能力评估方面取得的代表性成果。与此同时，一些非西方学者开始从本土文化视角，揭示西方跨文化能力评估工具的局限性，发展自己的评估工具。例如，Takai & Ota（1994）批评西方跨文化能力理论的偏见，立足本土文化建构评估工具。他们创建的日本人交际能力量表（Japanese Interpersonal Competence Scale，JICS）包括5个因子、31个项目。5个因子分别为：（1）感知能力；（2）自我克制；（3）等级关系管理；（4）人际敏感性；（5）对暧昧的容忍。

中国跨文化交际能力研究在此十年中也有了显著的进步。学者们对跨文化能力的概念、构成要素和运作机制进行了理论探索。林大津（1996）指出，跨文化能力包括得体、有效和正当三个层面的因素；其中正当性属于道德范畴。贾玉新（1997）认为，跨文化能力由基本的交际能力系统、情感和关系能力系统、情节能力系统以及交际策略系统构成。许力生（1997）的研究发现，跨文化能力由社会语言、语篇、语法和策略四个层面的要素构成；与受到较多文化制约的社会语言和语篇层面相比，语法和策略层面受到的制约较少，因而更具跨文化性（亦即普遍性），在交际能力中的地位可能也更重要。高一虹（1998）借鉴中国传统文化的思维解读跨文化能力。她认为，跨文化能力可以分解为"道"与"器"两个基本层面，道为本，器为末。"道"指健全的人格以及由此产生的"能产性"交际取向；"器"则指知识、技巧和功效。培养跨文化能力，首先应该侧重内在的"道"，其次才是外在的"器"。

20世纪90年代期间，中国学者开始发展跨文化能力评估工具。王振亚（1990，1994）制作社会文化知识试题，测试学生的跨文化知识水平。试卷共60道题，包括三个部分，每个部分各20道题，分别测试学生对英语国家的非语言行为、语言行为以及社会文化知识的掌握情况。虽然该试题的信度和效度没有经过严格的大样本检验，但开启了中国跨文化能力评估的先河，并且在随后的研究中得到较为广泛的应用，有着奠基性的作用。

90年代的跨文化能力研究进一步深化，产生了许多严谨的理论模型及其稳定可靠的评估工具，有力地推进了学科的发展。其中，西方范式的贡献是有目共睹的。在它的指导下，跨文化能力研究从侧重单一的行为层面，转向局部与整体探索齐头并进。对跨文化能力概念持续不断的探讨使学者们认识到它是一个多维的、复杂的现象，知识与情感层面因此得到重视和挖掘，不断开拓出新的研究领域。尤为可喜的是，90年代之后，跨文化能力研究中有了中国人的声音。与西方学者普遍忽略道德因素形成明显反差的是，中国学者对此关注较多。例如，林大津（1996）和高一虹（1998）提出的跨文化能力理论，虽然视角差异较大，但不约而同地包括了道德层面。

随着研究的深入，学者们渐渐意识到西方文化与非西方文化对跨文化能力的不同理解，也看到了西方范式的局限性。Koester & Lustig（1991）提醒人们注意，西方的跨文化能力理论有其特定的适用范围，不一定能够应用到其他文化。Martin（1993）认为，依赖实证主义范式的西方跨文化能力研究存在文化偏见。Miyahara（1995）明确指出，美国的跨文化能力理论不完全适用于解释日本人的交际能力，应该建构日本人自己的理论。Chen（1994）尝试提出基于中国文化视角的交际能力理论。贾玉新（1997）也呼吁建构本土跨文化能力理论。早在80年代有些学者（例如，Asante 1988；Collier 1989；Wiseman & Abe 1984等）已经指出西方跨文化能力理论的缺陷和文化偏见。90年代后随着跨文化交际学批判路径的崛起，质疑的声音开始变得尖锐起来，这促使学者们反思西方理论的不足，努力从本土文化传统中汲取思想和智慧，进一步推动跨文化能力研究全面化和多元化的发展。

2.4 非西方视角的兴起与跨文化能力研究的多元化: 2000—2009

进入2000年，全球化进程日益深化，世界文化之间的交流更加频繁，跨文化交际学受到越来越多的关注。之后的十年间，学者们继续关注20世纪90年代的议题，即文化价值观、文化适应、跨文化能力、文化认同以及权力与交际伦理等问题，但在广度和深度上都有显著进展，理论建构取得新的突破。一些学者改进原有理论，推出新的版本；还有一些学者拓展原有领域，创建新的理论，以更加开阔的视野进行探索。

2000年之后中国跨文化交际研究快速发展。许多高校成立跨文化交际研究中心，编辑跨文化研究系列丛书。2009年中国跨文化交际学会自创的专业刊物《跨文化交际研究》面世，刊登国内外学者的论文，旨在促进中外学术交流与对话。在此期间，学者们探讨的范围逐步突破传统的语言与文化关系话题，进入文化价值观、文化适应、文化认同以及交际伦理等新领域。同时，西方常用的研究方法与统计工具开始得到初步的运用。

2000年之后的十年，跨文化能力研究延续20世纪90年代的势头高速发展，西方理论与范式依然广泛应用，实证主义继续主导跨文化能力研究。但也是在这个时期，西方理论与范式受到尖锐批评，非西方视角得到重视并且取得长足进步，跨文化能力理论趋于多元化。在跨文化能力评估方面，学者们运用现有的评估工具进行研究，同时发展新的评估工具，同样取得了令人瞩目的成果。

2000年至2009年，跨文化能力理论研究领域产生了许多新的成果。在概念界定方面，Chen（2007）在分别澄清跨文化敏感性和跨文化意识概念基础上界定跨文化有效性。他认为，跨文化有效性和跨文化能力不应该混为一谈，前者指实现交际目标的能力，后者既包括目标的实现，也包括手段或方式的恰当与得体。有效性主要是行为层面的能力，涵盖五个要素：（1）传递信息的技巧；（2）互动管理；（3）行为的灵活性；（4）身份管理；（5）关系的建立。从这个界定中可以看出，跨文化有效性、跨文化敏感性和跨文化意识之间既有差异，又存在重叠，它们相互联系，彼此增进，一起帮助人们实现成功的交际。

在一般跨文化能力的理论方面，Arasaratnam & Doerfel（2005）跳出传统窠臼，从多元文化视角辨析跨文化能力的构成要素。她们认为，那些真正具有普遍性的跨文化能力理论一定包含多元的价值，从多元文化视角审视跨文化能力，可以有效地减少文化偏见，提高理论的解释力。其研究显示，跨文化能力包括移情、动机、倾听、跨文化经验和全球视野五个方面的技能，其中动机和经验是关键要素。多元文化视角包容多种价值，能够有效消除单一文化视角的偏见，为跨文化能力理论建构开辟出一条新的路径。

Chen（2005）以全球化语境为背景，推出全球交际能力模型。他指出，全球化语境对跨文化能力提出了新的要求。为了成为合格的世界公民，人们不仅需要发展全球视野，而且应该培养新的行为模式。Chen（2005）的全球交际能力模型包含四个层面：第一个层面是全球思维，即以全球化为定位，尊重文化多样性的心态；第二个层面是敞开自我，即文化敏感性的发展；第三个层面是绘制文化地图，即对世界文化的认知；第四个层面是加入互动，即跨文化技巧的掌握。Hunter *et al.*（2006）认为，全球能力由内在、中间和外围三个层面的要素构成。内在层面包括开放、差异的认知、多样性探索和不武断四个要素；中间层面包括对全球化和世界历史的了解两个要素；外围层面包括参与全球竞争、跨文化合作、参与全球社会与商务活动以及评估跨文化行为四个要素。全球能力的提出，拓展了跨文化能力的内涵，回应了全球语境中交际模式的变化。

Deardorff（2006）邀请跨文化交际研究中引用率最高的20名学者，讨论跨文化能力概念及其构成要素，运用Delphi方法（德尔菲方法）探寻他们所达成的共识。她的研究显示，大多数学者认为跨文化能力是培养积极的态度，运用跨文化知识和技能，有效、得体地进行交际的能力。在态度方面，学者们认为交际者应该具备好奇心、开放性以及对他人文化的尊重的个人素质。在认知方面，交际者应该具备必要的文化知识、比较和批判思维以及认知的灵活性。在技能方面，交际者需要培养解读、建立联系、倾听、观察和适应能力。学者达成的最大共识是理解他人的世界观在跨文化能力培养中起着重要的作用。Deardorff（2006）对先前的成果进行了系统的总结，使我们比较清晰地了解到当时跨文化能力研究的共识与分歧，为今后的探讨提供了极有意义的启示。

Rathje（2007）以新的视角理解文化，重新界定跨文化能力。他认为，传统意义上把文化看作群体一致性的观点比较狭隘，更合理的观念是把文化理解为连接个体的纽带。从这个角度看，跨文化能力是交际者面对不协调的差异，去除陌生感和无所适从，恢复缺失的常规状态以及建立跨文化联系的能力。

在特定跨文化能力的理论方面，Kim（2001a）提出跨文化适应能力理论。她认为，跨文化适应能力的发展是一个动态的进程——陌生人面对新环境中的压力，不断学习、调整和成长，最终转变为跨文化人的过程。影响跨文化能力发展的因素主要有：（1）个人交际；（2）社会交际；（3）与本族同胞的交际；（4）社会环境；（5）个人倾向；（6）跨文化转变。衡量跨文化适应能力有三个标准：交际功能的健全、心理健康和跨文化身份。Imahori & Cupach（2005）在Cupach & Imahori（1993）研究的基础上提出跨文化身份管理能力理论。他们认为，跨文化身份管理一般经历三个渐进的发展过程：（1）试探；（2）交织；（3）再协商。跨文化身份管理能力体现在得体、有效的面子行为以及双方满意的人际关系的建构上。

以上是西方学者在理论探索方面取得的代表性成果。2000年之后，跨文化交际研究批判路径的影响力有所提高，学界对西方理论的质疑比20世纪90年代更加尖锐。Witteborn（2003）指出，站在科学的文化普遍性立场上分析跨文化能力往往无法发现具体场合中交际行为的文化特征，有必要从主位，即特定的文化视角来研究跨文化能力。这种观点推动了主位理论的发展，产生了一些较有影响力的非西方视角的跨文化能力理论。例如，Xiao & Chen（2009）、Nwosu（2009）和Zaharna（2009）等创建的理论。

Xiao & Chen（2009）创建儒家文化视角下的跨文化能力理论。他们指出，西方交际能力理论强调控制、适应与合作。与此形成鲜明对比的是儒家看重人与人之间的心灵感应和道德规约。一个人想要获得社会交际的成功，必须以礼待人。礼的践行表现在两个方面：一是对他人的尊重；二是自我的真诚。那些具备良好的道德修养，动之以情、待之以礼，能够自由地表达见解、富有创意地交流，从心所欲不逾矩的人是有能力的交际者。

Nwosu（2009）从非洲文化视角理解跨文化能力，发展自己的理论。非洲文化推崇一致与共识，强调社群而非个人，友善且好客。从非洲文化可以辨析出跨文化能力的五个层面：（1）自我；（2）人际关系；（3）时间；（4）行动；（5）话语的定位。胜任的交际者具有以下特性：社群主义的自我定位、尊重权威、循环的时间观念、工作与娱乐的结合以及委婉的语言或非言语的表达方式。

Zaharna（2009）从阿拉伯文化视角建构跨文化能力理论。在阿拉伯文化中人际关系和社会语境是理解人与人交际的核心要素，一切意义都蕴含在关系之中。从阿拉伯文化看，胜任的跨文化交际者首先要有文化多样性意识，对他人的语言、宗教、历史和政治状况了然于心；其次能够敏锐地观察对方的言语和非言语行为，准确理解其用意，举止得体地交际，发展良好的相互关系。这些非西方理论立足本土文化，深入揭示其独特的文化偏好，有力地促进了跨文化能力理论的多元化发展。

2000年至2009年，中国的跨文化能力研究取得了较大的进展，从一般跨文化能力的探讨深入到特定跨文化能力的解析。在一般跨文化能力的理论方面，高一虹（2002）提出跨越和超越两个阶梯的能力观。跨越阶段的跨文化能力包括文化知识、交际技能和移情；超越阶段的跨文化能力包括文化差异意识、灵活性与开放性以及生产性自我认同。张红玲（2007）提出，跨文化能力是培养包容的态度，掌握知识以及运用它们进行跨文化交际的能力，主要包括态度、知识和技能三个层面。杨盈、庄恩平（2007）提出以外语教学为中心的四个层面的跨文化能力模型。他们认为，跨文化能力由全球意识、跨文化适应、知识和交际实践层面构成；其中，全球意识为基础，文化适应和知识为中间层面，交际实践是最终目标。

在特定跨文化能力的理论方面，高永晨（2003，2005）讨论移情能力。她指出，移情能力是有意义的跨文化互动的必要条件，交际者需要遵循适度移情的原则，努力消除族群中心主义和刻板印象，平等地对待他人，这样才能实现成功的交际。任裕海（2007）分析跨文化能力的伦理层面。他认为，跨文化交际必然涉及对价值观念是否合理、行为是否得体的判断。交际伦理既有普遍的因素，也有特殊的因素。在建立跨文化交际伦理的过程中，人们应该遵循相互尊重、宽容差异、不武断、相互包容以及承担责任等原则。Dai（2009）探讨跨文化身份协商能力。他认为，跨文化身份协商能力是交际者辨析他人文化身份，不断地拓展自我，建构跨文化认同，与对方发展健全的社会关系的能力。

以上是有代表性的理论研究，在此十年间学者们也建构了诸多跨文化能力评估工具。Chen & Starosta（2000a）创建跨文化敏感性量表（ISS）。这是一个包含24个项目的量表，涵盖互动的参与、对文化差异的尊重、互动的自信、互动的享受和互动的专注力5个因子。他们的研究显示，ISS具有较高的信度和效度，这个结论在随后的研究中得到了验证（Fritz *et al.* 2002）。

Van der Zee & Van Oudenhoven（2000）制作多元文化人格问卷（The Multicultural Personality Questionnaire，MPQ），Van Oudenhoven & Van der Zee（2002）对此问卷的信度与效度进行了进一步检验。这是一个包含91个项目、5个量表的问卷，用于评估海外雇员和留学生适应多元文化的能力。5个量表包括：文化移情量表、开放的心胸量表、情绪的稳定性量表、社交的积极性量表和灵活性量表。Van Oudenhoven & Van der Zee（2002）的研究表明，MPQ的信度与效度较高，对留学生的多元文化适应能力可以做出很好的预测。

Hammer *et al.*（2003）对其1998年建构的跨文化发展评价量表进行改进，编制包含50个项目的新量表。该量表包括否认/抵御（denial/defense）、颠倒（reversal）、轻视（minimization）、接受/适应（acceptance/adaptation）以及封闭的边缘化（encapsulated marginality）5个因子。研究显示，涵盖50个项目的量表与样本信息比较匹配，能够有效地评估Bennett跨文化敏感性理论五个维度的能力指标。Ang *et al.*（2007）

创建文化智力量表（Cultural Intelligence Scale，CQS），用于测量跨文化交际者适应多元文化的能力。CQS是一个5点自填问卷，包括4个层面和20个项目。Lee & Sukoco（2010）以及Ward *et al.*（2011）等的研究显示，CQS具有很高的信度与效度，是一个可靠的测量跨文化能力的工具。Arasaratnam（2009）提出跨文化交际能力量表（ICCS）。这是一个包括认知、情感与行为3个层面、15个项目的量表，用于测量一般跨文化能力。Arasaratnam *et al.*（2010a，2010b）的研究显示，ICCS是一个有潜力的评估工具，可以为未来的探索提供重要的信息。

此外，还有一系列针对跨文化能力评估工具的验证研究。例如，Altshuler *et al.*（2003）和Paige *et al.*（2003）对跨文化发展所编制的评价量表，Fritz *et al.*（2005）对ISS以及Van Oudenhoven & Van der Zee（2002）对MPQ的验证等。

2000年之后的十年，跨文化能力研究在理论建构上呈现出多元化的发展趋势。一方面，西方理论与范式得到更广泛的运用，有力地推动了跨文化能力研究的发展，但它的缺憾与不足也逐渐显露出来，促使西方学者吸收非西方视角的观点对之加以完善。另一方面，非西方学者已经清醒地认识到本土视角的优势与重要性，不再盲目崇拜西方理论，开始努力发展自己的理论。非西方理论重视情感、人际关系和道德伦理因素，可以弥补西方理论的不足。正如Asante & Miike（2013）以及Miike & Yin（2015）所言，建立以非洲或亚洲为中心范式的宗旨不是要推翻西方范式，而是从本土视角全面、准确地解析自身文化的交际模式，增进跨文化沟通，促进人类的共同发展。除了西方与非西方视角，多元文化视角特别值得关注。该视角平视不同的价值取向，力图在差异中寻找共识，把文化的普遍性与特殊性较好地结合起来，是一条很有发展潜力的路径。跨文化能力极为复杂，无疑需要多种视角的解析。跨文化能力理论的多元化发展不仅丰富了我们的认识，推动了学术争鸣，而且为不同视角的相互借鉴与整合创造了有利条件。

2.5 跨文化能力研究的整合与新起点：2010年至今

近年来，跨文化交际学经过半个多世纪的发展日趋成熟，在世界文化交流中发挥着越来越重要的作用。2010年至今，跨文化交际研究主要围绕价值取向、文化适应、身份认同、冲突管理、跨文化能力等传统话题展开，但也有一些学者努力开拓新的领域，例如文化间性（interculturality）、社交媒体对跨文化适应的影响、公司身份在万维网上的话语建构等问题。这个时期批判路径的声音进一步提高，非西方视角得到更多重视，跨学科研究及其不同视角与方法的整合趋势有所加强（Bennett 2015）。非西方视角的发展以及西方与非西方理论的相互借鉴与融合，催生出更加开阔的全球视角，为跨文化交际研究提供了新的视野（Dai & Weng 2016）。

这个时期，中国的跨文化交际学进入全面发展阶段，取得了实质性进步，学科地位逐步得到承认。学者们探讨的话题更加多元化，涉及跨文化的外语教育、跨文化语用、全球共通语、跨文化身份协商、跨文化适应和跨文化能力等方面。一些学者对西方理论展开批判，并且着手建构本土理论，形成了强劲的上升势头。

进入2010年之后，跨文化能力研究继续稳步发展，涌现出一些新的理论和评估工具。同时，跨文化能力研究的整合得到加强，学术共识有所增加，为今后的研究提供了一个更高的起点。在探索新的研究领域方面，Ameli & Molaei（2012）分析宗教信仰对跨文化敏感性的影响；Van der Zee & Van Oudenhoven（2013）解析人格在培养跨文化能力中的决定性作用；Nakayama & Martin（2014）探讨培养跨文化能力的伦理原则。在研究方法方面，定量研究方法依旧占据主流，但定性研究方法得到较多的重视，批判路径也有发声。例如，Holmes & O'Neill（2012）、Panggabean *et al.*（2013）采取以访谈和民族志为工具的定性研究方法，Sorrells（2014）从批判视角审视21世纪跨文化能力的构成要素。

除了研究领域和方法的发展，跨文化能力理论建构也取得了一些新的成果。在一般跨文化能力方面，Yum（2012）从韩国文化视角提出跨文化能力理论。她认为，跨文化能力包括五个要素：（1）移情；（2）敏感性；（3）委婉；（4）缄默；（5）超验性。Byram（2014）围绕跨文化公民概念，诠释跨文化能力内涵。跨文化公民身份指在多元文化社群中建立政治与社会机制，通过民主协商达成一致的方案来解决文化差异问题的思想，它既不会造成原有文化身份的丢失，也不会造成共同价值的破坏。一个合格的跨文化公民应该具备四个方面的能力：（1）态度与情感；（2）行为；（3）知识与技巧；（4）行动。第一个方面指承认他人身份、尊重差异、发展文化移情以及辨别正面与负面情感的能力；第二个方面要求交际者能够察觉不同的交际方式，行为灵活，适应新的场景和他人预期；第三个方面要求交际者掌握有关他人文化的知识，培养搜寻新的信息、理解他人并建立联系、保持批判思维、意识到自我偏见与不足的能力；第四个方面指愿意参与跨文化互动、努力改进交际效果的能力。Sorrells（2014）立足社会正义，解析21世纪跨文化能力的内涵。她指出，全球化过程充满了复杂、矛盾和不平等的情形，如何实现社会正义是我们面临的巨大挑战，需要重新审视跨文化能力，以负责任的态度参与跨文化互动。一个能够在全球化语境中成功交际的人应该具备六个方面的能力：（1）探索；（2）思维框架；（3）立场；（4）对话；（5）反思；（6）行动。通过参与跨文化实践，发展跨文化联盟，我们才能够建立平等、公正的世界。

在特定跨文化能力方面，Nakayama & Martin（2014）解析跨文化伦理能力。他们指出，人们应该遵循人道和对话的原则，以辩证的方法对待差异，努力消除权力的压制，造就平等的跨文化交际。Haslett（2014）建构跨文化面子能力理论。她认为，为了在跨文化交际过程中珍重与维护普遍的面子，交际者需要培养七个方面的能力：（1）尊重；（2）多种交际模式；（3）信任；（4）情感与移情；（5）信仰的多元化；（6）开放；（7）平等。

2010年之后，跨文化能力研究的一个最显著的特征是理论的整合（Bennett 2015）。之前学者们已经做了一些整合（例如，Arasaratnam 2007；Deardorff 2006，2009），但2010年之后的整合比较全面和深入。理论的整合包括两个方面：一是不同视角的相互借鉴与融合；二是不同视角的汇集与梳理。

在第一个方面，Arasaratnam *et al.*（2010a）融合多元文化视角，发展综合的跨文化交际能力模型。该模型包括五个要素：(1)动机；(2)移情；(3)全球态度；(4)互动参与；(5)经验/培训。Chen（2013）以中国文化的中庸之道为基本原则，同时汲取西方理论的成果，建构全球领导能力模型。他提出，一个遵循中庸之道、追求人际和谐的全球领导者应该具备三个方面的能力：(1)自我修养；(2)对语境的深刻领悟；(3)行动的灵活性。自我修养的中心是跨文化敏感性和创造力的发展；对语境的认知主要指多元文化意识及其对所处社会环境的准确理解；行动的灵活性指互动的技巧以及充分运用"时""位""极"因素与他人协调的能力。Kim（2015）借鉴人类学、心理学和生物学的观点解析协同（synchrony）能力。她指出，协同能力是跨文化能力的基础层面，在发展跨文化合作关系过程中起着根本性作用。协同意味着跨文化交际者的言语与非言语行为互相配合，能够顺畅地交际。它包括四个方面的要素：(1)个性化（individuation）；(2)谐和（consonance）；(3)身份包容（identity inclusivity）；(4)身份安全（identity security）。交际者越是以有针对性的、个性化的行为进行互动，就越有可能实现跨文化协同；双方的共鸣越多，形成协同的概率越高；如果交际者愈包容，身份愈有安全感，就愈容易产生共鸣，实现"一加一大于二"的跨文化协同。

在第二个方面，陈国明在对其过去三十多年的跨文化能力研究成果进行整合的基础上，于2010年出版了两部著作（见Chen 2010a，2010b）。两部著作囊括了他的理论探索、模型建构、评估工具以及相关学者的检验与批评，比较全面地演示了不同时期研究的相互联系及其整体的进展状况。

Bennett在2015年主编了《跨文化能力百科全书》。这是由202位国际学者协力完成的包括20个主题和261个词条的百科全书，不仅比较系统地介绍了跨文化能力本体研究的多重理论视角，而且囊括了跨文化适应、教育、伦理、全球化、冲突管理、价值观念、身份建构、社会网络和媒体、语言学以及跨文化培训等领域中跨文化能力培养的原理与要领。此外，该书还介绍了跨文化能力的研究范式与方法、推荐读物、重要的学会及其他的历史发展概况，使读者能够深入了解不同时期各个领域中的代表性成果，更有效地推进跨文化能力研究。2015年《跨文化关系国际期刊》开辟专刊，邀请1989年专刊的作者总结跨文化能力研究的得失，指明未来的研究方向。同时，专刊也发表了跨文化能力理论和实证研究的最新成果。

就目前整合的结果来看，学者们在各持己见的同时初步达成了一些重要的共识：(1)跨文化能力是一个复合概念，包括诸多层面，涉及复杂的因素。它既是交际者个人的特性也是互动技能，更是一个动态的渐进发展过程。(2)跨文化能力由情感、知识和行为三个基础层面构成，三个层面各自起着不可替代的作用；交际能力不是参与跨文化互动一方的判断，而是双方感知和认可的能力，成功的交际不仅有效而且得体。(3)跨文化能力是文化的建构，学者们在创建理论时不可避免地带有这样或那样的文化偏见，唯有汲取多元价值，才能消除偏见，发展普遍性理论。(4)任何特定的视角都有局限性，唯有从多种视角并应用多种方法才能准确地理解它的内涵，辨析它的构成要素。理论的整合促进了知识的系统化以及学术共识的积累，为深化跨文化能力研究创造了有利的条件。

以上是西方理论研究的代表性成果。与此同时，学者们对原有跨文化能力的评估工具进行完善，积极发展新的工具。例如，Portalla & Chen (2010)发展跨文化效力量表（IES）。这是一个包括6个因子、20个项目的量表，用于检测跨文化交际者的行为技巧。研究表明，该量表的信度和效度都达到较高水平。Wang & Zhou (2016)对Chen & Starosta (2000a)创建的跨文化敏感性量表进行简化，把原来的24个项目删减到15个。他们在中国(除港澳台地区)的研究显示，简化后被翻译成中文的量表比原来的量表与信息更加匹配，更适于评估中文交际者的跨文化敏感性。Aytug *et al.*(2018)发展多元文化经验评估量表(Multicultural Experience Assessment scale, MExA)。这是一个包括2个因子、9个项目的量表，用于测量交际者接触不同文化以及参与跨文化互动的经验。他们的研究显示，MExA具有较高的信度与效度，是一个简明、易操作的评估工具。

此外，学者们还对现有评估工具进行了一系列验证研究。例如，Arasaratnam *et al.*(2010a、2010b)和Arasaratnam & Banerjee(2011)对ICCS的检验、Chen *et al.*(2012)和Presbitero(2016)对CQS的检验、Korzilius *et al.*(2011)对MPQ的检验以及Matsumoto & Hwang(2013)对学界认可的包括BASIC、CQS、IBAI、ISS、IDI和MPQ等10个跨文化能力评估工具的验证与总结。这些研究为人们甄别与选择合适的评估工具提供了可资参考的基准。

2010年至今，中国的跨文化能力研究取得了很大的进展和突破。在研究议题上，外语教育与跨文化能力的关系仍然占据主导地位，但跨文化能力的构造以及它在各种交际情形中的表现获得了更多的关注，研究领域持续拓展。例如，张淳(2014)的研究揭示，教师信念与跨文化能力的培养有着密切的关系，教师的信念在课堂教学内容的判断与选择上居于核心地位，有助于文化教学的展开和学生跨文化能力的培养。任仕超、梁文霞(2014)探讨远程协作课程对跨文化能力的影响。他们的研究表明，课程创造了真实的交际环境，有助于增进学生交际的信心和愉悦感，提高他们的跨文化能力。Wang & Kulich(2015)探究课程设置对跨文化能力发展的影响。他们的研究显示，描述性和反思性跨文化采访课程环节的设置有助于跨文化能力的提高。

此外，史兴松(2014)分析跨文化能力的社会需求问题。他的研究显示，造就国际化人才不仅需要提升外语能力，而且需要发展跨文化能力，外语教学大纲和教材中应该安排相应的内容。Peng & Wu(2016)运用结构方程模型检测文化接触在跨文化能力培养中的作用。他们的研究显示，文化接触有助于跨文化能力的提升；社交媒体是直接的跨文化接触的渠道，文化产品是间接接触的重要渠道，比多媒体和课程具有更大的影响。

2010年之后，中国的跨文化能力研究与西方的研究一样，也表现出明显的整合趋向，并且取得了令人瞩目的成果。在不同视角的相互借鉴与融合方面，张卫东、杨莉(2012)立足中国外语教育，借鉴西方研究成果，建构跨文化能力模型。他们认为，跨文化能力涵盖文化知识、文化意识和文化实践三个层面。其中，文化知识包括中外文化知识、习俗、价值观念以及彼此之间的差异；文化意识包括与他人交流的意愿及对他人文化身份的尊重；文化实践包括言语、非言语行为技巧和交际策略等要素。杨建培(2012)萃取中德学者的观点，分析跨文化能力的构成。他认为，跨文化能力由基础能力和行动能力构成。基础能力包括经验和知识两个维度，行动能力包括四个阶段的能力：(1)认知阶段的文化感知能力；(2)阐释阶段的文化解读能力；(3)反思阶段的文化批判能力；(4)行动阶段的文化互动能力。

钟华、樊葳葳(2013)整合中英学者的观点，认为中国大学生的跨文化交际能力囊括交际能力与跨文化能力。其中交际能力涉及语言、社会语言、语篇和策略能力；跨文化能力涉及技能、知识、态度和意识。许力生、孙淑女(2013)吸收中西成果，建构递进交互培养模型。他们认为，全球化语境下的跨文化能力涵盖五个要素：(1)知识习得；(2)动机培养；(3)技能训练；(4)交流互动；(5)交际结果。其中，知识是基础，动机是前提，技能是关键。

高永晨(2014)融合中外思想，提出"知行合一"模型。她认为，一个完整的跨文化能力体系由知识和行为系统构成。知识系统包括文化知识、意识和思辨；行为系统包括态度、技能和策略。Dai & Chen(2015)汲取中西学者的见解来建构理论。他们认为，跨文化能力是建立相互联系，发展和诸人际关系的能力，不仅应该包括西方学者提出的情感、认知和行为因素，还应包括东方文化重视的道德因素，文化差异越大，道德因素的作用越显著。孙有中（2016）综合多元视角提出理论。他认为，外语专业的大学生应该具备六个方面的能力：（1）尊重文化多样性，具备同理心和批判意识；（2）掌握跨文化理论和分析方法；（3）熟悉所学语言国家的历史与现状；（4）能够解析文化现象；（5）得体、有效地交际；（6）帮助他人沟通。

在不同视角的汇集与梳理方面，黄文红（2013）梳理中西方代表性跨文化能力理论，对其研究内容、方法和视角进行系统的比较。她指出，从研究内容上看西方跨文化能力理论大致可以分为两种类型：一种是要素型，例如 Spitzberg & Cupach（1984）、Byram（1997）的理论；另一种是发展阶段型，例如 Bennett（1993）的理论。[1]中国的理论基本上属于要素型，发展阶段型理论较少。在研究方法上，西方的理论主要通过自下而上的归纳，即在实证研究基础上通过提炼与总结来建构；中国的理论主要通过自上而下的演绎，即借助概念的整合与逻辑推理来建构。在分析视角上，西方理论体现出跨学科和多元化的特征；中国的理论主要从外语教学视角展开研究，并且多基于西方的理论框架。

Dai & Chen（2014）汇集二十多位国际一流学者的研究成果，阐述跨文化能力的多重视角，探讨它的文化与情境建构。理论探索既包含行为主义视角，也包括解释和批判视角，还涉及个体层面及组织层面的能力，同时对跨文化能力研究的未来走向进行了展望。文化与情境建构部分涵盖跨文化能力在英汉词典编纂、外语教育、国际共通语、心理适应、跨国商务管理和孔子学院等领域的发展。

尤为可喜的是，2010年之后中国学者开始创建本土化的评估工具，并且取得了实质性突破。例如，钟华等（2013）制作的中国大学生跨文化

---

1 实际上，除此之外还有要素与发展阶段综合型理论，例如 Deardorff（2006）、Hunter *et al.*（2006）等。

交际能力自测量表（ICCSRS）。这是一个包含63个项目、8个因子的量表。其中，交际能力量表有34个项目、4个因子，跨文化能力量表有29个项目、4个因子，分别测量知识、态度、意识和技能。经过检测，该量表具有较高的效度和信度。吴卫平等（2013）参考Fantini（2000，2006）编制的量表，建构中国大学生跨文化能力评估量表（ICCAS）。这个量表包括28个项目、6个因子，同样测量知识、态度、意识和技能。其中，知识包括本国和外国的文化知识，技能包括认知与交流技能。研究结果表明，该量表有着较高的信度和效度。黄文红（2017）借鉴Chen & Starosta（2000a）的ISS建构中国跨文化敏感度量表。该量表有20个项目、4个因子[1]，其研究显示新建构的量表具有较高的信度与效度。

评估研究方面也取得了新的进展。例如，Chi & Suthers（2014）运用社会网络理论分析地方与全球关系结构对跨文化适应能力的影响。她们的研究发现，跨文化适应能力不一定仅仅存在于个人，有时分布在整个社群之中。Gu（2016）分析中国高校英语教师对跨文化能力的认识。研究发现，中国高校英语教师对跨文化能力的认识比较模糊，也没有给予应有的重视。

2010年至今，跨文化能力研究在理论建构和评估工具的发展上都取得了新的进展。在所有的进展之中，理论整合的意义尤为突出。Spitzberg（1989）早就指出，跨文化能力研究具有跨学科性质，概念术语使用及其文化价值认同上的巨大差异造成其碎片化窘境。学者们需要不断整合研究成果，才能对探讨的问题形成一些基本的共识，在此之前，跨文化能力研究很难取得较大进展。20世纪80年代末，学者们开始着手整合理论、积淀共识。90年代之后，特别是近几年，他们一直努力推进这方面的工作，

1　Chen & Starosta（2000a）的跨文化敏感性量表（ISS）包括24项目和5个因子（互动参与、尊重文化差异、互动自信、互动愉悦和互动专注）。黄文红（2017）新建构的量表删去了互动愉悦因子，互动参与和互动专注合并为移情因子，产生4个因子，分别是开放度、移情度、交际信心和差异尊重。

使之得到显著改善。毋庸讳言，学者们在概念定义、视角分析、学术观点和文化取向等方面仍然存在很多分歧。目前达成的共识虽很有限，但却为其展开学术对话奠定了基础。作为一个复杂的概念，跨文化能力需要多种视角的解析。通过学术对话，学者们可以相互启发、彼此补充，不断地推进跨文化能力研究。

2.6　小结

　　跨文化能力研究滥觞于美国，至今大概经历了五个重要的发展阶段。人类学家和语言学家的合作启动了跨文化能力研究。在20世纪60年代的起步阶段，学者们关注外语技能的培训以及文化知识的学习，采用人类学方法对其展开研究，所针对的问题主要是跨文化有效性。70年代之后，传播学者开始接棒，交际行为的有效性明确成为关注的焦点，以实证主义为核心的定量研究方法勃然兴起，很快得到普遍使用。80年代期间，学者们继续探讨有效性，同时努力开拓新的领域，开始分析得体性。在此期间，他们展开系统的理论建构，不断地提高认识，提出诸多独到的视角，并且通过交流与争鸣形成一些共识，建立了研究范式，跨文化能力研究自此有了坚实的理论支撑。90年代之后，跨文化能力研究基本上是在西方理论与范式的指导下展开的，取得了丰硕成果。其间，一直相对滞后的评估研究也逐渐有了较大起色，产生了一些稳定可靠的测量工具。20世纪90年代，西方理论独领风骚，跨文化能力研究全面发展，但也是在这个时期，西方理论受到尖锐的质疑与挑战，非西方理论以及其他视角应运而生。2000年之后，非西方视角获得长足发展，跨文化能力理论趋于多元化。近年来，西方与非西方理论相互借鉴，不同视角彼此补充和支撑的趋势有所加强，跨文化能力研究进入整合阶段。跨文化能力研究的整合促进学术共识的积累，为未来的探索开启了一个更加坚实的新起点。哪些问题将成为未来研究的方向呢？ Dai & Chen（2014）认为，跨文化能力概念的界定、跨文化互动能力的分析以及非西方视角的建构在今后的研究中应该受到重视。Deardorff（2015）认为，将来以交际行为为基础、以学习者为中心的研究路径最有希望获得突破和进展。Koester & Lustig（2015）提出，将来应该多研究跨文化交际中的成功范例，这样可以发现什么样的个性有助于培养跨文化能力。究竟哪些问题值得我们进一步探讨，本书最后一章将对此进行全面细致的阐述。在回答这些问题之前，我们先探讨跨文化能力理论。

第三章 | 关于一般跨文化能力的理论（一）：西方视角

在跨文化能力研究中，理论的重要性是毋庸置疑的。自20世纪60年代以来，特别是80年代之后，中外学者从不同视角建构了众多的理论与模型[1]，极大地提高了我们的认识水平，促进了研究的发展。限于篇幅，本章选取11个关于一般跨文化能力的西方视角进行评介，包括 M. J. Bennett 的跨文化敏感性发展模型、Imahori & Lanigan 的相互关系跨文化交际能力模型、Chen & Starosta 的综合的跨文化交际能力模型、M. Byram 以外语教育为中心的跨文化交际能力模型、King & Baxter Magolda 的跨文化成熟发展模型以及 Hunter *et al.* 的全球能力模型等。

3.1　M. J. Bennett 的跨文化敏感性发展模型

M. J. Bennett 的跨文化敏感性发展理论是较早的跨文化能力理论，侧重解析交际者跨文化态度与世界观的转变过程。Bennett 于1984年开始建构自己的理论，1986年在《跨文化关系国际期刊》上正式发表论文介绍跨文化敏感性发展模型。随后他虽多次对其理论做进一步的阐述，但基本

1　本书把理论与模型当作同义词使用，都指对跨文化交际行为的一般性解释，相比之下理论比较抽象，模型更具操作性。

观点并未有大的改变（见 Bennett 1984，1986，1993；Bennett & Bennett 2004）。该理论得到广泛引用，并且在实证研究中经受检验，以其独特的视角和深刻的洞见成为经典的跨文化能力理论之一。

跨文化敏感性发展理论解析交际者处理文化差异的能力。它建立在这样一个基本假设之上：人们在跨文化交际中可以通过学习和适应逐步培养应对差异的能力，越是能够以包容的态度和理性的行为驾驭差异，其跨文化能力就越高。交际者能力的发展大致分为六个阶段：（1）否认；（2）抵御；（3）轻视；（4）接受；（5）适应；（6）整合。其中，前三个阶段处于狭隘的族群中心主义层次，后三个阶段进入比较开放的族群相对主义层次。

族群中心主义是跨文化交际中，特别是交际双方刚刚开始互动时，一种极为常见的文化倾向（Samovar *et al.* 2000）。族群中心主义者以自我为中心，仅仅从自己的文化视角来看世界，回避文化差异，无视他人的价值观念。处于否认阶段的交际者要么自我封闭、不愿接触他人，要么刻板化地把他人笼统看作"外国人"，忽略文化的多样性。这些人遇到差异有时感到困惑，有时则充满敌意。

跨文化敏感性发展的第二个阶段是抵御。处于这个阶段的交际者，其自我中心倾向有所减弱，但对其他文化仍有各种各样的歧视与偏见，常常把他人刻板化。典型的表现之一就是把自我和他人划分成两个相互排斥的群体，厚此薄彼，通过贬低他人来抬高自己，强调自身的优越性。除此之外，还有一种逆反的表现，即赞赏他人的文化而贬低自己的文化。

跨文化敏感性发展的第三个阶段是轻视，其回避文化差异的策略也最为复杂。处于这个阶段的交际者开始承认不同文化之间的一些表面的、肤浅的差异，例如礼节和风俗方面的差异，并且能够对此持宽容的态度，但仍坚持认为自我与他人在本质上基本是一样的。对文化差异的轻视大致有两种形式：一是具象的普遍主义，认为人类各种交际行为都是一个统一的行为模式的变化形式，认识人类行为的基本模式就能进行成功的跨文化交际；二是抽象的普遍主义，认为人类所有成员都遵循与服从统一的社会、经济与政治法则，掌握了这些法则就能与来自不同文化的成员进行交流。

处于轻视阶段的交际者虽然在跨文化敏感性上已经有所提高，但仍不足以理解他人，唯有超越族群中心主义进入族群相对主义才能充分挖掘沟通潜力，实现成功的跨文化交际。进入相对主义的交际者把他人的文化经验与行为放在其所处的特定的社会语境中加以理解，不仅承认不同文化之间有着根本差异，而且认识到他人价值观念的重要意义。

族群相对主义的初始阶段，亦即跨文化敏感性发展的第四阶段是接受。对差异的接受标志着交际者的世界观发生了质的改变。接受意味着交际者不再负面地看待他人文化，转而把它当作与自己的文化一样能够有效表征世界的东西。对他人文化的接受分为行为层面与价值层面的接受。行为层面包括语言、交际方式和非言语模式等；价值层面包括人与自然、人与人之间的关系以及时间观念等方面的倾向与偏好。

跨文化敏感性发展的第五阶段是适应。进入适应阶段的交际者认识到承认不同的语境导致不同的意义是不够的，还需要转变视角，站在他人的角度看问题才能实现跨文化沟通。他们通过改变自己的认知框架或文化移情来理解他人，并且对自己的行为进行相应的调整，从而与对方得体、顺畅地交流。在这个阶段，交际者不断吸收他人的价值观念与行为方式，逐步拓展自我，获得跨文化交际的技巧，一些交际者成为双文化人或多元文化人。

跨文化敏感性发展的第六阶段是整合，其重点在于文化身份的转变。进入整合阶段的交际者一般都已成为双文化人或多元文化人，他们的文化身份与其文化根基的联系变得松弛起来，需要重构自我身份才能体现其丰富多样的文化经历，充分表达其包容的文化认同。身份的重构导致他们不再完全属于某个特定的文化，转而游离于它的边缘。这种脱离了文化语境的身份产生了两种性质不同的边缘化：一是封闭的边缘化；二是建设性边缘化。

处于封闭的边缘化的交际者，其自我身份在不同的文化夹层中陷入无法兼顾的状态。他们无力在多元文化语境中找到适合展开交流的方式，显得束手无措，只好重新专注于自我，把自己封闭起来。处于建设性边缘化的交际者，其自我身份同样立足于两个文化的边缘，但他们能够轻松地进入或跳出各种文化语境，以更加灵活的方式进行跨文化交流。下图显示跨文化敏感性发展的两个层次与六个阶段（出处：Bennett & Bennett 2004，原图有所调整）。

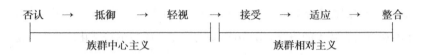

图 3.1　跨文化敏感性发展模型

Bennett的跨文化敏感性发展模型是外语及教育学界应用最为广泛的理论模型之一（Garrett-Rucks 2014）。它重点探究交际者对待文化差异的态度，分析其世界观的转变过程。Bennett在大多数学者讨论跨文化能力的行为层面的情况下，把研究的重点放在态度与观念上。Byram（1997）早就指出，情感与态度在跨文化能力的发展中发挥着重要的先导作用，没有积极的情感和正面的态度，交际者就不可能努力学习跨文化知识，提高交流技能。Bennett则在此基础上进一步揭示态度与世界观的转变对跨文化能力发展的普遍意义。

Bennett把跨文化能力看作动态、渐进的过程，使我们能够区分跨文化能力发展的不同阶段，与那些把能力当作静态的个人特性的视角相比，该理论有其更令人信服的解释力，也更清晰地演示了跨文化能力各种发展阶段之间的逻辑关系（Hammer 2015）。Bennett的理论以其深刻的洞见和严密的逻辑引发了一系列理论与实证研究（例如，Boski 2008；Chen & Starosta 2000b；Evanoff 2006；Garrett-Rucks 2014；Paige *et al.* 2003）。

不仅如此，该理论模型在随后的实证研究中得到了良好的验证，并且为跨文化敏感性评价工具的建构提供了理论指导（Hammer *et al.* 2003；Paige *et al.* 2003）。

当然，该理论也有一些不足之处。首先，它以线性发展阶段显示跨文化敏感性提升的过程，忽略了其中的徘徊与倒退，未能充分反映其曲折性，体现出西方范式的偏见（Bruneau 2002；Xiao & Chen 2009）。在这个方面，Kim（2001a）提出的跨文化适应能力曲线发展模型更好地解释了它的复杂性。其次，它笼统地解析跨文化敏感性，未能分别阐述其不同层面，解释力因而受到影响（Perry & Southwell 2011）。再次，封闭的边缘化的观点具有较大的争议。Bennett认为，整合阶段的跨文化能力不一定比适应阶段的高，但其文化认同更加开放，因此有些交际者感受到自身的异化，无所适从，陷入封闭的边缘化。事实上，在跨文化能力发展高级阶段的整合过程中，封闭的边缘化只是个别现象，其主流是批判的整合。交际者运用理性对自我与他人的文化加以甄别与选择，然后进行整合，整合后形成的文化不仅包含双方的精华，而且产生新的观念，交际者的文化认同随之变得更加开放。正是在此意义上Evanoff（2006）提出，整合之后交际者进入跨文化敏感性发展的第七阶段——创新阶段。

3.2　T. Imahori & M. L. Lanigan的相互关系的跨文化交际能力模型

Imahori & Lanigan（1989）从相互关系的视角发展跨文化交际能力模型，这个模型与Bennett（1984，1986）一样也是较早的跨文化能力理论之一，重点解析海外旅居者和当地居民进行交际的能力。受Spitzberg & Cupach（1984）的人际交往能力理论的启发，Imahori & Lanigan（1989）提出，跨文化能力不是个人在交际中显示出的能力，而是交际双方在互动中感知和认可的能力，亦即一种跨文化印象。他们建构的理论模型以其新的视角和全面的分析受到学界广泛关注（例如，Dai & Chen 2015；Martin 1993；Spitzberg & Changnon 2009）。

Imahori & Lanigan（1989）提出的模型建立在四个基本假设之上。其一，跨文化交际能力是一个复合概念，涉及多个层面以及各种复杂的因素，必须加以综合分析才能理解它的意义和运作原理。其二，交际能力是交际双方在特定的关系中表现出来的能力，不能依据某一方的感受来衡量。跨文化能力具有相互性和互动性，胜任的交际者满足相互的需求，若要形成跨文化能力，互动双方都应积极地参与交流，协力实现交际目标。其三，跨文化能力的培养对双方都有积极的影响。既然能力是相互的，其结果自然也是相互的，成功的跨文化交际会给双方带来满意的结果。其四，得体性和有效性是衡量跨文化能力的标准。有些交际者也许行为不得体但达到了目标，有些人行为得体但未必能够实现目标，仅仅关注交际的最终结果或行为的得体性都不能理解真正意义上有能力的交际。

基于上述观点，Imahori & Lanigan（1989）建构相互关系的跨文化交际能力模型。他们的模型涵盖三个层面的因素：（1）能力；（2）目标与经验；（3）互动结果。模型的第一个层面是能力，由动机、知识与技能构成。动机指旅居者对当地文化的态度，具体包括：（1）对其他文化的具体态度，例如对文化距离的感知、对其他文化成员的肯定；（2）对其他文化的一般态度，例如族群中心主义和开明等；（3）对于对方的社会焦虑、无保留的关心、注意、吸引以及态度的接近。知识指认知方面的因素，具体包括：（1）互动规则的知识；（2）对特定文化和一般文化的知识；（3）语言知识。技能指行为方面的因素，具体包括：对对方的尊重、互动姿态、知识取向、移情、自我角色定位、互动管理、对暧昧的容忍、语言技能、言语通融以及亲近关系的寻求等。能力层面的各种因素既有重叠也有差异，它们相互依赖、彼此互动，共同促进跨文化能力的发展。模型的第二个层面是目标与经验。目标指人们预期的结果。经验指旅居者过去驾驭环境、实现交际目标的经历。成功的经验可以增进自信，使他们更愿意参与跨文化互动，并且为今后的互动制定更高的目标，形成良性循环。模型的第三个层面是双方互动的结果。每个参与互动的人都对目标的实现有所贡献，其成就得益于双方的共同努力。良好的互动结果体现在交际的有效性、稳定、密切和满意的相互关系的确立以及不确定性的减少。

Imahori & Lanigan 把他们从相互关系视角提出的基本观点总结为六个定理（theorem）：（1）跨文化能力的动机、知识和技能因素有时相互独立、有时彼此依赖，共同影响着交际的结果、目标的实现以及经验的积累；（2）特定的相互关系中形成的目标影响跨文化能力的某个或较多的构成要素；（3）旅居者对跨文化能力的自我感知影响其目标的实现；（4）过去的经验影响跨文化能力的发展水平；（5）较高的跨文化能力有助于形成积极的经验；（6）互动双方的能力、经验和目标影响互动的结果，反之亦然。下图显示相互关系的跨文化交际能力模型的三个层面以及各个层面之间的联系（出处：Imahori & Lanigan 1989）。

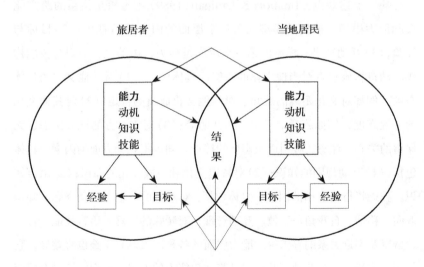

图 3.2　相互关系的跨文化交际能力模型

Imahori & Lanigan的模型视野开阔且富有创意，其贡献主要有三点。首先，从相互关系的视角理解跨文化能力。Spitzberg & Cupach（1984）提出能力是一个关于关系的概念。它不是交际者内在的秉性或外在的行为，而是交际双方感知的得体性与有效性——他们在特定语境中的印象。Spitzberg（2009，2015）再次对此观点予以强调。在20世纪80年代的跨文化能力研究中，很多学者着力探讨交际者个人的特性，忽略对方的感受，具有较大的片面性。相互关系的视角可以弥补这一缺陷，更好地解释跨文化互动过程。

其次，该模型综合分析跨文化能力构成要素。跨文化能力的复合性已经成为学界的一个共识，但当时仍有较多争议。在大部分学者侧重跨文化能力行为或知识层面的情况下，Imahori & Lanigan能够提出综合考量的观点，有其理论的前瞻性。

再次，该模型提出经验层面分析。一些学者借鉴心理学与传播学的研究成果，把跨文化能力分为动机、知识和技能三个层面。他们一般认为经验等同于知识，但实际上二者之间存在差异。知识是人们对事物的认知与理解，而经验则是应对环境和征服环境的工具，它不只是记忆过去的事情，而是应对、预见以及联系未来的事情（杨寿堪、王成兵 2014）。经验层面的提出可以开辟一个新的研究领域。

Imahori & Lanigan建构的跨文化能力模型的不足之处主要在于其构成要素的分类。他们把能力、经验与结果划归同一层次的三个概念，把动机、知识和技能划归能力层面，这样的分类有些令人费解。更确切地说，经验、知识、动机与技能都属于同一层次的概念，都是跨文化能力的构成元素。Spitzberg & Cupach（1984）正是按照这种逻辑来分类的，只不过将经验层面变成了语境而已。此外，相互关系的跨文化能力模型要素之间的关系比较复杂，每次分析都涉及双方的互动，其操作性自然受到较大的影响。

3.3　G. M. Chen & W. J. Starosta的综合的跨文化交际能力模型

Chen & Starosta（1996）从动态的发展过程解析跨文化能力的情感、知识、技巧三个基本层面。Chen（1987）开始发展跨文化交际能力模型，1989年在《传播季刊》（*Communication Quarterly*）正式发表文章介绍包含四个层面的理论模型。Chen（1989）提出，跨文化交际能力由个人特性、交际技巧、心理调适和文化意识构成。随后他对该理论进行验证和改进，1996年与Starosta合作推出新的理论模型。该模型综合多元文化人、言语民族志、行为技巧、跨文化态度和文化认同等研究路径的观点，全面揭示跨文化交际能力的构成要素。

Chen & Starosta（1996）认为，在全球化背景下，跨文化交际能力理论不仅应展示交际者整体的潜质，而且还应解析其建构多重文化身份的过程。跨文化交际能力既包括得体性和有效性，又包括对他人文化身份的尊重。因此，跨文化交际能力可以被理解为：交际者在特定的情境中商讨文化意义、辨析文化身份，有效而得体地进行交际的能力。跨文化交际能力由三个不断发展和完善的过程构成：情感、认知和行为过程。

情感过程指跨文化交际敏感性的发展，即特定情形中个人情绪或感受的变化。情感层面包括四个要素：（1）自我概念；（2）开明度；（3）中立态度；（4）社交从容。自我概念是我们看待自己的方式，其最重要的成分是自尊心。自尊心高的人倾向于积极地理解他人，易于被别人接受，对顺境和逆境都能自如地驾驭。除了自尊心，自我概念还包括乐观的态度、自立的精神以及顽强的韧劲等。

开明度指交际者以公开、恰当的方式表达自我和接受他人观点的意愿。开明的人有着宽阔的胸怀，能够承认、欣赏和接受不同的观点，以多元文化主义的视野来理解他人的思想。中立态度指我们在交际中真诚地倾听他人的诉说，使对话者感受到心理上的愉悦和满足。中立的交际者不仅能够承认和接受文化差异，而且能够培养快乐的情感。

社交从容指在跨文化交际中不流露出焦虑情绪的能力。首次置身于异国文化的人往往会因为心理上缺乏安全感而陷入焦虑。焦虑的症状包括出虚汗、身体摇晃、姿势僵硬、言辞紊乱、犹豫和反应迟钝等。从容的交际者能够跨越这些社交障碍，沉着冷静地与他人交往。

跨文化交际能力的第二个层面是认知过程，亦即跨文化意识的发展。认知过程主要涵盖自我意识和文化意识的发展。自我意识指交际者自我监控或对自己作为特定文化成员的认识，即文化身份的认知。决定自我意识的因素有五个方面：（1）交际者对自己在社交场合中的行为是否得体的关注；（2）对具体场合中与他人相比行为是否得体的关注；（3）调整和控制自我行为的能力；（4）在各种交际场合中运用自我监控的能力；（5）在特定场合中进行调整和得体交际的能力。

文化意识指交际者对文化规约的理解。它类似于文化地图和文化主题，可以帮助交际者认识文化差异，辨别不同的文化身份，有效地进行互动。文化意识包括社会价值、习俗、规约和社会制度等方面的知识。交际者的文化意识和自我意识越高，其跨文化交际能力越强。

跨文化交际能力的第三个层面是行为过程，即跨文化交际灵巧性的发展，指交际者实施交际行为，完成交际目标的能力。跨文化交际的灵巧性包括传达信息、自我表露、行为的灵活性、互动管理以及社交等方面的技巧。

传达信息的能力体现为交际者掌握语言知识，运用各种形式清晰且熟练地传递信息的技巧。它既包括语言与非言语信息的解读，也包括使用已知的信息进行互动的能力。与信息传递密切联系在一起的是自我表露。自我表露指交际者以合适的方式，公开向对话者袒露自我的意愿。自我表露必须具有意向性，所提供的信息也应该是重要的、前所未闻的。因为交际中的暧昧已司空见惯，自我表露成为减少不确定性、提高交际效率的关键技能之一。

行为的灵活性是交际者在不同交际场合中的选择能力。这个能力可以被理解为交际者的机动性，也可以被理解为交际者的创造性。高超的交际者能够运用灵活的言语敏锐地捕捉对方的身份，并且适时进行调整，尽快与对方建立起良好的互动关系。互动管理指在交谈中按轮次说话，得体地开启和结束会话——把握会话结构，维持正常会话程序的能力。善于掌控交际过程的人能让所有的人都参与到交谈中，不轻易打断别人的话语，恰到好处地转换话语轮次，全神贯注地倾听他人的讲话。

社交技巧指互动技巧，包括移情和身份维护等方面的技能。移情一直被学者看作影响跨文化交际有效性的核心要素。当我们把自己的情感投射到他人身上，想他人所想、思他人所思之时，移情便油然而生。移情使交际者能够感受到对方内心世界，从对方的处境来理解问题。身份维护是有效识别对方身份，并且对之予以积极维护的能力，在保证交际的顺利进行中发挥着不可或缺的作用。

跨文化敏感性、跨文化意识和跨文化交际的灵巧性三个层面可以用等边三角形来表示，见图 3.3（出处：Chen 2014）。它们有着同等的重要性，相互联系、密不可分，共同促进跨文化交际能力的发展。

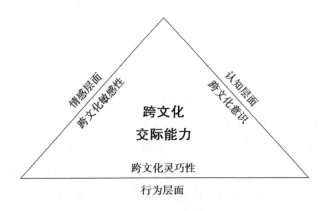

图 3.3 综合的跨文化交际能力模型

Chen & Starosta的模型是率先从情感、认知和行为三个基本层面来解析跨文化交际能力的理论之一。从概念上看，该理论所运用的四个基本概念"跨文化能力、情感过程、认知过程和行为过程"大体沿袭了前人的研究路径，但它的创新之处在于对这四个重要概念做了更为细致和全面的阐述。该理论因较好地整合了从过程与个人特性来研究跨文化能力的视角，全面地揭示其关键的构成要素，在学界引起很大的反响（例如，Dai & Chen 2015；Deardorff 2006；Nakayama & Martin 2014；Portalla & Chen 2010；吴卫平等 2013）。当然，诚如Chen & Starosta（1996）坦言，他们的理论模型并不完美，需要在跨文化交际能力的概念、内涵以及在特定和一般语境中的不同解读等方面做进一步的探讨。例如，该理论把移情理解为行为层面的因素，值得商榷。Chen & Starosta（1998-9）认为，移情虽然涉及情感、认知与行为，但主要是情感层面的因素。其次，该理论把跨文化交际能力的三个方面理解为动态的发展过程，但却主要探讨静态的个人特性，对双方的互动过程以及能力的发展阶段分析较少，因此仍有改进的空间。

3.4　M. Byram以外语教育为中心的跨文化交际能力模型

Byram（1997）发展以外语教育为中心的跨文化交际能力模型，随后又进行了深入的诠释（Byram 2009，2014）。针对美国学者轻视外语技能的倾向，Byram强调，外语是跨文化交际的天然媒介，外语能力在跨文化交际能力中有着极为关键的重要性。Byram借鉴Hymes（1972）和Van Ek（1986）的交际能力理论，引入跨文化语境，以跨文化语者（intercultural speaker）为核心概念，发展自己的模型。他的模型在众多的实证研究中得到验证，引用最为广泛，成为经典的跨文化能力理论之一（Deardorff 2006；高永晨 2014；钟华、樊葳葳 2013）。

Byram(1997)认为，以本土语者（native speaker）为参照发展外语学习者的跨文化能力是不合理的，这种视角把外语学习者看作本土语者的模仿者而非平等的跨文化对话成员。在跨文化交际中，外语学习者既不可能完全达到本土语者的语言能力，也没有必要这样做。比较而言，以跨文化语者为努力方向更切实可行。跨文化语者指参与跨文化对话的人，其成功与否的关键在于信息交换的有效性以及人际关系的维持。在此意义上，跨文化能力是外语学习者理解、协调和管理不同文化系统之间关系的能力。换句话说，跨文化能力是跨越语言文化差异，建立良好的互动关系，成为胜任的文化中介人，即跨文化语者的过程。

Byram的跨文化交际能力模型突出语言能力的重要性，总体上由四个要素构成：（1）语言能力；（2）社会语言能力；（3）语篇能力；（4）跨文化能力。其中，跨文化能力又包含五个要素：（1）态度；（2）知识；（3）解读和建立关系的技能；（4）发现与互动的技能；（5）批判的文化意识。在跨文化能力的五个要素中，批判的文化意识居于中心地位。[1]

语言能力指运用一种标准语的知识，以口头或书面形式进行表达的能力；社会语言能力指本土语者或非本土语者赋予语言以意义的能力，既包括社会公认的也包括交际过程中双方协商而产生的意义；语篇能力指使用、发现或商讨符合文化习俗或双方谈妥的协议的策略，以及制作与解释独白或对话文本的能力。Byram认为，上述三个要素属于交际能力，与跨文化能力结合之后就成为跨文化交际能力。

跨文化能力的第一个要素是态度。积极的态度是有效交际的前提条件，指好奇和开放的心态、悬置对他人的怀疑与判断以及移情的能力。积极的态度使交际者愿意寻找或抓住交流的机遇，培养对不同的文化视角和行为的兴趣，试图对自己的文化提出质疑，乐于体验跨文化适应的过程，主动参与跨文化会话与互动。

1　如果把解读和建立关系的技能以及发现与互动的技能合并，那么Byram的跨文化能力模型就包括四个要素；如果把它们分别划入两种技能，那么该模型就包括五个要素。上面两种分类方式都有其合理性，但比较而言，分为五个要素更清晰。

第二个要素是知识，它与态度一样也是成功交际不可或缺的条件。知识分为两个范畴：其一，有关自我与他人文化的知识；其二，有关人际和社会互动的知识。单单具备静态的文化知识是不够的，除此之外还要获得如何展开互动的一般知识才能实现成功的跨文化交际。认知能力的培养主要起到三个方面的作用：（1）认识自我与他人之间过去及现在的关系，获得与他人接触和互动的手段，以增进交流或处理双方面对的问题；（2）分析交际过程中产生误解的各种原因，找出它们的前因后果，了解各自的民族记忆对当下交流的影响；（3）了解各自的地理空间、社会化机制、各自的社会阶层和阶层的主要标志以及各自社会互动的程序对跨文化交际的影响。

第三个要素是解读和建立关系的技能，即解读他人的文书和事件，把它们与自己的文书与事件联系起来的能力。这种能力可以辨别族群中心主义视角，解析它的根源；找出误解与失常之处，从双方的立场进行解释，调解不同文化立场之间的冲突。

第四个要素是发现与互动的技能，即学习新的文化知识、获得新的经验，把已有的知识、态度与技能运用于真实的跨文化交际场景的能力。这种能力的培养可以起到五个方面的作用：（1）从对方那里得到相关的概念与价值观，形成触类旁通的解释系统；（2）辨识重要的跨文化参照，理解其意义；（3）察觉双方文化的社交过程之间的异同，商讨适于特定情境的交流方式；（4）综合运用所具备的知识、态度和技能进行互动；（5）认清双方的关系，借助公共与私人渠道增进接触，协调跨文化交流。

第五个要素是批判的文化意识，即从自我与他人的文化视角，对交际双方的行为与结果予以批判性评价的能力。这种能力的培养使交际者能够辨别与解读自我与他人的价值观，分析各自的视角和评价标准，运用所具备的知识、态度与技能进行协调与互动，判断哪些东西在何种程度上可以被接受。图3.4显示了Byram跨文化交际能力理论的基本要素（出处：Byram 2009，原图有所调整）。

图 3.4　以外语教育为中心的跨文化交际能力模型

Byram (1997) 的理论把交际过程与个人特性有机地结合起来，从外语教育视角揭示了跨文化能力的关键要素，其贡献主要体现为三点：首先，重视语言能力。因忽视外语能力的重要性，许多美国学者的跨文化能力理论带有明显的缺陷。正如 Fantini (1995) 所指出，没有掌握外语的学者在建构跨文化能力理论时，往往只从单一的文化视角来认识事物；对交际者而言，没有外语能力便无法获得直接的跨文化经验，也难以理解其他文化成员的世界观。Byram 的理论模型可以纠正这种偏颇。其次，提出解释/联系技能及发现/互动技能。在现有的理论中，有些把跨文化能力看作个人特性，有些把它理解为发展过程，但较少有理论把两者综合起来阐述。Byram 把作为个人特性的知识、态度与作为过程的解释/联系、发现/互动有机地结合在一起，使其理论能够更全面地分析跨文化交际实践。最后，提出批判的文化意识。大多数学者强调尊重文化差异，但并没有进一步阐述如何去伪存真、取精用宏。尊重差异并不代表接受差异，交际者没有理由无条件地接受他人的文化，而应运用理智加以甄别与批判，吸收其合理的成分（Evanoff 2004）。批判的文化意识的提出无疑具有深刻的启发意义。

Byram的理论当然不是无可挑剔的，最明显的不足之处是其对能力的分类。他提出，跨文化交际能力由语言能力、社会语言能力、语篇能力和跨文化能力构成。一些美国学者认为，跨文化交际能力和跨文化能力其实在概念上非常接近，可以交互使用（例如，Deardorff 2009；Gudykunst 2004）。Byram（1997）认为，跨文化交际能力比跨文化能力更复杂，包含应对更多交际情境的能力。但从概念上看，跨文化能力显然属于涵盖跨文化交际能力的更一般的范畴。更大的问题是该理论把语言能力、社会语言能力、语篇能力和跨文化能力划为同类的能力。这样分类突出了外语能力的重要性，但却使跨文化交际能力与跨文化能力的知识和技能层面产生较大的重叠。部分外语能力属于知识，例如词汇、语法和篇章结构；部分外语能力属于技能，例如会话和阅读能力。因此，Byram的跨文化交际能力理论的分类容易引起概念上的混淆。

3.5　B. H. Spitzberg的综合的跨文化能力模型

Spitzberg（1997）从相互关系视角提出综合的跨文化能力模型。Spitzberg & Cupach（1984）率先发展相互关系的人际交往能力模型，Imahori & Lanigan沿着这条路径建构跨文化能力模型，Spitzberg则在原有模型的基础上引入跨文化语境，创建新的模型。Spitzberg & Cupach（1984）推出的模型在跨文化能力研究中得到广泛应用，Spitzberg（1997）改造后的模型也在学界产生较大影响。

Spitzberg(1997)认为，跨文化能力在宽泛的意义上是一种印象，即交际双方所感知的能力。换句话说，跨文化能力不是个体感知的能力，而是他们在交际过程中表现出来的相互认可的能力。基于此，Spitzberg把跨文化能力界定为在特定的语境中得体、有效地交际，实现预定目标，获得满意结果的能力。其综合的跨文化能力模型与Spitzberg & Cupach (1984)的一样，也由动机、知识、技能、语境和结果五个层面构成，但Spitzberg(1997)对这五个层面重新进行归类，分别归属于个人、情节和关系系统，然后依次提出可验证且有预测力的10个命题与22个子命题，整合三个系统来建构跨文化能力模型。

Spitzberg的跨文化能力模型的第一个系统是个人系统。针对个人系统的动机、知识和技能三个层面，他提出3个命题和13个子命题。首先是动机层面的命题：交际者的动机增强时，其跨文化能力随之提高。这个命题涵盖4个子命题：(1)交际者的自信提高时，其动机随之增强；(2)交际者对互动效用的信心增加时，其动机随之增强；(3)交际者的交流倾向增强时，其动机有所增强；(4)交际的成本与收益的性价比提高时，交际者的动机随之增强。

其次是知识层面的命题：知识增长后，交际能力有所提高。这个命题也涵盖4个子命题：(1)有关任务程序(亦即互动过程)的知识增加时，交际者的知识随之增加；(2)交际者掌握更多学习知识的方法时，其知识随之增加；(3)身份与角色的多样性增加时，交际者的知识随之增加；(4)学习知识的倾向增加时，交际者的知识随之增加。

再次是技能层面的命题：交际者的技能提高，其跨文化能力有所提高。这个命题涵盖5个子命题：(1)会话中对他人的关注增加时，交际者的互动技能随之提高；(2)会话中与他人的协调增加时，交际者的互动技能随之提高；(3)会话中交际者更沉着时，其互动技能随之提高；(4)会话中交际者的表达能力提高时，其互动技能随之提高；(5)会话中交际者的适应性提高时，其互动技能随之提高。

模型的第二个系统是情节系统。针对动机、知识、技能、语境和结果五个层面，Spitzberg提出2个综合命题和9个子命题。第一个综合命题是：交际者的地位提高时，对方的印象随之加强。这个命题包含4个命题：(1)交际者的动机、知识和技能提高时，对方感受的交际能力随之提高；(2)交际语境中互动的障碍增加时，对方感受的交际能力随之提高；(3)交际者看重的结果得到更积极的认可时，对方感受的交际能力随之提高；(4)交际者的地位提高时，对方留下更深刻的印象。

第二个综合命题是：对方感受的能力能够帮助交际者实现其预期。这个命题包含5个子命题：(1)交际者实现对方积极预期的能力增加时，对方感受的能力随之提高；(2)交际者打破对方消极预期的能力增加时，对方感受的能力随之提高；(3)交际者实现对方理想原型的能力增加时，对方感受的能力随之提高；(4)交际者对积极情感做出回报、对消极情感做出补偿的能力增加时，对方感受的能力随之提高；(5)交际者对(不对称的)权力关系做补偿的能力增加时，对方感受的能力随之提高。

模型的第三个系统是关系系统。围绕交际双方相互的独立与联系，他提出5个命题：(1)相互独立与亲密的需求得到更多满足时，关系能力随之提高；(2)相互的吸引力增加时，关系能力随之提高；(3)相互的信任增加时，关系能力随之提高；(4)得到社会的支持增加时，关系能力随之提高；(5)关系网络的整合加强时，关系能力随之提高。图3.5显示了Spitzberg建构的三个系统五个层面的跨文化能力模型(出处：Spitzberg 2009，原图有所调整)。[1]

1　图中知识功能部分的言语行为主要指语用行为，语言主要指语法。语用功能体现在提问、表达意见和做出承诺等方面；语法功能体现在句子的成分和结构等方面，参见Spitzberg(2009)。

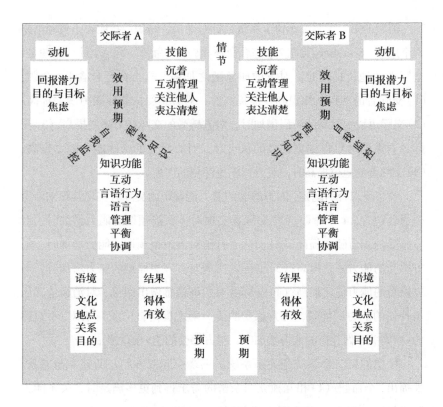

图 3.5　综合的相互关系的跨文化能力模型

　　Spitzberg（1997）的跨文化能力模型以参与交际的个人为起点，以互动情节为中间环节，以相互关系为终点，整合动机、知识、技能、语境和结果五个层面的因素，全面地展示了跨文化能力构成与发展的复杂图景，主要有以下三方面贡献。首先，他移植 Spitzberg & Cupach（1984）的人际交往能力理论，重点阐述五个层面的跨文化能力要素，并且进一步揭示不同层面因素之间的逻辑关系。许多学者运用归纳法发展理论，但仅仅总结了跨文化能力的构成要素，没有辨析不同要素的相互影响（Deardorff 2006）；有些学者虽解析了不同要素的关系，但过于笼统，不够明晰（例如，Chen & Starosta 1996；Ruben 1976；Wiseman 2003）。Spitzberg

理论的第二个贡献是辩证地理解跨文化能力。分析关系能力这一复杂的概念，需要辩证的思维，简单、静态地解读跨文化能力会产生许多偏见（Spitzberg 1993）。该理论对亲密与独立、积极情感与消极情感以及交际的动力与障碍等因素之间关系的论述体现了辩证的思维。第三个贡献是它对互动能力的分析。大多数理论只关注个人特性或素质，没有深入探讨互动能力，与真实的跨文化交际实践有较大的差距。Spitzberg对预期、回报潜力、获取知识策略以及与他人协调等能力的讨论使其理论能够更好地解释跨文化互动的实际情形，预测最终的结果。

  Spitzberg（1997）跨文化能力模型的不足之处首先在于它太过复杂。该模型包括三个系统，每个系统又分别包括二至五个层面。如此复杂的模型在操作化过程中自然会遇到很多困难。其次，该模型仅仅触及相互信任和权力的补偿问题，未能全面分析跨文化关系的其他层面。既然该模型重点关注跨文化关系，如何对待他人、如何消除权力不对称的压制、如何商讨共享的规范，进而建构平等和互利的跨文化关系就是不容回避的问题（Collier 1989；Nakayama & Martin 2014）。此外，该模型还存在一些细微的不足之处，例如语境层面的文化概念过于宽泛、图示与命题不完全匹配等。这些地方都值得商榷，也有改善的余地。

3.6　L. A. Arasaratnam *et al.* 的综合的跨文化交际能力模型

  L. A. Arasaratnam是近期涌现出来的重要的跨文化能力研究者之一。与大多数学者站在文化普遍性立场建构理论不同的是，她从多元文化视角来界定跨文化能力的意义，辨析其构成要素，演示不同因素之间的关系。Arasaratnam & Doerfel（2005）运用语义网分析，从15种文化视角中提取出五个共有的跨文化能力要素：（1）移情；（2）经验；（3）动机；（4）态度；（5）倾听。这种分别从不同文化视角审视跨文化能力，然后加以整合的方法，既有别于主位方法也有别于客位方法，是一种介于两者之间的多元文化视角。模型建立之后，Arasaratnam 与同事进行了多次验证和改进。Arasaratnam *et al.*（2010a）在先前研究的基础上提出综合的跨文化交际能力模型。

西方学者至今已经创建了许多跨文化能力理论，但大多数人采取中立的客位视角分析跨文化能力。Arasaratnam *et al.*（2010a）认为，对能力的理解难免受到所属文化的影响，客位理论有其文化上的偏见。研究者应该充分汲取各个特定文化内部成员的视角，然后加以整合，才能最大限度地减少文化偏见，建构出普遍适用的跨文化能力模型。综合的跨文化交际能力模型（IMICC）正是这种多元文化视角的产物。

IMICC包含五个要素：（1）动机；（2）移情；（3）全球态度；（4）互动参与；（5）经验/培训。动机是与预想或实际参与交际活动相联系的一系列情感、意向、需求和驱动力。移情指明确地表达对他人的兴趣，以及完整、准确地获得他人的思想、情感或经验，对之思考和感同身受的能力。全球态度指积极且非族群中心主义地对待其他文化的态度。互动参与主要涉及倾听能力，体现为交际者能够专注于他人的交际行为，主动地倾听他人话语的能力。经验指交际者先前接触或得到培训和参与跨文化交际的经历。

IMICC不仅辨析跨文化交际能力的构成要素，而且演示不同要素之间的相互关系。Arasaratnam *et al.*（2010a）认为，经验、全球态度与动机存在循环关系。跨文化经验使人开明，有经验的人往往更积极地对待来自其他文化的人，也因此有动机参与跨文化互动。相应地，跨文化互动可以积累更多经验，形成良性的循环。移情与跨文化交际能力也有直接的联系。因为移情的人往往能够以积极的态度对待来自其他文化的人，无论先前是否有跨文化经验，移情的人都能在认知与情感层面上产生跨文化共鸣，并且进行得体、有效的交际。IMICC的构成要素以及不同要素之间的关系如图3.6所示（出处：Arasaratnam *et al.* 2010a）。

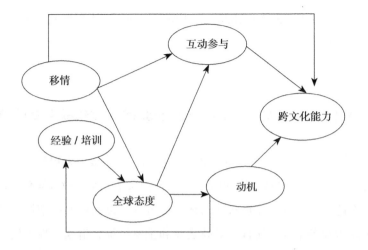

图 3.6　综合的跨文化交际能力模型

　　大多数西方学者采用客位、普遍文化的视角创建跨文化能力理论，在揭示一般原理的同时也带有一些西方文化的偏见。如何消除文化偏见，更准确地诠释跨文化能力的构成与运作机制是一个不容回避的问题。Arasaratnam *et al.*（2010a）整合诸多特定的文化视角，发展普遍适用的跨文化能力理论，很有创意和启发性。在此视角中，文化的共性与差异较好地结合在一起，为我们探索跨文化能力理论的建构提供了另一条可能的路径——多元文化视角。IMICC的另一个贡献是对不同因素之间相互关系的阐述。许多跨文化能力理论仅仅罗列交际者的特性与技能，未能解析它们之间的相互影响，IMICC在这方面有所改进。

　　IMICC的不足这处主要有两点：其一，它仍未解决概念的跨文化等价性问题；其二，它缺乏重要的知识因素。IMICC运用语义网分析，从不同的文化视角中提取五个共同的跨文化能力要素，但这些共同的能力要素只有表面的等价，它们在各个社会交际中的意义并不相同，仍然存在文化偏差。此外，IMICC重视经验的作用，但却忽略知识的功效。经验来自跨文化实践，直接针对交际中的实际问题，但它不能帮助人们从根本上理解事物，告诉人们为何如此。在了解事物的构造，把握其一般原理方面，知识是不可或缺的。

3.7　P. M. King & M. B. Baxter Magolda 的跨文化成熟发展模型

King & Baxter Magolda（2005）建构的跨文化成熟发展模型是少数分析跨文化能力动态发展的理论之一。他们从多元文化教育视角探讨大学生在跨文化交际中不断进步与成长的过程，以简洁的框架揭示其跨文化能力在各个发展阶段的具体表现和主要特征，引起学界比较广泛的关注（例如，Spitzberg & Changnon 2009；高永晨 2014；顾晓乐 2017）。

King & Baxter Magolda（2005）认为，多元文化教育应该促进学生的心智、人格和行为的进化与成熟，使其具备应对复杂的跨文化交际场景的能力。作为多元文化教育目标的跨文化成熟指理解文化差异、接受差异带来的挑战以及与他人交往能力逐步发展的过程。跨文化成熟涉及认知、个人内心以及人际三个基本层面，每个层面的能力经历早期、中期和成熟期三个依次递进的发展阶段。

跨文化成熟模型的第一个层面是认知，即如何认识和理解文化差异的能力。早期的交际者表现出三种倾向：（1）认为知识是确定的，或对或错；（2）幼稚地理解不同的文化观念与习惯；（3）拒绝质疑自己的看法，视不同的文化观念为错。中期的交际者的认知机制有所提升，逐渐具备两种能力：（1）接受不确定性和多重视角；（2）从接受权威的知识主张转向采取自己的主张。成熟期的交际者的认知机制进一步提升，逐渐具备两种能力：（1）有意识地转变文化视角和行为方式；（2）运用多个文化框架。

跨文化成熟模型的第二个层面是个人内心，即交际者积极、正确地看待自我的能力。早期的交际者表现出四种倾向：(1)缺乏自我价值和自我身份意识；(2)缺乏对其他文化的理解；(3)外在界定的身份以及观念与行为；(4)把差异当作身份的威胁。中期的交际者对自我的认识有所提高，逐步具备三种能力：(1)认识到身份有别于他人的感知；(2)认识到身份的内外界定之间的张力，主动探索自我价值与身份认同；(3)认识到他人文化的正当性。成熟期的交际者的自我认识进一步提高，逐渐具备两种能力：(1)创造内在自我，接受他人挑战；(2)把自我整合进身份。

　　跨文化成熟模型的第三个层面是人际，即交际者如何与来自不同文化的人进行有效互动的能力。早期的交际者表现出四种倾向：(1)主要与相似的人发展关系，依此确定社会身份；(2)视不同的文化视角为错；(3)未意识到社会制度对群体规范与相互差异的影响；(4)自我中心地看待社会问题，未认识到社会的组织性。中期的交际者在人际交往能力方面有所提高，逐渐能够做到：(1)愿意与各种各样的人交流，不武断；(2)与多种文化视角的人发展关系，有独立性，但自我常被需要他人认可的阴影所笼罩；(3)开始探索社会制度对群体规范和群体关系的影响。成熟期的交际者的人际互动能力进一步提高，逐渐能够做到：(1)有能力与各种各样的人在欣赏和理解文化差异的基础上发展相互关系；(2)理解个人与社群行为影响社会制度的方式；(3)愿意为他人的权利付出努力。

　　跨文化成熟模型的三个层面彼此联系、相互增进。例如，内在自我的发展为认知能力的提高奠定基础，促进自我价值以及健全的人际关系的发展；认知的灵活性能够减少刻板印象，促进多重视角的理解与协调，有助于形成正面的自我认知和包容的身份认同。跨文化成熟发展模型的各个阶段和特征如图3.7所示。

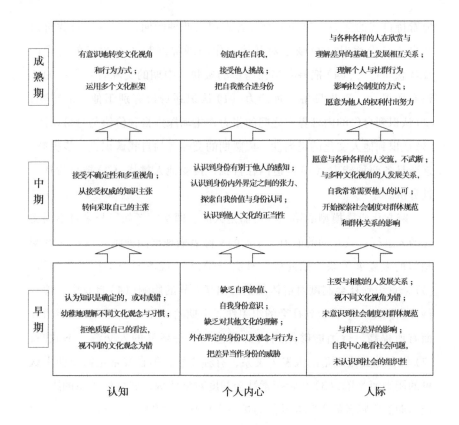

图 3.7　跨文化成熟发展模型

　　King & Baxter Magolda（2005）提出的跨文化成熟发展模型把个人特性与能力的提升过程有机地结合起来，以简洁的框架演示了交际者在不同发展阶段的倾向与能力，其贡献主要有两点。首先，与 Bennett（1986，1993）的跨文化敏感性发展模型相比，该模型分别阐述跨文化成熟的认知、个人内心与人际三个层面的要素，更清晰地演示了跨文化能力各个发展阶段的显著特征，避免了前者的过于笼统。其次，大多数跨文化能力理论关注交际者的一般的、宽泛的能力，King & Baxter Magolda 的理论着力探讨比较具体的技能。例如，它所揭示的在认知层面上采取自己的主张，在个人内心层面上自我探索价值观念，在人际层面上愿意与各种各样的人交往等方面的能力。这种做法使该模型具有较大的操作性和实用性。

　　当然，King & Baxter Magolda（2005）的理论模型也有不足之处。首先，它仍然以线性逻辑理解跨文化能力的动态发展，未能揭示其曲折抑或反复的过程。其次，该模型的每个层面包括众多的要素，但没有厘清它们之间的相互联系。这一点King & Baxter Magolda已经在论文的局限性中指出。此外，该模型讨论比较具体的跨文化能力，虽然提高了模型的操作性，但其适用范围却变得狭隘起来。Deardorff（2006）的研究显示，跨文化能力是一个极为复杂的概念，更适于从一般且宽泛的意义上来界定与分析。

3.8　D. Carbaugh & S. Lie文化话语分析视角下的跨文化能力理论

　　D. Carbaugh长期从事跨文化能力研究，早在20世纪90年代初他就提出文化语用能力概念（Carbaugh 1993）。随后，他着手建构文化话语分析理论（Cultural Discourse Analysis，CuDA），并且从这个视角诠释跨文化能力。Carbaugh & Lie（2014）对Chomsky和Habermas的能力理论进行批判，然后在此基础上汲取Hymes（1972）的交际能力观，发展文化话语分析视角下的跨文化能力理论。

　　Chomsky（1965）与Habermas（1970，1976）从各自的立场出发，或把跨文化能力看作普遍、抽象的认知能力，或把它看作适用于所有文化、普遍的语用能力。Carbaugh & Lie（2014）认为，跨文化能力是社会的建构与产物，存在于特定的文化场景及其交际实践之中。每种交际行为都是更大的文化话语的组成部分，只有在特定的文化语境中，人们才能看出一个人是否具备跨文化能力。跨文化能力不是一种普遍适用的技能，而是解读特定情境中的交际行为及其文化规约的能力。对于跨文化互动中的能力，可以用文化话语分析这个严谨的科学理论来进行研究和解释。评价跨文化能力的标准有两个：得体性与有效性。无论是得体性还是有效性都要通过特定的方式来表达，运用当地的文化习俗与规范加以评判。

对于分析一个人是否具备跨文化能力，成功地实现交际目标，CuDA提出五种方式：(1)交际的理论化；(2)描述性探询；(3)解释性探询；(4)比较性探询；(5)批判性探询。

交际的理论化是第一种分析方式，它把交际能力看作真实世界中的互动能力，关注人与人之间的交际行为，而非个体头脑中普遍且抽象的知识或法则。话语的反思性是其核心要素。

第二种分析方式是描述性探询。作为一种发现程序，描述性探询试图回答如何在当地进行交际的问题。研究者收集在自然环境中发生的交际信息，严谨地描述所见所闻，细致地辨析其语言模式。目的是清晰呈现并深入分析人们在酒吧、会客室、教室、法庭等场所中的所作所为，使我们了解真实世界中的社会生活。

第三种分析方式是解释性探询。在此阶段，研究者捕捉跨文化互动中人的信仰、价值观念和道德情操，提出观点与命题，做出文化诠释，尝试回答这样一个问题：交际行为对跨文化互动中的人有多大的意义？

第四种分析方式是比较性探询。这个阶段的分析是要弄清特定的文化现象和其他文化现象之间的相似与不同之处。例如，中文老师怎样上课？英文老师如何上课？他们之间有哪些相似与不同之处？一个人在家与在生意场上的行为有哪些相似与不同之处？

第五种分析方式是批判性探询。它是选择性的，研究者可以根据自己的需要进行取舍。这个阶段的分析试图在研究中提出明确的交际伦理，讨论哪些事应该优先做，跨文化能力的评判因此有了确切的文化标准。批评性探询旨在回答这样的问题：在何种程度上且以什么样的伦理标准，交际行为可以朝着更好或更差的方向发展？得益者是谁？下图显示文化话语分析视角下的跨文化能力的五种层层递进的分析方式。

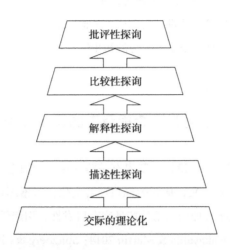

图 3.8　文化话语分析视角下的跨文化能力模型

　　现有的理论基本上只注重于探讨跨文化能力的构成要素、发展过程及其评价标准，很少有人关注如何才能对之进行严谨、科学的研究。Carbaugh & Lie（2014）建构的文化话语分析视角下的跨文化能力理论弥补了这方面的缺陷，为我们探索新的研究途径，特别是如何收集真实的跨文化互动信息然后加以深入的分析，提供了诸多启示。

　　首先，它明确拒绝抽象、普遍的能力，提出与特定文化和交际实践密切联系的能力。正如 Collier（1989）所言，跨文化能力理论必须建立在特定文化视角之上，适于解析特定文化交际行为的理论才能进一步发展成普遍性理论。其次，解释性探询的提出同样具有新意。大多数学者侧重客观的描述，极少有人探讨交际行为的文化意义，有关交际行为究竟有何意义的分析是跨文化能力理论研究的薄弱环节。

　　Carbaugh & Lie（2014）理论的缺陷主要是其对跨文化互动过程的忽

略。该理论所阐述的基本上都是特定的文化行为、习俗与规范，但跨文化交际者毕竟需要面对其他文化，需要与来自不同文化的成员在相互学习、相互改变与适应中达成跨文化理解，实现交际目标。那么，如何实现跨文化理解，有效且得体地进行交际呢？ Carbaugh & Lie（2014）的回答是"对话"。这显然只是一个不够充分的初步解答。

3.9　S. Rathje新文化概念视角下的跨文化能力理论

Rathje（2007）的理论针对学界有关跨文化能力概念的争论，打破传统意义上对文化的定义，从新的视角理解文化，探索理论建构的可能路径。他的跨文化能力理论视角独特且富有启发性，引起学界较大反响（例如，Chen 2014；Nakayama & Martin 2014；Spitzberg & Changnon 2009）。

Rathje认为，传统的文化定义倾向于把文化理解为社会群体共享的统一的特性。例如，Goodenough（1964）把文化定义为社会习得的知识；Geertz（1973）把文化看作一个社群所使用的历史传承下来的符号与意义系统。这种以一致性（coherence）为取向的定义使我们易于看清不同文化之间的差异，但未能充分考虑文化内部的多样性，有意或无意地把文化看作同质的整体，在全球化与社会分化日益深化的当今时代是站不住脚的。他指出，一方面文化内部的不一致与庞杂是确确实实存在的；另一方面不同社会成员与群体之间的聚合（cohesion）也是不可置否的。解析跨文化能力时，需要找到一个能够兼顾文化内部差异以及其各个组成部分之间连接的文化定义。一条可行的路径是从多元集体（multi-collectivity）的视角来进行界定。

多元集体意味着一个文化内部有许多不同的群体，从俱乐部、公司到城市与国家，文化存在于多种形式的集体中，为其成员提供一系列不同的乃至相互矛盾的可能性。在这种视角中，差异是造就活生生个体的不可或缺的要素。当各具特性的个体相互交流时，其潜力才能得到充分的挖掘，价值也能得到充分的实现。由于每种文化为其成员提供的可能性是有限的，也有跨文化差异，因而其文化成员的特征仍然是可以察觉的。文化内部的差异固然产生离心力，但每个个体往往归属于多个集体，形成连接不同集体的网络，整个社会仍然是一个和而不同的整体。在此意义上，文化可以被理解为包容个体差异，使人们对之习焉不察、心安理得的社会建构。换句话说，文化的最主要功能不是建构内部的统一性，而是创造一种常态——把差异以及不同视角之间的互动看作社会常态，使人们可以在熟识的常态中自然而顺畅地交流。下图显示建立在一致性和聚合基础上两个文化概念之间的主要差异（出处：Rathje 2007，原图有所调整）。

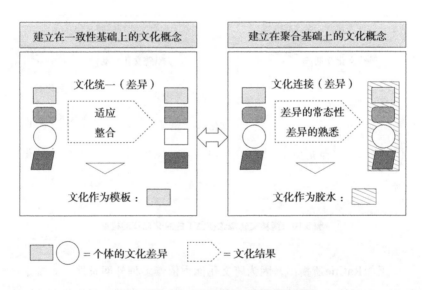

图 3.9　新文化概念视角下的跨文化能力模型

　　沿着这条思路，跨文化交际不仅仅局限于跨国交际，还包括各种社会群体之间的交流。跨文化交际与文化内部交际的共同之处是两种互动都发生在归属于不同集体的成员之间，但两者之间的差异在于前者的交际双方相互不熟悉，有错位感，后者的交际双方相互熟悉，能够从容不迫地进行常态的社会交流。相应地，跨文化能力应该被理解为在交际中营造缺失的常态，创建社会连接的能力。在此过程中，原本陌生的文化差异逐步被了解，交际双方变得熟悉起来，渐渐进入自然而和谐的社会互动。换言之，跨文化能力是把充满不确定性和陌生感的跨文化转变为常态的文化的能力。其间，交际者互相了解，重新定位自我，创造新的交流常态，把其他文化的集体与自我文化的集体有机地连接在一起，并且促使它们相互协调。跨文化能力最大的特征是其造就了一种文化，一种恢复常态、增进联系与互动的文化。下图显示建立在一致性与聚合观念基础上的两种跨文化互动（出处：Rathje 2007，原图有所调整）。

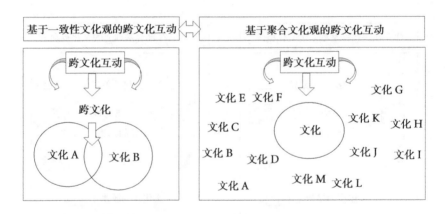

图 3.10 两种文化概念视角下的跨文化互动模型

　　正如Rathje所指出，因为跨文化能力依赖多种外部条件，诸如专业知识、交际策略、情境以及权力等因素，他的定义没有顾及预定目标的实现与否，但这样做可以避免夸大跨文化能力的效用，把它当作可以人为操纵、确保成功的工具。传统的视角往往强调文化的统一性，把差异片面地看作跨文化交际的障碍。Rathje从多元集体性角度认识文化，揭示跨文化交际者在面对差异与分歧时，如何通过互动重新定位自我，达

成最低限度的共识的过程（Spitzberg & Changnon 2009）。如果我们完全
负面地看待差异，过于强调相互适应与整合，就难以充分挖掘多样性的
潜力，展开创造性的交流。在跨文化交际中，需要找到一条防止文化压
制和同化，建设性地处理差异的路径，Rathje的跨文化能力理论可以在
这方面给予我们很大的启示。

该理论的不足之处是它把文化内部的交际与跨文化交际等量齐观，忽
略了它们之间的显著差异。文化内部的交际与跨文化交际的最大差异有两
点：一是文化背景；二是母语（Chen 1995）。文化内部虽然由多个集体组
成，存在多样性，但每种文化对其成员都有相应的社会预期，完全违背大
家共享的预期就难以和其他人进行正常的社会交往（Carbaugh 2005）。换
句话说，每种文化都有其内部的统一性，内部的统一性与其他文化的差异
性相辅相成，界定其成员的身份归属。第二点同样重要，跨文化交际之所
以比文化内部的交际难，语言差异显然是主要的因素之一。用同一种语言
进行的跨文化交际较少，更多的情形是交际双方使用不同的语言，或者使
用双方母语以外的共通语。在交际过程中母语及其文化有时能够促进交
际，但经常干扰和阻碍交流（Fantini 1995）。Rathje（2007）未能阐述和解
析这些差异对跨文化能力的影响，其理论的解释力因而有所削弱。

3.10　G. M. Chen 的全球交际能力模型

在全球化语境下，世界的整体意识加强、各个部分之间的联系与互
动更加广泛与深入，因此学界提出的一个新概念——全球交际能力。它
与跨文化能力有相似之处，可以被看作是对后者的延伸，但两者确有一
些重要的差别。Chen（2005）以全球化为背景，解析全球交际能力的意义
及其构成要素。

全球化的影响波及人类社会的各个方面，不仅意味着人们交往范围

的扩大以及互动的加强，而且意味着交际观念与行为方式的改变。Chen（2005）认为，全球化语境对交际能力提出了新的要求，为了进行有效的全球交际，成为合格的世界公民，人们不仅需要拓宽眼界，而且需要培养新的情感与行为模式。全球交际能力是交际者发展全球视野，认识多元文化共存之现实，努力增进相互理解，充分挖掘人的心智与创造潜能，建构富饶昌盛、和平共处的全球社会的过程。

Chen（2005）的全球交际能力模型包含四个层面：（1）全球思维；（2）敞开自我；（3）绘制文化地图；（4）加入互动。全球思维指对其他文化采取开放的态度、促进跨文化互动的能力。它包括五个要素：（1）拓展视野；（2）尊重多样性；（3）调和冲突；（4）调节变化；（5）面向全球化进程。

敞开自我体现交际者的情感能力，指其逐步自我净化，提升人格的过程。它包括五个要素：（1）不断净化；（2）持续学习；（3）养成敏感性；（4）开发创造力；（5）培育移情。这些要素反映交际者从自我净化开始不断地培养跨文化情感，渐次朝着更高的人格发展的过程。

绘制文化地图反映交际者的认知能力，即学习文化知识的能力。它包括四个要素：（1）对差异的困惑；（2）对差异的沮丧；（3）认知分析；（4）移情式沉浸。这些因素分别对应交际者文化认知经历的四个发展阶段：（1）迷惑阶段，交际者徒具肤浅的文化知识，对差异感到惊讶、好奇或困惑；（2）挫折阶段，交际者对他人文化特点的了解加深，但巨大的反差使他们内心产生矛盾，不理性的思维使他们对差异感到沮丧与失望；（3）理性分析阶段，交际者开始理智分析文化特点上的差异，能够理解并且接受它们；（4）沉浸阶段，交际者对其他文化产生移情，能够从对方的视角来看待差异，沉浸于其他文化之中，怡然自得、不觉烦恼。

加入互动体现交际者的行为能力，即交际者的调整、适应与交流等一系列行为技能。它包括五个要素：（1）语言能力；（2）行为的灵活性；（3）互动管理；（4）身份维持；（5）变化的应对。全球交际能力模型的总体结构及其各个层面的要素见图3.11（出处：Chen 2005）。

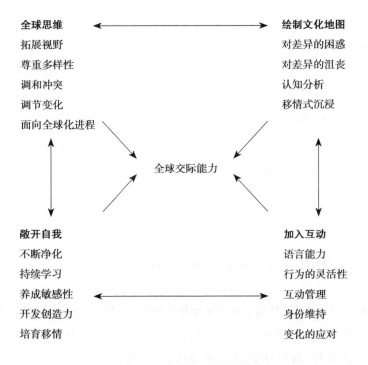

全球思维 ←——————————→ **绘制文化地图**

全球思维
拓展视野　　　　　　　　　　　对差异的困惑
尊重多样性　　　　　　　　　　对差异的沮丧
调和冲突　　　　　　　　　　　认知分析
调节变化　　　　　　　　　　　移情式沉浸
面向全球化进程

绘制文化地图

全球交际能力

敞开自我 ←——————————→ **加入互动**

敞开自我
不断净化　　　　　　　　　　　语言能力
持续学习　　　　　　　　　　　行为的灵活性
养成敏感性　　　　　　　　　　互动管理
开发创造力　　　　　　　　　　身份维持
培育移情　　　　　　　　　　　变化的应对

图 3.11　全球交际能力模型

　　全球化赋予跨文化能力新的意义，要求人们以新的模式进行交际。早在20世纪80年代学界就有人分析全球化对文化交流的影响，随后一些学者开始从全球视角研究跨文化交际，引起比较广泛的关注（例如，Asante *et al.* 2013；Dai & Weng 2016；Jandt 2004；Liu *et al.* 2015），但较少有学者以全球化为语境，探讨全球交际能力的含义及其构成要素。Chen（2005）的全球交际能力理论在传统的认知、情感与技能三个层面之上，提出第四个层面——全球思维，并且对每个层面的构成要素进行了全新的解析，阐述了自我与认知能力的发展阶段，为我们理解全球化时代的交际能力提供了诸多启示。

　　当然，Chen（2005）的全球交际能力模型仍是一个未经检验的理论，本身也有尚待完善的地方。其不足之处主要有两点：(1)能力要素的分类存在较多重叠；(2) 只阐述部分能力要素的发展阶段。首先，全球思维层面的提出富有新意，但其构成要素与加入互动层面的要素之间存在较多的重叠。例如，全球思维层面的调节变化与加入互动层面的行为的灵活性及其变化的应对重叠较多。其次，该理论虽然把交际者的个人特性与能力的发展过程有机地结合起来，但只阐述了自我人格与认知要素的发展阶段，没有分析另外两个层面的发展过程。此外，全球思维与加入互动也是逐步发展与完善的能力。如果该模型能够全面分析全球交际能力四个层面要素的发展过程，那么它会更加完备。

3.11　B. Hunter *et al*.的全球能力模型

Chen(2005)从传播学视角来诠释全球能力，Hunter *et al*.(2006)则从教育学视角进行解析。现有的教育学研究没有深入地分析全球能力概念，未能为大学课程的设置以及辅助活动的安排提供相应的理论指导。针对这一薄弱环节，Hunter *et al*.界定全球能力的含义，辨析其构成要素，发展全球能力模型。

Hunter *et al*.(2006)认为，在全球化时代，大学生需要学习新的课程，参与跨文化与国际交流，积累必要的经验，培养全球能力，才能成为合格的世界公民。全球能力指具有开放的头脑，主动地学习与理解他人的文化规范与预期，并且能够运用所学知识进行跨文化互动，在新的环境中有效地交际与工作的能力。

全球能力建立在深刻领悟自己文化的基础之上，包括三个由内向外渐次拓展的层面：(1) 内在层面；(2) 中间层面；(3) 外围层面。内在层面包括四个要素：(1) 开放；(2) 对他人/差异的认知；(3) 对多样性的探索；(4) 不武断。

一个交际者首先要理解自己的文化，对他人开放，然后才能了解他人文化以及不同文化之间的差异，并且以中立的态度认识语言、文化与社会的多样性。内在素质形成之后，交际者的能力进入第二个层面。全球能力的中间层面包括两个要素：对全球化和世界历史的理解。对全球化的理解意指对世界各国的政治、经济、文化与环境之间相互联系的了解与认识。对世界历史的理解指交际者应该培养全球历史的意识，对不同文化与国家的发展过程及其重要事件有所了解和认知。

理解全球化与世界历史的意义之后，全球能力进入外围的实践层面。它包括四个要素：(1)辨别文化差异，参与全球竞争；(2)跨文化合作；(3)有效参与全球社会活动与商务活动；(4)评估跨文化行为的能力。交际者应该能够运用自己所掌握的知识，辨别不同文化之间的差异，展开跨文化合作，有效地参与其他国家的社会活动与商务活动，同时发展评估跨文化行为的能力，不断积累跨文化经验，并且对之进行总结与反思，成为一个胜任的世界公民。全球能力模型的整体结构以及各个层面的要素见下图（出处：Hunter *et al.* 2006）。

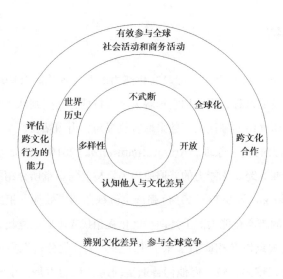

图 3.12　全球能力模型

Hunter *et al.*（2006）提出的模型不仅分析了全球能力的主要层面，而且辨析了其每个层面的构成要素，其贡献主要有两点：第一，与Chen（2005）的模型相比，该模型更侧重对宏观要素的探讨，例如对全球化与世界历史的理解、参与全球社会活动与商务活动及其跨文化合作等，简要揭示了全球能力的关键要素。第二，该模型演示了全球能力由内到外的三个层次，使我们能够了解它的立体结构以及不同层面的相互影响。

Hunter *et al.*（2006）全球能力模型的缺憾也十分明显。首先，该模型划分了全球能力的三个层面，但没有描述每个层面的特征，而且每个层面所包括的要素比较零散，要素之间的相互关系不太清晰。其次，该模型没有阐述评价标准，即说明什么样的状态或结果体现交际者的全球能力（Spitzberg & Changnon 2009）。全球能力是一个新的概念，它与跨文化能力的差异何在？有什么独特的运作原理？这些问题至今仍未得到令人满意的答案，需要我们今后进一步研究。

3.12　小结

本章介绍了11个有关一般跨文化能力的西方理论。有些理论把跨文化能力看作发展过程，有些把它理解为个人特性，有些则认为它是两者的结合。本章所介绍的理论大多数采取客位视角，力图站在科学的立场上揭示跨文化能力的普遍原理。Arasaratnam *et al.*（2010a）采取多元文化视角，但也以探寻跨文化能力的普遍原理为旨趣。与本章所介绍的其他理论不同的是Carbaugh & Lie（2014）强调主位视角的有效性，拒绝接受任何普遍、抽象的跨文化能力。上述两种文化视角代表不同的立场，自然产生不同的理论观点以及相应的学术争论。西方学者的分析视角虽然因人而异，观点也有较大分歧，但他们普遍赞同跨文化能力是一个复杂的综合体，包括认知、情感和行为三个基本层面，其评价的标准在于有效性和得体性，比较典型地体现出西方范式的价值取向。这些理论广泛运用在跨文化能力研究中，占据着主导地位。

在本章所评介的西方理论中，新近出现的全球能力模型尤其值得关注。全球能力模型涉及全球化、全球思维、世界历史和世界公民等一系列新概念，似乎超越了跨文化能力理论，把我们带入一个新的研究领域。然而，仔细研读本章的两个全球能力模型便会发现，它们并没有颠覆跨文化能力的分析框架，在更多意义上是对后者的拓展与延伸，关于两者之间有何本质差别仍需进一步探索。从总体上看，西方理论重视知识与行为，轻视情感和道德，在解析非西方交际行为时难免存在盲点与偏差，而非西方理论则可以弥补这方面的缺憾。我们将在下一章介绍非西方跨文化能力理论。

关于一般跨文化能力的理论（二）：非西方视角

西方跨文化能力理论对跨文化能力研究发展的贡献是有目共睹的。然而，它们毕竟是欧美文化的产物，只能代表西方视角，具有独到见解的同时也存在视野上的局限性。非西方跨文化能力理论从其自身的文化视角解读跨文化能力内涵，辨析成功交际的要素，可以拓展我们的视域，纠正西方理论的偏见。本章评介 X. S. Xiao & G. M. Chen 的儒家视角、J. Takai & H. Ota 的日本文化视角、J. O. Yum 的韩国文化视角、P. O. Nwosu 的非洲文化视角、R. S. Zaharna 的阿拉伯文化视角以及高一虹、许力生与孙淑女、高永晨和孙有中的中国文化视角等10个有关一般跨文化能力的非西方理论。

4.1　X. S. Xiao & G. M. Chen 的儒家视角的跨文化能力理论

针对西方学者倾向于重视交际能力的知识与技能而忽略道德修养的现象，Xiao & Chen（2009）从儒家视角出发来探讨跨文化能力，突出它的道德伦理层面，旨在揭示中国文化与西方文化对交际能力的不同理解，促进中西跨文化沟通。儒家文化历来重视道德修养，推崇"志于道，据于德，依于仁，游于艺"的人生教义。Xiao & Chen 的理论立足中国儒家传统，以其独特的视角和深刻的洞见引起学界多方关注（例如，Dai & Chen

2015；Nakayama & Martin 2014；Samovar *et al.* 2009），为我们探索本土理论建构提供了有益启示。

Xiao & Chen（2009）认为，西方文化以自我为中心，在评价交际能力时强调对过程的控制以及预定目标的实现。然而，这种视角并不适用于解析中国人的交际能力。中国儒家文化以人际关系为中心，在评价交际能力时侧重人与人之间的心灵感应以及相互的感化。在儒家文化看来，一个人的交际能力并不在于能否控制交流过程与实现个人目标，而在于能否以德行感化他人，不断地提升自我人格。

Xiao & Chen（2009）以感应为核心概念的跨文化能力理论建立在四个基本论断之上：（1）儒家文化视万物一体、彼此有机联系，感应能力是大自然赋予人的一种相互感动与呼应的能力，既有其心理的，又有其生物的范畴；（2）世间万物相互感应的媒介是"气"，正因为所有生物，包括人、山川、草木、大地与天空都有与生俱来的"气"，它们才能息息相通，相互感应；（3）所有形式的互动都发生在一个有机的整体世界中，每个组成部分在与其他部分互动时都能感受到整体的发展状况及其需求，并且做出恰当的回应；（4）感应是对其他生物的情感与同情，一种在道德伦理上恰如其分地感化或回应的行为。

基于以上论断，他们提出，儒家视角下的交际能力由内在与外在两个相辅相成的能力构成。内在的能力体现为以德服人的能力。正如孔子所言："君子居其室，出其言善，则千里之外应之，况其迩者乎？居其室，出其言不善，则千里之外违之，况其迩者乎？"每个人都有感化他人的潜能，无需借助外力。人初到世间带着一颗纯净之心，但随后有可能被各种物欲所玷污与蒙蔽而失去其原初的道德禀赋。恢复本心、充分实现其潜能的门径是至诚的道德修炼。"诚"指人的精神与道德的本真、完美的状态。"诚"之所以能够使人获得交际能力，是因为真诚的心灵就像一面澄明的镜子，能够清晰地感知他人及其各种社交情形的需求。孔子在《中庸》中指出："诚者，天之道也；诚之者，人之道也。诚者不勉而中，不思而得，从容中道，圣人也。"

对于儒家而言，外在的能力是践行道德规约的能力，亦即克己复礼、营造和谐的能力。"礼"是界定人际关系的亲疏、认识事物的异同以及明辨是非的标准。在此意义上，践行道德规约的能力也就是践行"礼"的能力。"礼"在社会交际中起着双重作用，既规范社会交际，同时又创造新的互动形式。它要求交际者"非礼勿听、非礼勿视、非礼勿动"。

Xiao & Chen（2009）认为，践行"礼"的能力体现在遵循两类规则上。第一类是约束性规则（regulative rules），第二类是构成性规则（constitutive rules）。约束性规则是独立于人的行动的规则，例如吃饭与喝酒的规则。它们一般是硬性规则，起到管理与调节社会关系的作用。构成性规则是与人的行动联系在一起的规则，例如下象棋与踢球的规则。它们往往具有一定的灵活性和自由空间，人们可以选择自认为合适的方式来履行规则，充分发挥自己的能动性与创造性。人们在社会交际中需要培养遵循两类规则的能力才能成为合乎儒家道德规范的君子。约束性规则要求人们注意区分不同的关系、名分、地位与场合，以得体的举止进行交际；构成性规则要求人们敬、诚与报（即知恩图报）。在学习与践行"礼"的初级阶段，人们必须遵循约束性规则，但当其道德境界提升，达致"仁"的高度之后，就不再拘泥于外在的规则，转而服膺自己的精神追求，进入"从心所欲而不逾矩"的境界。下图显示儒家视角下的跨文化能力的构成。

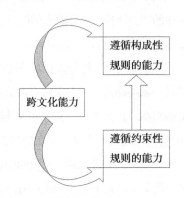

图 4.1　儒家视角下的跨文化能力模型

Xiao & Chen 的理论从儒家视角解析道德及其情感因素在培养跨文化能力中的关键作用。它通过"感应"概念把两者有机地结合在一起，揭示了儒家传统的价值取向以及它与西方文化之间的鲜明差异。西方文化一向重视社会交际的知识与技能，轻视情感与道德，而从儒家视角看交际能力却主要是一种道德能力。如果双方各执己见，无疑是缘木求鱼，难以实现跨文化沟通。近来，已有一些西方学者意识到道德伦理的重要性。例如 Bennett & Bennett（2004）提出，跨文化敏感性的诸多因素，诸如对他人的尊重、信赖和诚实，都与道德伦理密切地联系在一起；Hofstede（2009）指出，跨文化能力不应回避"善"或"恶"的问题，学者们需要探讨道德规范的作用。Xiao & Chen（2009）的理论为我们展开这方面的研究提供了一种富有启发的主位视角。

Xiao & Chen 从儒家视角建构的理论当然不是完美无缺的，有些观点需要批判地吸收，有些问题可以进一步探讨。首先，儒家教义虽然温情脉脉，珍视人与人之间的心灵感应，但它"亲疏有别"，并未平等地对待他人，有着森严的等级观念。其次，该理论仅仅分析交际能力的道德修养层面，没有包括知识因素。儒家既有"尊德性"，也有"道问学"的传统（余英时 2004：196-203），Xiao & Chen（2009）的理论只揭示了儒家教义的一部分，未能反映其全貌。Garrott（1991，1995）的研究显示，尊重知识与重视教育是中国文化中最重要的价值观之一，对人们的交际行为产生巨大的影响。此外，"感应"只是儒家视角下人与人沟通的最基本途径，可以探究其更多具体的层面，例如"忠恕之道""尽心知性"和"知行合一"等。对这些问题的分析可以使我们更深入地理解儒家视野中的跨文化能力。

4.2　J. Takai & H. Ota 的日本文化视角的跨文化能力模型

日本文化深受儒家思想的影响，这些影响表现于日本人的价值观念及其行为方式的各个方面。早在20世纪90年代，日本学者已经开始从本土视角探讨跨文化能力，建构自己的理论。他们批判西方视角的文化偏见，揭示日本人交际行为的独特性。本书选取Takai & Ota（1994）的理论模型，是因为该模型引起了较大的反响（例如，Kim 2002；Miyahara 1995，1999，2004），为我们认识日本人的跨文化能力观提供了一种门径。

　　日本文化与中国文化有诸多相似之处，但也有其独特的方面。例如，中日文化都重视人际关系的和谐，注意维护交际双方的面子，有着强烈的等级意识，倾向于以间接且委婉的方式传递信息等共性；而日本人特有的暧昧、沉默、娇宠和以心传心等行为则显示出较为鲜明的民族特色。Takai & Ota认为，日本社会人际交流的重要特征是和谐、敏感、谦卑、矜持、克制、相互依赖以及强烈的群体与等级意识等。如果用西方的跨文化能力理论解读日本人的交际行为就会产生文化偏见，需要从日本人的视角进行分析，才能得到正确的理解。

　　Takai & Ota（1994）的跨文化能力模型包括五个层面：（1）感知能力；（2）自我克制；（3）社交得体性；（4）人际敏感性；（5）对暧昧的容忍。

　　第一个层面感知能力指感知他人在交际过程中的提示或暗示，获得准确信息，特别是非语言形式信息，心领神会、见微知著的能力。由于日本文化属于典型的高语境文化，大多数信息包含在语境中或内化于交际者，必须发展感知能力才能进行顺畅的交际。

　　第二个层面自我克制指对某人怀有负面情感或不得不违心地做某事之时，努力克制、谨言慎行，不直接表达不满情绪或公然对抗的能力。人际和谐是日本文化的核心价值，人们倾向于不与他人正面冲撞，尽量避免发生冲突。

　　第三个层面社交得体性指处理等级关系的能力，亦即正确处理上下级关系，恭敬地对待上司，得体地社交的能力。日本文化具有鲜明的等级观念，在社会交际中资历的深浅往往比能力的高低更重要。下级对上级讲话时要用敬语，以表示对上级的尊敬，各安其分、各得其所。

　　第四个层面人际敏感性即人际交流的敏感性，指敏锐地收集他人直接或间接传递的信息，准确地解读其真实用意的能力。日本人讲究面子，直接或坦率地表达自己对他人的情感会使他人感到尴尬，因此大量的信息是通过暗示来表达的，听者需要有高度的敏感性，才能分清哪些是面子上的话，哪些是确实要说的话，从而理解他人真正的意图。

　　第五个层面对暧昧的容忍指宽容他人在各种场合下模棱两可地进行表达且自己也能如此照做的能力。暧昧是日本人交际的显著特征。为了维持人际和谐，他们一般不直接表达自己的情感。遇到暧昧的人，需要耐心地与之周旋，慢慢得到微妙的暗示，才能成功地理解对方的用意，与之有效地交际。下图显示日本文化视角下跨文化能力的五个要素。

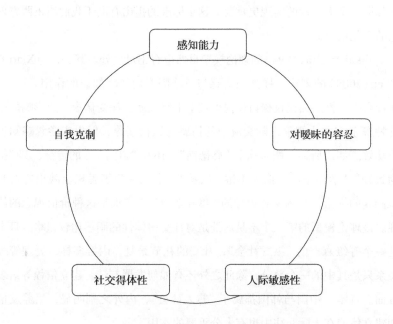

图 4.2　日本文化视角下的跨文化能力模型

　　Takai & Ota(1994)的理论模型立足本土文化，辨析与日本人进行交际的关键要素，为我们探索非西方视角的跨文化能力理论提供了有益启示。其贡献主要有两点：首先，揭示人际敏感性和对暧昧的容忍等独具日本文化特性的能力要素。其次，阐述和谐的人际关系的重要性。西方跨文化能力理论强调交际者自我表达的责任，轻视他人倾听与理解的义务。在东亚文化，特别是日本文化中，由于通过语境或非语言行为可传递大量的信息，因此交流的对方负有察言观色、揣摩和推测等义务，否则就容易造成误解甚至交际的失败，这些倾向应该引起跨文化交际研究的关注。该理论模型对和谐的人际关系的强调也有一定的意义。西方理论重视个人目标的实现，而在东方文化中个人的价值体现在人与人的关系之中，人际关系的和谐比个人目标的实现更重要。这个标准的提出有助于我们纠正西方理论的文化偏见。

　　Takai & Ota(1994)的理论模型自然也有不足之处。其一，与Xiao & Chen(2009)的理论一样强调情感与道德因素而忽略知识的作用。其二，在社会得体性层面仅仅探讨如何处理上下级关系。深受儒家思想影响的中日韩等东方文化侧重人际交流中的情感与道德素养，但也未尝忽略知识的功效。如前所述，儒家除了"尊德性"，还有"道问学"的传统，其"格物致知""学而不厌，诲人不倦"以及"知行合一"等思想反映出它对知识涵养的推崇，日本文化倡导的"尊师重教"其实也是这种价值观念的体现。该理论模型的第三个不足这处是对社交得体性的阐述比较粗略。日本是一个等级森严的"纵式社会"，社交的礼节繁复，内容多样，处理等级关系只是其中的一个部分，除此之外还有如何发展友情、建立信赖等诸多方面。日本、中国与韩国都属于"熟人社会"，内外之别明显，培养友情和建立信赖在人际交往中也有十分重要的作用。

4.3　J. O. Yum的韩国文化视角的跨文化能力模型

韩国文化与日本文化一样深受中国儒家思想的影响，这些影响塑造着韩国人的价值取向及其行为偏好。J. O. Yum从20世纪80年代开始探讨韩国文化的价值观念及其交际模式，并且与西方文化的价值观和交际模式进行对比研究。Yum（2012）提出基于韩国文化视角的跨文化能力理论，为我们了解韩国人的能力观提供了一种门径。

韩国与日本在历史上曾经完全浸染于中国文化，归属于中国文化圈（朱云影 2007）。在中国文化的种种影响因素中，儒家思想的影响尤为广泛、持久而深刻，中日韩文化因此有诸多共同之处（Yum 1988）。例如，三个国家的文化对人际和谐的珍视、社会等级的认同以及面子的讲究等。但它们之间也有一些细微且明显的差异，例如，相对于日本与韩国文化而言，中国文化的等级观念略微弱一些；相对于中国人与韩国人而言，日本人的血缘意识较为淡薄；在情感表达上，韩国人较主动、中国人次之，日本人较欠缺（金燕玲 2007）。Yum（2012）认为，韩国人社会交际的主导价值是和谐。与西方文化形成鲜明对比的是，韩国文化中的个人本身没有意义，只有与他人建立关系，并且完全融为一体，进入"无我"状态时才能实现自我的价值。衡量一个人交际能力的标准不是实现自我目标，而是形成与发展和谐的人际关系。

Yum（2012）基于韩国文化视角的跨文化能力包括五个要素：（1）移情；（2）敏感性；（3）委婉；（4）缄默；（5）超验性。与韩国人交往所需的第一个也是最重要的能力是移情，亦即站在他人角度看问题，想他人所想，为其所为的能力。它要求交际者不仅要准确地理解他人的用意，而且能够将心比心，设身处地为他人着想，使其受到感染。

第二个要素敏感性与移情密切联系，指交际者能够对言语是否得体，他人的需求是否得到满足，相互关系是否和谐等方面有准确和敏锐的感知。它要求交际者首先以慈悲为怀，不伤害他人的情感；其次以真情为纽带，保持良好的人际关系。

第三个要素委婉指运用模糊的语言或间接的方法进行表达。韩国文化属于高语境文化，韩语有很多意义隐晦、飘忽不定、有言外之意的表达方式。委婉的表达重视双方互动的过程而非参与交际的个体的行为，目的是为了防止因对方的拒绝而造成尴尬，抑或缓和双方存在的分歧，不影响和谐的人际关系。

第四个要素缄默指交际者在表达情感或意见时谨言慎行，不轻易地流露出来。因为直接且无所顾忌的表达有可能会伤害别人的情感，造成人际关系的紧张。缄默的另一个原因是儒家"敏于行、讷于言"以及"言必行、行必果"的教诲。话说出口就要兑现，相比之下，洗耳恭听、静观事态不会给自己带来沉重的责任与负担。

第五个要素超验性指超越语言以及常规的方式，运用"智的直觉"（intelligible intuition）进行交际，达到"闻一而解十"的状态。韩国文化推崇"不交之交"，亦即心领神会，认为真正的交际无需开口或侧耳，保持沉默或几乎不用任何表达就能沟通的能力被看作最高层次的能力。相应地，那些能够抓住"不言之言"，抑或通过点滴信息见微知著，充分理解他人本意的人才是真正有能力的交际者。下图显示韩国文化视角下的跨文化能力的五个要素。

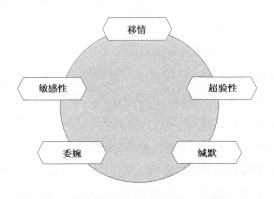

图 4.3　韩国文化视角下的跨文化能力模型

Yum（2012）从韩国文化视角解析跨文化能力的构成要素，该理论强调情感以及非语言表达方式的重要性，其贡献主要有两点：第一，对移情与敏感性的新诠释；第二，揭示超验性直觉形式的交际。许多学者解析过移情，但主要关注其认知或情感层面。Yum的理论不仅阐述移情中从他人视角看问题的层面，而且进一步分析将心比心、感同身受、做他人欲做之事，使其深受感染的能力，拓展了我们的视野。Yum对直觉在交际中作用的探讨也有新意。不少学者研究过东方文化的交际特征，但基本上不外乎讨论委婉、间接、迂回、缄默和暧昧等现象，鲜有人分析直觉的作用。Yum阐述的"智的直觉"，类似于中国人所说的"心有灵犀一点通"，在注重情感与心灵沟通的中日韩文化中经常起到语言和其他交际方式难以替代的作用，体现的乃是一种高超的交际能力。直觉概念的提出凸显了东方文化视角的独特之处，与强调语言表达及其沟通理性的西方视角形成鲜明的对比。

Yum的理论也存在不足之处。其一，忽略了处理等级关系的能力；其二，没有阐述知识因素的作用。韩国文化的等级观念强烈，难以回避上下级与性别之间的等级关系。在这个方面，Takai & Ota（1994）的理论似乎更胜一筹。如前所述，东方文化长期以来一直有着尊师重教的传统，虽然强调谦虚的美德，但知识在人际交流中的作用仍然是不应忽略的。Yum（2012）的理论没有包括知识因素，解释力受到了一定的影响。

本章的前三节讨论了以中日韩为代表的亚洲视角，非西方理论当然还包括诸多其他重要的视角，下面两节我们分别评介非洲文化和阿拉伯文化视角的跨文化能力理论。

4.4　P. O. Nwosu的非洲文化视角的跨文化能力理论

在全球多元文化中，非洲文化是重要的一元。那里居住着10亿多人，分属于3,000多个族群，讲着1,000多种语言。随着全球化的深入，非洲与世界的交流日益频繁，理解非洲人跨文化能力的视角是跨文化交际研究中不可或缺的环节。Nwosu（2009）的理论立足非洲文化，管窥非洲人对跨文化能力的认知，弥补了这方面研究的缺失。

Nwosu（2009）认为，若要理解非洲人如何认知跨文化能力，首先要理解非洲文化。非洲文化有着丰富的多样性和高度的复杂性，但我们可以从其传统文化中发现不同族群共享的价值观念与文化主题。依据Nwosu的界定，非洲传统文化是指撒哈拉沙漠以南与欧洲人接触前的核心价值、信仰、行为与文化主题。现在，非洲传统文化仍然存在于乡村和城市中，塑造着人们的生活方式。在价值观方面，非洲人认同乌班图（ubuntu），即寻求共识的原则，强调社群重于个人、友善好客、视朋友如家人、孝敬和顺从父母等文化观念。在文化主题方面，人与灵魂、人与时间、人与工作、人与社群或他人的关系等是非洲人共享的文化主题。

Nwosu提出，非洲视角的跨文化能力包括五个方面的知识与技能：（1）自我定位；（2）关系定位；（3）时间定位；（4）行动定位；（5）话语定位。

非洲视角下跨文化能力的第一个方面是自我定位，其主要特征是社群主义（communalism）。自我定位表达社群成员如何界定个人身份，以何种方式与他人进行互动。在非洲文化中，群体高于个人，自我从群体的存在中获得个人存在的意义，相互依赖的个人构成大家共有的社群，群体之外没有独立存在的个人。群体成员被赋予不同的等级，社交礼节比较正式，男女角色之间的差异明显，每个人都不断地调整自己的行为以适应集体生活并努力维护集体形象。

第二个方面是关系定位。关系定位表达社群成员如何建立人际联系、组织社会活动的制度性安排。非洲文化对人进行了等级划分，要求敬重年长、位高和富有的人，形成由低到高的社会阶层。其社交礼节比较繁复，对不同阶层与不同性别的人有着不同的要求。非洲文化的人际关系有着显著的礼俗社会的特征 —— 亲密、友好、彼此熟识与互相依赖，社会关系的建立需要时间的考验，一旦建立就成为稳定且牢固的联系纽带，双方随之负有相互关照的责任与义务。

第三个方面是时间定位。时间定位表达社群成员认知、安排和处理时间的方式，大体分为面向过去、现在和未来三种定位。根据处理方式的不同偏好，时间定位还可以分为一元和多元体系。一元时间体系把时间分割为小的单元，井井有条地制订好时间表，每个时段完成特定的任务。多元时间体系则没有严格的时段分割，时间表有较大的弹性和灵活性。非洲文化属于面向过去的多元的时间体系，秉持循环的时间观念。在这种时间定位的影响下，非洲人的时间表比较灵活，生活节奏缓慢。他们认为，时间是用来建立相互联系的，取之不尽、用之不竭，不能因为过于匆忙而怠慢别人。

第四个方面是行动定位。行动定位表达社群成员如何处理自我与行为之间关系的倾向。非洲人珍视"存在"，把一切事情都看作命运的安排。他们认为，工作不仅仅是履行职责的地方，也是建立牢固的人际关系的场所，因此其工作与生活之间的界限比较模糊。由于非洲人安于现状，忠诚于所在单位，希望单位照料自己的后事，所以一般不轻易调换工作。

第五个方面是话语定位，即社群成员如何说话和交流的倾向。非洲文化偏好委婉迂回的说话方式，一般认为直接的表达是粗鲁和不礼貌的。人们谈论一件事情或一个想法时，常常说到某处停下来转而插入另一件事情或另一个想法，最后再回到原来的话题上来。非洲人交谈时传递的信息常常是隐蔽且不明确的，解读其用意的责任落在听话人身上。表4.1显示了非洲视角下的跨文化能力的五个维度。

表 4.1　非洲文化视角下跨文化能力的五个维度

定位维度	特征	得体的交际行为
自我定位	社群主义	个人服从群体，敬重老人与有地位的人，重视相互依赖
关系定位	线性的	服从权威，接受社会等级、礼节正式、男女角色差异，谨慎发展关系，重视人际关系，强调义务与相互依赖
时间定位	循环的	面向过去，生活节奏缓慢，把时间理解为相对、持续、无限和灵活的东西，多元的时间定位
行动定位	存在	命运决定人类事务，听天由命，把工作当作实现目的的手段，工作与娱乐之间的界限模糊，把工作场所当作家庭的延伸，较少流动，持续忠于所属单位，长久在此工作
话语定位	非线性的	委婉迂回的叙事方式，侧重口语、听者负责、依赖非言语交际形式，重视模糊与隐藏的信息，爱面子，反应比较保守，交际的目的是为了维护、加强与促进社会秩序

　　Nwosu（2009）以自我、关系、时间、行动和话语五个维度的定位来解析非洲视角下的跨文化能力，把文化的普遍性与特殊性较好地整合到一起，为我们探索本土理论建构提供了有益的启示。与Xiao & Chen（2009）儒家视角的跨文化能力理论一样，Nwosu的理论提纲挈领地揭示了非洲人的文化偏好与价值取向，使我们能够掌握与其交际的要点与基本原则，更清晰地认识到非洲人与西方人之间的巨大差异。虽然一些学者已经深入地探讨过非洲文化的思想观念，例如Asante（1998，2010，2014）、Karenga（1997，2008）以及Moemeka（1996）等，但Nwosu的理论贡献在于它进一步阐述了非洲文化的社交原则、行为方式以及与非洲人交际所需具备的能力。

　　Nwosu理论的不足之处主要有两点：首先，它的框架与概念几乎完全是借鉴西方的。这样固然可以使欧美人更容易理解其观点与逻辑，但没有充分运用非洲文化的概念与思想使其理论失去了应有的特色。如果Nwosu能够深入挖掘一些非洲传统文化中的重要概念与思想，例如Asante（2010）提出的Ora-la、Karenga（1990）提出的Maat等观念[1]，将会给我们带来更多的启示。其次，该理论描述了五个维度的价值取向，但没有讨论它们之间的逻辑关系，缺乏对不同因素如何相互影响的动态分析，使其解释力受到一定影响。

4.5　R. S. Zaharna的阿拉伯文化视角的跨文化能力理论

阿拉伯文化起源于阿拉伯半岛，散布在22个国家，横跨亚洲和非洲，是世界文化的重要组成部分。与非洲文化一样，阿拉伯文化也有高度的多样性与复杂性。22个阿拉伯国家内生活着许多族群，它们信仰不同的宗教，说着各具特色的语言。在全球化语境中，理解阿拉伯人跨文化能力的视角与认识东亚文化或其他文化的视角一样，也有着不容忽略的现实意义。Zaharna（2009）的理论在这方面率先进行了尝试。

Zaharna（2009）指出，阿拉伯文化虽然不是同质的，但仍具有相对的统一性，最显著的特征在于其共享的语言和主导性宗教。阿拉伯语是阿拉伯世界共享的语言，但在库尔德、柏柏尔和亚美尼亚等许多族群中是第二或第三语言，而且在不同地区其词汇、语法和发音上的差异较大。在宗教方面，除了少数人信奉基督教和犹太教外，伊斯兰教是大多数阿拉伯人的信仰，影响着整个地区的居民。但我们同样要注意，伊斯兰教包括逊尼派（Sunni）、什叶派（Shi'ite）等派别。在这些高度的多样性与复杂性之中，阿拉伯人最大的共同点之一是重视关系。阿拉伯文化既不能过于简单地划进集体主义，更不能归入个体主义。其独特之处在于倡导富有个性的

1　Ora-la的意思是"使事情清楚"（making things clear）；Maat的意思是"正当或正直"（rightness or righteousness）。

社会成员之间的联系。个性指个人在社会结构允许的范围内特立独行的自由。阿拉伯人有着强烈的个性意识，为了表达个人的信仰不惜与集体作对，甚至甘冒被流放的风险。但这种个性根植于社会关系之中，个人的尊严和荣誉与其他重要的品性都是由社会界定和赋予的，群体的需要与目标仍然高于个人的诉求。阿拉伯人强调事物之间以及人与人之间的相互联系，把交际看作一种社会仪式而非信息的交换。

从阿拉伯文化视角看，跨文化能力主要包括三个要素：(1)语言能力；(2)非语言能力；(3)建立与维持社会网络的能力。语言能力是第一个要素。阿拉伯文化历来有崇尚能说善辩的传统，雄辩的口才一直是具备高超交际能力的重要标志。这点反映在前伊斯兰诗歌、《古兰经》和当代阿拉伯领导人的演讲之中。口才分为两个层次，第一个层次表现在情感的共鸣上。一个口才好的人能够言之有情、动人心弦、激起丰富的想象。第二个层次表现在社交问候与褒奖之辞上。一个胜任的交际者深谙社交活动的情感与意义，能够通过巧妙的问候与赞扬把它们表达出来。因此，阿拉伯人之间的问候与褒奖虽比较繁复、冗长，但传递的却是浓浓的情意。除了上述两个方面外，交际者还需要掌握不同地区的方言，能够敏锐地辨别它们之间的差异，并且在互动过程中熟练地转换语码，以达到强化人际关系的目的。

非语言能力是第二个要素。《古兰经》和伊斯兰教先知穆罕默德的言行录对非语言行为有着明确的训示，谦虚与谦卑是最重要的指导原则。交际者说话时应该适当调节声音，使之柔和悦耳。相反，如果一个人过度自信、出言不逊、举止粗鲁，那么就会与邪恶的人联系在一起，受到大家公开的谴责。

建立与维持社会网络的能力是第三个要素。这个要素体现在阿拉伯语asabiyah这个概念中，意思是"团结""群体感"或"群体意识"。asabiyah可以在部落或整个地区层面上建立起来。有能力的交际者能够运用语言和非语言技能确定、增进和管理人际关系，通过调解、谈判、共识建构以及说服技能发展群体之间乃至更广泛的社会网络。需要指出的是，语言能力虽然重要，但社会能力更重要。有些人能够说一口流利的阿拉伯语但却没有掌握应有的文化知识，所以他们在交际中犯错时，往往无法得到原谅。那些阿拉伯语不流利，但非常真诚且用心的人却更容易得到人们的认可和赞许。在互动过程中一定要注意社会语境，对阿拉伯文化的多样性保持较高的敏感性，不断地调整行为，得体且有效地进行交际。下图显示阿拉伯文化视角下以社会关系为中心的跨文化能力的构成。

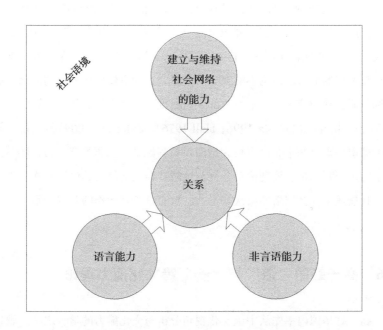

图4.4　阿拉伯文化视角下的跨文化能力模型

　　Zaharna（2009）以关系为中心，分析跨文化能力的构成要素以及它们之间的相互影响。该理论把西方的分析框架与阿拉伯文化的概念有机地结合在一起，简明地揭示了与阿拉伯人进行交际需要具备的基本能力。它使我们认识到阿拉伯文化独特的价值取向，辨别它与其他集体主义文化的主要差异。许多学者曾探讨过阿拉伯文化语境中的交际问题，例如，

Mutahhari（1985）解析了伊斯兰思想的要义，Ayish（2003）和 Mowlana（2014）讨论了伊斯兰文化的交际伦理，但从阿拉伯文化视角分析跨文化能力的研究并不多见。Zaharna（2009）探究阿拉伯人对跨文化能力的理解，在这方面进行了开拓性的探索，丰富了我们的认识。

诚然，Zaharna（2009）提出的跨文化能力理论仍是一个初步的框架，还有很多进一步研究的空间。首先，它重点讨论阿拉伯人对交际能力的理解，但并未解析阿拉伯人应该如何与来自其他文化的成员进行互动的问题，实际上只揭示了来自其他文化的人与阿拉伯人交际所需具备的能力。其次，该理论对语言能力的讨论比较深入，但对非言语能力及其社会网络建立与维持的能力的讨论不够充分。非语言行为不仅传递大量的信息，而且调节着互动的节奏并显示双方的亲近程度，是跨文化交际不可缺少的组成部分（Chen & Starosta 1996；Hall 1976）。Zaharna（2009）的理论只阐述了谦虚和谦卑两个非语言行为指南，与其说是讨论非语言行为，还不如说是阐述交际伦理。该理论对建立与维持社会网络能力的讨论同样较为单薄，只描述了社会网络的层次与形式，没有分析其运作的基本原则。

4.6 高一虹的"道"与"器"跨文化能力理论

高一虹是国内率先从中国文化视角分析跨文化能力的学者之一。她批判以功效为中心的西方理论，汲取中国传统哲学中"道"与"器"两个范畴，探索跨文化能力的内涵，辨析其构成要素。高一虹（1998）提出的跨文化能力的"道"与"器"的理论，视角独特，具有鲜明的中国特色，在本土理论建构的探索上迈出了很有启发性的一步。

高一虹认为，以功效为中心的西方理论具有操作性强、实用意义强等优点，但也有零散、琐碎和轻视人之内在素养等方面的缺陷。能力是内在的，功效是运用能力之后产生的外在结果。中国传统文化的"道器说"是一个非常有用的分析框架，可以帮助我们纠正西方理论的偏颇，更全面地理解跨文化能力的含义及其构成要素。在这个简明的分析框架中，跨文化能力由内在的"道"与外在的"器"两个彼此密切联系的部分组成。

跨文化能力内在的、形而上的层面是"道"。"道"在中国文化中的本意是道路，后来逐步演变，被理解为事物的规律与准则，抑或人的价值取向与道德意识。"道"落实到跨文化能力上是交际者的基本取向。更具体地说，它是交际者内在的人格状态、整体素养以及由此形成的对待交际的基本态度。在"道"的层面上，跨文化能力乃是掌握普遍的人文价值观念，不断地完善与提升人格的能力。具备跨文化能力的交际者不仅能养成健全的人格，而且带有"能产性取向"[1]。这种能产性跨文化交际取向体现于儒家倡导的"仁"、马斯洛揭示的"爱的趋同"、巴赫金提出的"独特、平等、独立的交谈主体"以及布伯描绘的互为主体的"我—你相遇"之中。

跨文化能力外在的、形而下的层面是"器"。"器"的本意为器皿，后来引申为工具。与"道"一起使用时，"器"指表象，抑或达到具体目标的方法与手段。跨文化能力的"器"指外在的信息、技巧、行为及其功效。例如，交际者的语言与非语言表达方式以及交际的习惯和互动的结果等就属于"器"的范畴。在"器"的层面上，跨文化能力乃是掌握具体的语言文化知识、行为习惯与交际技能，达到有效交际的能力。

"道"与"器"有何关系呢？首先，道上器下。"道"是交际的本质、本原和根本的驱动力。"器"是"道"的载体、表现及其后果。其次，道同器异。东西方人文主义在"道"上基本一致，差异主要在"器"，即实现目标的手段与过程。再次，道不可言，器可言。"道"是无形的、抽象的；"器"是有形的、具体的。因此，很难用语言准确地描述"道"，但"器"则完全可以诉诸语言。图4.5显示了高一虹（1998）跨文化能力的"道"与"器"理论。

1　能产性交际关系指一种"1＋1＞2"的，双方相互索取、相互给予、相得益彰的跨文化关系。在此关系中，交际者既要寻求与他人接近，又要寻求独立；既要寻求与他人结成一体，同时又要设法维护自己的唯一性与特殊性（高一虹 1998：43）。

图 4.5　"道"与"器"跨文化能力模型

高一虹（1998）的跨文化能力理论借鉴中国传统文化中的"道"与"器"两个范畴，分析跨文化能力的意义和构成要素。它的贡献主要有以下两点：其一，从"道"的角度阐述跨文化能力的道德内涵；其二，提出评价跨文化能力的新标准。首先，该理论提出跨文化能力的"道"是交际者的基本取向，即如何对待他人并与之交流的道德定位。它分别引用孔孟的"仁"、马斯洛的"爱的趋同"、弗洛姆的"能产性关系"、巴赫金的"交谈的主体"以及布伯的"我—你相遇"来论述跨文化能力的道德内涵，拓展了我们的视野。其次，该理论指出，西方学者基本以交际的"得体性与有效性"为评判跨文化能力的标准，但这两个标准都通过外在的尺度衡量跨文化能力。能力是内在的，功效与结果是内在能力的外在显现；虽然交际的效果可以作为评估与测试能力的一个重要依据，但它只能评价外在的"器"层面上的能力；评价内在的"道"层面上能力的标准是交际者人格及其道德素养的提升。

如果说高一虹（1998）的理论存在什么不足的话，主要有两点：其一，重"道"轻"器"的倾向；其二，"道""器"层面要素的分类问题。

首先，该理论阐述跨文化能力的"道"，分析其应有的道德取向，同时阐述跨文化能力的"器"，辨析它所包括的实用性知识与技能。但它把"道"看作本、"器"看作末，对"道"的内涵阐述较详尽，但对"器"的讨论却比较单薄。在中国传统哲学中，"道"与"器"、"体"与"用"以及"知"与"行"等概念一样，都是互为表里、相互依存的，应该予以平视。其次，该理论把文化价值看作内在的"道"层面的因素，但把语言文化知识看作外在的"器"层面的因素，有可推敲之处。众所周知，我们在学习语言文化知识时，不断地内化学习的内容，很多语言文化知识久而久之就会成为内在认知机制的组成部分。它们不仅使我们能够高效地进行社会交际，而且时刻塑造着我们的世界观。换句话说，有些语言文化知识在完全被吸收之后是内在的，有些文化价值观在没有被完全吸收之前是外在的，不应简单地认为文化价值观属于内在的"道"，语言文化知识属于外在的"器"。

4.7　许力生与孙淑女的跨文化能力递进—交互培养模型

许力生是国内最早探讨跨文化能力的学者之一，早在20世纪90年代就已开始展开相关的理论研究，在批判西方理论文化偏见的同时，发展体现中国文化观念的跨文化能力理论，持续探索多年并且取得丰硕成果。2013年他与孙淑女一起提出跨文化能力递进—交互培养模型。该模型以发展跨文化人格为目标，整合知识、动机、技能、语境和效果五个层面的因素，探讨外语学习者培养跨文化能力的有效途径。

许力生、孙淑女（2013）认为，跨文化能力除了包括心理学界公认的认知、情感和行为三个方面之外，还应包括语境和效果。这一点与Spitzberg（1997，2009）的见解相契合。全球化语境对跨文化能力提出了新的要求，交际者需要培养的不再是单向适应目的语的能力，而是具有多元文化意识的跨文化人格，即在保持原有文化身份的同时，跨越文化边界参与国际交流的能力。此外，效果也是判断交际能力的重要因素，是否有效取决于具体的互动情形，不能一概而论。许力生、孙淑女（2013）的模型以全球化语境为背景，以跨文化人格为指归，以知识习得、动机培养和技能训练为教育内容，探讨跨文化能力的构成要素与评价标准。

跨文化能力递进——交互培养模型的第一个层面是知识习得。知识包括语言知识、文化知识和文化理解力。其中，语言知识指有关语言系统，诸如语音、词汇和句法等方面的知识；文化知识是指饮食、起居、艺术以及信仰与价值观等方面的知识。

第二个层面是动机培养，即在知识习得的基础上发展自我意识、文化相对意识和积极的动机。自我意识指交际者对自己的性格、能力和价值观的了解。文化相对意识指摆脱族群中心主义、消除文化偏见、以相对主义看待差异的态度，分为承认、接受与悦纳三个层面。有了正确的跨文化态度，交际者才能培养积极的交际动机，主动地学习、理解、反思自我与他人文化，使跨文化互动不断深入。

第三个层面是技能训练。技能训练指将语言文化知识转化为互动能力的过程，包括语言、非语言和策略能力。语言能力构成跨文化能力的核心，体现在听、说、读、写、译等方面。非语言能力起着辅助与配合的作用，指交际语言以外的所有交际行为能力，包括体态、副语言、距离和环境等方面。策略能力指运用各种谋略应对和解决交际障碍与困难的能力，如信息调整、话题的回避与转换、语义的选择与内容的缩减等。

第四个层面是交流互动。交流互动指以面对面的形式抑或通过媒介进行跨文化交际的能力。跨文化能力不是交际者个体的素质，而是在与其他文化的成员互动时表现出的一种能力，用Imahori & Lanigan（1989）的话说乃是一种"关系能力"。

第五个层面是交际效果。界定跨文化能力离不开有效性和得体性。有效性和得体性不能以某一文化的标准来判断，而应参照双方的行为模式与价值取向。在此意义上，交际效果是由双方经过相互调节与适应所产生的双方都能理解和接受的结果。

许力生、孙淑女（2013）提出的递进—交互培养模型，系统地分析了全球化语境中跨文化能力的构成要素及其培养路径。它强调知识是基础，动机为前提，技能是关键，但同时又重视不同层面之间的交互作用，为我们演示了跨文化能力发展的复杂过程。下图显示递进—交互培养模型（出处：许力生、孙淑女 2013，原图有所调整）。

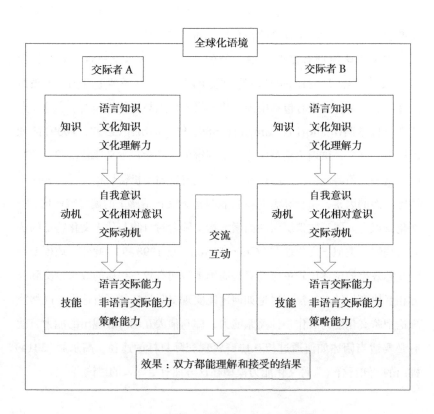

图 4.6　跨文化能力递进—交互培养模型

许力生、孙淑女(2013)针对外语教育建构的递进—交互培养模型，全面揭示了跨文化能力的构成要素及其发展过程。杨盈、庄恩平(2007)以及张卫东、杨莉(2012)都曾分析过外语教育中的跨文化能力，但递进—交互培养模型的贡献在于首次从相互关系的视角解读能力的内涵与评价标准[1]，阐述了跨文化能力各个层面之间的逻辑关系与相互影响，并且提出在全球化语境下跨文化能力的目标是培养具有多元文化意识的跨文化人格，颇具新意。其次，国内学者大都关注交际者个人的特性，忽略能力的发展过程。许力生、孙淑女(2013)将两者有机地结合到一起，提高了模型的解释力，对本土理论建构有较大的启发意义。

如果说该模型有需要斟酌之处的话，主要有以下三点。其一，递进—交互培养模型虽然包括语境和效果层面，但从总体上看仍未突破西方理论的框架，并没有包括中国文化推崇的情感与道德修养因素。这一点读者可以参照Imahori & Lanigan(1989)和Spitzberg(1997，2009)的理论模型。其二，该理论把跨文化意识理解为一种相对主义地看待差异的态度，这一点值得商榷。一般认为，跨文化态度与动机密切相关，主要属于情感层面的因素，指交际者对待自我与他人文化情感上的偏好或倾向；跨文化意识主要属于知识层面的因素，指交际者对自我与他人文化特征的认知与理解，类似于文化地图(Chen & Starosta 1998-9)。此外，该模型对于交际效果的论述比较单薄，只是简单地说明有效与得体的效果是交际双方相互协商的结果，没有讨论如何才能实现交际目标的可行途径。既然该理论把跨文化能力看作一种关系能力，即与他人互动时表现出的能力，就有必要适当阐述如何通过相互协商实现交际目标的途径。高永晨(2014)提出的"知行合一"跨文化能力模型在这方面有更深入的讨论。

1　相互关系的视角在顾晓乐(2017)的研究中得到延续，参见本书第一章的文献回顾。

4.8　高永晨的"知行合一"跨文化能力模型

　　与许力生一样，高永晨也是国内少数持续多年研究跨文化能力的学者之一。她于2014年提出"知行合一"模型，把跨文化能力分解为"知"与"行"两个相互联系、彼此补充的系统。该模型挖掘中国传统文化的思想观念，吸取西方理论的成果，使之立足民族根基的同时又具有国际视野，在探索本土理论建构的路径方面做出了有益的尝试。

　　中外思想家都曾将人的社会活动划分为"知"与"行"两个既相互独立又相互联系的系统，并且把两者整合起来衡量人的交际能力。古希腊哲学家苏格拉底以及中国明代哲学家王阳明从各自的角度提出"知"与"行"相结合，提升道德修养的思想。高永晨在借鉴Byram（1997）和Deardorff（2006）跨文化能力模型的基础上，对知行合一思想进行创造性转换，建构针对中国大学生群体的跨文化能力理论。她认为，中国大学生的跨文化能力涵盖"知"与"行"两个基本层面。"知"是由价值观念构成的知识系统，"行"是由价值观念支配和调控的行为系统。"知"指导"行"，与此同时"行"又反过来影响"知"，使之不断地得到检验、修正、丰富与完善。

　　高永晨（2014）提出的中国大学生跨文化能力模型的第一个层面是知识系统，包括知识、意识和思辨能力三个要素。其中，知识包括表层文化知识和深层文化知识。价值观念是深层次的知识，决定人们交际的方式与结果。意识指跨文化交际中的敏感性与自觉性，包括全球文化意识、本土文化意识和自我认同意识，在跨文化互动中具体表现为对自我与他人文化之间异同的敏感性，以及主动进行自我调整进而实现跨文化沟通的自觉性。思辨能力指交际者运用逻辑推理对事物加以识别、理解、判断和评价的能力。以上三个要素构成指导跨文化交际的知识系统。

　　"知行合一"跨文化能力模型的第二个层面是行为系统，包括态度、技能和策略等要素。态度是交际者在特定文化价值观支配下的行为倾向，体现于他们的开放性、包容性和灵活性。积极的态度是尊重差异、包容不同观念，愿意向他人学习、相互取长补短的必要条件。技能是掌握与运用跨文化交际技巧，得体而有效地交流的能力，包括语言、非言语、互动与适应等技能。策略能力是如何扬长避短，实现交际目标的能力。以上三个要素构成跨文化能力的行为系统。

在高永晨提出的"知行合一"跨文化能力模型中，知识和行为是两个既相对独立又密切联系的系统，每个系统又涵盖三个子系统。其中，知识系统涵盖知识与价值、信念（即意识）及其逻辑（即思辨）系统，行为系统涵盖态度、技能与策略系统。"知"与"行"的关系是跨文化交际中最根本也是最重要的关系，唯有"知行合一，知行并进，行其所知，知其所行"，才能成为有能力的交际者。下图显示"知行合一"跨文化能力模型（出处：高永晨 2014，原图有所调整）。

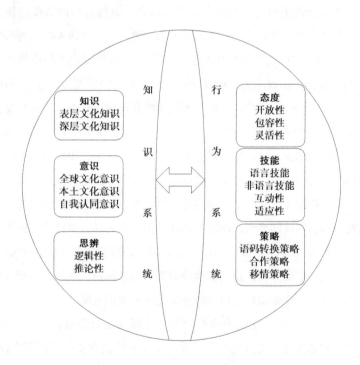

图 4.7　"知行合一"跨文化能力模型

　　高永晨（2014）的模型融合中西思想，解析中国大学生的跨文化能力，简洁而全面地揭示了它的构成要素以及不同要素之间的相互关系，为我们探索本土跨文化能力理论的建构提供了一个富有启发意义的样本。她的"知行合一"模型以及高一虹的"道"与"器"理论对跨文化能力的理解有异曲同工之处，两者从不同的角度阐释了知识，特别是价值观念与行为技能在跨文化能力构成中的关键性。比较而言，前者更加全面且更具可操作性。

　　如果深究该理论的不足之处，那么主要是对跨文化能力要素的分类。首先，她把思辨能力[1]划入知识体系存在争议。一般而言，知识指人对信息的掌握以及对事物的认识与理解，而思辨则更多指人对事物的分析以及辨别与批判。Byram（1997）把思辨与知识划分为不同的范畴，并且认为前者是跨文化能力的核心要素。其次，该理论把态度划入行为范畴也有待商榷。目前，大多数跨文化交际学者认为，跨文化能力包括知识、情感和行为三个基本层面（例如，Chen & Starosta 1996；Chiu *et al.* 2013；Lustig & Koester 2003）。依据这个三维框架，态度属于情感层面。在跨文化互动中，有些人具有开放和包容的态度，但不一定能够落实到行为上，态度与行为之间存在距离，两者并不总是一致的。此外，该模型虽然借鉴了中国传统文化思想建构"知行合一"的框架，但深入观察就会发现其中的概念几乎都是西方学者提出的，没有包括中国文化所重视的情感与道德因素，其价值取向仍然带有明显的西方化倾向。

1　思辨的英语原文是critical thinking，高永晨赞同文秋芳（2012）的观点，把它译作思辨，也有人把它译作批判性思维。两者的意义有相似之处，但侧重点差异较大。前者侧重逻辑推理与鉴别能力，后者侧重不盲目接受，运用理智进行批判性评价的能力。笔者认为，"批判思维"能更准确地表达出英文原意，"思辨"过于本土化，削弱了英文的思想锋芒。

4.9 孙有中的中国外语教育视角下的跨文化能力模型

孙有中是倡导以跨文化能力为核心的大学外语教育的学者之一。近年来，他一直研究外语教育与跨文化能力的关系，发表了许多著述与论文。中国大学外语教育中跨文化能力的培养着眼于发展国际人才，与欧美国家的目标有着较大的差异。孙有中（2016）立足本土国情，综合多重视角提出的跨文化能力理论，为我们探索中国外语专业教育的新思路提供了有益启示。

语言与文化的密切联系早已成为外语界的一个重要共识。孙有中（2016）认为，外语教育在本质上是跨文化教育，不能仅仅关注语言技能的发展，还要重视跨文化能力的培养。从外语专业教育的角度看，跨文化能力包括六个方面的素质：（1）尊重世界文化多样性，具有跨文化同理心和批判性文化意识；（2）掌握跨文化研究理论知识与分析方法；（3）熟悉所学语言的国家的历史与现状，理解中外文化的特点与异同；（4）能够对不同的文化现象以及文本与制品进行阐释和评价；（5）能够得体且有效地进行跨文化交际；（6）能够帮助不同语言文化背景的人士进行有效的沟通。

第一个方面涉及跨文化态度、情感与意识。首先，在态度上要尊重文化的多样性。目前世界文化面临着西化和同质化的趋势，一个具有跨文化能力的人应该尊重文化多样性，积极保护人类共同的文化遗产与资源。在情感上，应该具有同理心，亦即移情能力，能够感同身受地理解不同文化的情感与观念。在意识上，应该具有深刻的反思能力，能够不卑不亢，公正且理性地判断自己与他人的文化。

第二个方面涉及跨文化研究的知识与方法。外语专业的学生不仅需要掌握日常交际所需的知识，还需要掌握基本的跨文化研究知识，能够对各种跨文化现象进行一定的理论分析和初步研究。与此同时，还需要掌握如何界定、培养与评估跨文化能力的基本方法。

第三个方面涉及历史与社会知识。外语专业的学生应该通过全面了解所学语言的国家的历史与社会，认识其价值观念、风俗习惯与行为方式。同时，通过对本土文化的学习，充分了解自身的价值取向与行为偏好，知晓中外文化的异同。

第四个方面涉及解释与评价能力。外语专业学生需要培养灵活运用跨文化理论与知识的能力，能够对中外文化的文本、制品与案例进行准确且深入的阐释和评价，形成较高层次的跨文化思维能力。

第五和第六个方面涉及衡量跨文化能力的外在标准。外语专业的学生不能停留在熟练掌握口头与笔头的表达能力上，还应进一步培养在实际的跨文化场景中得体且有效地交际与沟通的能力。除此之外，他们还应能够通过自己的翻译能力帮助他人进行跨文化交流。下图显示孙有中（2016）跨文化能力模型的六个关键要素。

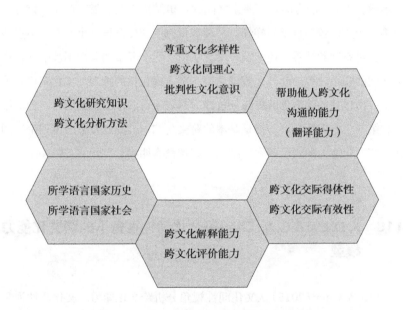

图 4.8 中国外语教育视角下的跨文化能力模型

孙有中（2016）针对外语专业新的培养目标，整合多种视角，发展中国外语教育视角下的跨文化能力模型。国内曾有一些学者探讨外语教育中跨文化能力的内涵，例如，杨盈、庄恩平（2007），张卫东、杨莉（2012），许力生、孙淑女（2013）等。孙有中在前人研究的基础上更为全面地阐述了中国外语专业学生应该具备的跨文化能力，其贡献主要有两点：其一，提出理论知识与分析方法要素；其二，提出翻译能力。现有的理论几乎仅关注跨文化能力的知识层面，但没有人从外语专业角度提出知识要素应该包括跨文化交际的基础理论以及跨文化分析方法。孙有中（2016）的观点颇具新意。翻译能力的提出也具有启发性。学者一般仅探讨人与人之间直接的跨文化互动，很少留意通过翻译进行的间接交流。翻译能力的提出拓展了我们的理论视野，开辟了新的研究议题。

该理论自然也存在不足之处，主要有两点：其一，能力要素的分类比较零散；其二，能力的六个要素之间的逻辑结构不太明晰。首先，该理论的第一个方面包括尊重多样性、移情和批判的文化意识三个元素，不仅涉及跨文化态度和情感，还涉及跨文化意识。三个元素的共性不甚明显，相互之间的联系较少。此外，该理论第一个方面包括的批判的文化意识和第四个方面包括的跨文化解释与评价能力都属于高层次的思维能力，但其第二和第三个方面所包括的都是基本的跨文化知识。如此看来，该理论所阐述的跨文化能力的六个要素在结构上好像没有明确、自然的逻辑关系。

4.10 X. D. Dai & G. M. Chen的文化间性视角下的跨文化能力模型

Dai & Chen（2015）从文化间性视角分析跨文化能力。文化间性视角同时关注交际者的个人特性和双方的互动过程，把两者有机地结合起来。在文化间性空间中，自我与他人既独立又联系，他们不断地学习新知识、拓展身份、相互适应。和实生物，同则不继。如果交际双方缺乏共同点就无法达成跨文化理解，如果完全趋同就失去了交流的意义。只有差异与共性达致平衡，形成适度张力之时，跨文化交际才最具活力和创造性（Dai 2010）。从这个视角看，跨文化能力是交际者建立跨文化联系，发展和谐的关系，一起成长的能力。

如前所述，大部分西方学者认为跨文化能力包括知识、情感与行为三个基本层面。这种观点忽略亚洲以及非洲文化重视的道德伦理因素，体现了西方理论的偏见。跨文化交际过程中有些人主导交际，享有较多说话的机会，有些人则受到压制，不能充分地表达自己的观点。有些人留意对方的感受，时刻为他人着想，有些人则以自我为中心，罔顾他人的感受，甚至把自己的意见强加于人。唯有建立健全的道德规约与伦理规范才能使跨文化交际获得成功（Casmir 1997；Hall 1997）。因此，Dai & Chen（2015）认为跨文化能力不仅应该包括知识、情感和行为能力，而且应该包括规约交际过程的道德能力。

文化间性视角下跨文化能力模型的第一个层面是情感。它包括四个要素：（1）开放的心态；（2）相互联系的自我观念；（3）积极的移情；（4）互相欣赏。开放的心态指愿意接受不同视角，尝试新鲜事物，不断拓展视野的态度。要想建立跨文化联系，进行有意义的互动，交际者先要打破自我封闭，向他人开放。当交际者跨越文化边界，与他人建立社会关系的时候，他们重构自我观念，发展更为包容的身份（Brewer 1991）。自我观念是人们看待自己的方式。相互联系的自我观念能够表达人的社会属性，促进跨文化关系的发展。持相互联系自我观念的交际者视他人为自己生存与发展的必要条件，能够主动地进行自我调整，努力探索和睦相处的有效途径。移情是从他人视角看问题、换位思考的能力。移情有单纯的抑或积极的移情。前者仅仅想他人所想，丢弃自我，后者不仅站在他人的视角看事物，而且与之分享自己的情感与经验，努力保持自我身份。积极的移情使交际者在设身处地理解他人的同时又与之保持适当的距离，有助于发展健全而和睦的跨文化关系。情感层面的第四个因素是互相欣赏。互相欣赏指交际者把对方看作值得敬重的伙伴，乐于挖掘其文化宝藏，体验其独特的风韵与优雅。相互欣赏的能力使交际者认识到人类多元文化的唇齿相依，充分肯定他人的价值。

第二个层面是认知。认知层面指交际者掌握知识与理解他人的能力。它包括四个要素：（1）文化知识；（2）文化批判意识；（3）文化整合；（4）跨文化视角。文化知识涵盖对自我和他人文化的全面了解。了解自我是了解他人的前提。交际者需要掌握语言及非言语交际形式的知识，理解他人的价值观念、风俗习惯及其历史传统。认识他人的文化与历史可以更好地理解其言语和非语言行为表达的意义，领悟其丰富的人文内涵。

第二个因素文化批判意识指对自我与他人文化进行反思和评价的能力。缺乏这种能力的人往往会成为无鉴别能力的盲目模仿者，具备这种能力的人则能去伪存真，成为有主见和创造力的交际者。文化批判促进文化整合（Miike 2012）。文化整合能力是交际者通过辨别、筛选与调和，把不同的文化观念与模式结合到一起的过程。文化整合与文化同化的本质差异在于跨文化交际者在相互结合的同时，依然保持自己的身份，能够在自我与他人的视角之间来回切换，发挥各自的优势（Berry 2005），形成"和而不同"的跨文化关系。

当交际者系统地整合自我与他人的价值观念与行为方式，使之成为有机的整体之后，一个比单一文化更加包容和开阔的跨文化视角随之产生。跨文化视角是交际者超越族群中心主义的根本标志，双方因此有了共享的参照框架，能够更有效地理解与协调行动。

第三个层面是行为。行为能力指交际者把所掌握的知识落实到行动并实现预定目标的技能。它包括四个因素：（1）互动技能；（2）身份协商；（3）和睦建构；（4）创造性张力。

互动技能指交际者运用语言及非语言技巧参与和管理互动的能力。语言在跨文化交际中起着关键的媒介作用（Fantini 1995）。在跨文化互动过程中，交际者不仅需要使用母语或外语进行沟通，还应注意非语言行为，仔细地观察，耐心地询问，力求准确地理解其意义，促进和谐的交流。

身份协商能力指交际者界定、认可、质疑或修正自我与他人身份的技能（Ting-Toomey 1999）。交际双方都希望自己的身份得到确认和肯定，当他们努力建构共性，同时又保持各自的文化身份之时，跨文化关系才能进入一种各得其所、相得益彰的状态。由于双方保持各自的身份，跨文化互动总是充满矛盾与张力，交际者需要培养发展和睦关系的能力。和睦建构指消除交际障碍、创造和谐氛围的能力。胜任的交际者能够满足对方的面子需求，准确判断对方的预期，不断积累共享的语言与行为方式，逐步形成交流的默契。

保持创造性张力指交际者勇于发表不同的观点，捍卫自己的立场，与对方展开建设性争论的能力。这种能力可以使双方看到各自的不足，不断探索新的可能。创造性张力固然会在某种程度上造成交际的困难，但正是双方站在不同的立场上说话，跨文化交际才变得充满活力，跨文化关系才变得更有意义（Cheyne & Tarulli 1999）。

第四个层面是道德。道德能力指践行合乎交际伦理的价值观念及其行为规范的能力。它包括四个要素：（1）相互尊重；（2）真诚；（3）宽容；（4）责任。相互尊重是发展和谐跨文化关系的基础。尊重他人意味着把对方当作值得敬重的伙伴，给予自由表达的权利与机会。真诚指诚实地对待自己和他人，不隐瞒实际的意向与诉求。真诚的交际者能够坦率地说出自己的想法，使对方敞开心扉，逐步建立信赖，跨文化交际因此而呈现出更多的真情实相。

跨文化互动涉及多样性，要求交际者具备宽容的品德。宽容指包容差异和不同见解的能力。唯有以开阔的心胸参与交流才能分享他人的洞见与睿智。责任意味着一方对另一方负有解释、说服、合作与协助的义务。文化差异越大，道德义务愈显得重要（Casmir 1997）。当双方都能担负起沟通的义务时，和谐的跨文化关系就有希望成为美好的现实。跨文化能力的情感、认知与行为层面起着同等重要的作用，一起在道德层面的规约与调节下造就成功的交际。下图显示文化间性视角下的跨文化能力模型。

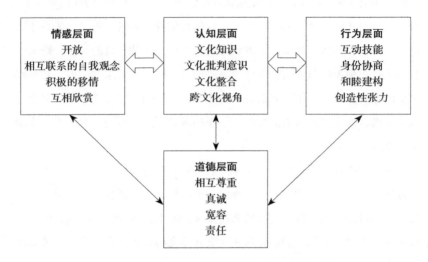

图 4.9　文化间性视角下的跨文化能力模型

　　从文化间性视角解析跨文化能力在理论上有三个方面的意义。其一，以互动过程为中心分析跨文化能力的构成要素。该理论强调跨文化能力往往不只是个人特性的简单叠加，常常涉及交际双方的相互借鉴、批评与转化以及新观念与行为方式的形成。这种分析框架比那些仅仅静态地阐述交际者个人特性的视角更有解释力。其二，以辩证的观点看待跨文化张力与冲突。该理论揭示分歧和冲突不一定总是交际的障碍，对之加以有效的管理能够为跨文化互动带来活力与创造。其三，探讨跨文化能力的道德层面。以中日韩为代表的东亚文化历来重视交际者的道德修养和交际伦理，道德能力的提出有助于纠正西方理论的偏见，使人们能够更全面地理解跨文化能力的内涵，同时也更清醒地认识到它的复杂性。

4.11 小结

本章介绍了10个非西方视角的跨文化能力理论。大多数理论采取主位视角，站在本土文化的立场上解读跨文化能力；也有一些理论运用客位视角，试图建构普遍性理论；还有一些理论没有特意区分西方视角与非西方视角之间的差异，提出综合的分析框架。纵观非西方跨文化能力理论，可以看出它们与西方视角形成强烈反差的是其对情感、人际关系、道德伦理以及非语言行为的重视。这些非西方视角独特而富有新意，有力地拓展了我们的视野，弥补了西方理论的不足，极富启发性，但也有其自身的缺憾。首先，有些理论轻视知识因素，回避理性沟通，在批判西方理论之时矫枉过正，走向另一个极端。其次，这些理论主要通过逻辑推理和概念整合建构而成，缺乏坚实的实证基础。再次，它们中的大多数没有经过学界广泛的争鸣而不断地改进与完善，其合理性与解释力仍需进一步验证。此外，有些理论虽然建立了自己的分析框架，但基本上借用西方的概念与思想，徒具本土文化外壳，没有实质性内容。这些不足之处表明，跨文化能力是一个复杂的概念，唯有融合多元视角，才能扬长避短，对之做出准确且充分的诠释。与上一章介绍的11个西方视角一样，本章评介的10个非西方视角都是探讨一般跨文化能力的理论，并未深入解析跨文化能力特定的层面与功能以及它在各种特定语境中发展的情形，下一章我们将介绍有关特定跨文化能力的理论。

关于特定跨文化能力的理论

前两章讨论了有关一般跨文化能力的理论。这些理论展示了各种交际场景以及整个跨文化互动过程中交际者所需具备的基本能力，分析了其各个层面的构成要素和要素之间的相互影响。本章讨论有关特定跨文化能力的理论。特定能力的理论针对特定的交际场景或跨文化能力的某个重要层面，分析其涵盖的要素，阐述它们之间的逻辑关系。一般能力的理论有助于我们从整体上把握跨文化能力的要素以及它们之间的相互关系，特定能力的理论有助于我们深入认识其局部的构造与运行机制，两者各有所长、互为补充，共同揭示跨文化能力的普遍原理。本章评介 W. B. Gudykunst 的跨文化焦虑与不确定性管理能力模型、C. Gallois *et al.* 的跨文化通融能力模型、Y. Y. Kim 的跨文化适应能力理论、M. J. Collier & M. Thomas 的跨文化身份协商能力理论以及 S. Ting-Toomey & A. Kurogi 的跨文化冲突中面子行为能力模型等 11 个特定能力的理论。

5.1 W. B. Gudykunst的跨文化焦虑与不确定性管理能力模型

W. B. Gudykunst 是跨文化交际学界最多产、最有声望的学者之一。20 世纪 80 年代初，他率先展开系统的理论研究，探讨影响跨文化有效性的各种因素，取得了丰硕成果。其代表成果跨文化焦虑与不确定性管理能力模型（Gudykunst 1995，2005）从社会心理学视角，分析海外旅居者的跨文化能力。本书选取其2005年的版本作评介。Gudykunst（2005）的理论以陌生人为切入点，以焦虑与不确定性管理为核心，以跨文化交际的有效性为指归，揭示影响跨文化能力的主要因素。该理论推出后受到广泛的关注，引发了一系列的实证研究，为我们探索跨文化能力提供了一条以情感为中心的分析路径。

Gudykunst（2005）认为，跨文化交际发生在当地人与陌生人之间。陌生人指那些物理距离靠近，但心理距离较远的人。跨文化交际者面对陌生的环境以及种种由文化差异而造成的不确定性，难免产生无助的心理焦虑。不确定性指作为陌生人的交际者在新的文化环境中不知如何是好的心理状态，焦虑则指因不安、紧张、担心或惊恐而引起的不安全感。在交际过程中，人们对焦虑和不确定性的承受有一定的限度。当它们超过最高限度时，人们就难以进行有效的交际；但当它们低于最低限度时，交际往往陷于单调与乏味。较为理想的情形是，焦虑与不确定性介于最高与最低限度之间，可预测性与新奇性形成动态平衡，交际者能够有效地调动自己，充分发挥沟通潜能。影响跨文化交际有效性的因素有三个方面：其一是表面因素；其二是基本因素；其三是中间因素。

影响跨文化交际有效性的表面因素包括七个方面：（1）自我概念；（2）互动动机；（3）对陌生人的反应；（4）对陌生人的社会分类；（5）情境过程；（6）与陌生人的联系；（7）合乎伦理的交流。自我概念是我们对自己的界定，涉及交际者的自我认同、社会身份和集体自尊等方面。积极的自我认同能够增加信心，减少焦虑。自尊的提高以及身份的安全感同样能够减少焦虑，提高交际能力。

动机是有目标指向的需求。在跨文化交际中人们有得到包容和维持自我观念的需求。得到包容和维持自我观念的需求越大，焦虑就越大，交际能力就受影响。相反，如果我们的自我观念得到他人的肯定，自信随之增强，交际能力也会因此提高。

对陌生人的反应指对来自其他文化成员的认知与态度。交际者具备处理复杂信息的能力，对不确定性有充分的准备，并且能够包容陌生人，向陌生人靠近，站在陌生人的角度看问题，这样焦虑就会减少，交际能力随之提高。如果交际者对待陌生人的态度僵硬，焦虑随之增加，交际能力就会受到影响。

对陌生人的社会分类指对陌生人划分范畴、判断其身份、有条不紊地交际的能力。交际者能够更好地把握自我与他人之间的异同，准确划分陌生人的范畴，认识其群体内部的差异，积极地看待他们的行为，不把他们当作外人，这样焦虑随之减少，能力也有所提高。

情境过程主要指交际事件发生的顺序和结构。交际活动中的合作以及得到的社会支持增加，焦虑随之减少，交际能力会有所提高。与陌生人的联系指交际者与其他文化成员发展关系的过程。交际者的个人吸引力、相互接触、双方相互依赖、亲密程度以及共享社会网络资源的增加可以减少焦虑与不确定性，提高交际能力。合乎伦理的交流指给予他人尊严，以符合道德规范的行为进行互动。交际者维持自我与他人尊严、尊敬与宽容他人能力的提高，可以减少焦虑，增进交际的有效性。

影响跨文化交际有效性的基本因素是焦虑与不确定性管理，调节因素是留意。留意指交际者有意识地观察与思考，进入一种对新事物持开放态度，能够敏锐地察觉自我与他人之间差异及其场景的变化，认识到多重视角可能性的状态。交际者对陌生人的语言文化知识的掌握越多，对其行为的认知越准确，所感受的焦虑就越少，交际能力就越高。同样，交际者越留意，能够及时察觉与改正交谈中的语言错误，准确预测对方的行为，所感受的焦虑就越少，交际能力就越高。图5.1显示以焦虑与不确定性管理为核心的跨文化能力模型（出处：Gudykunst 2005）。

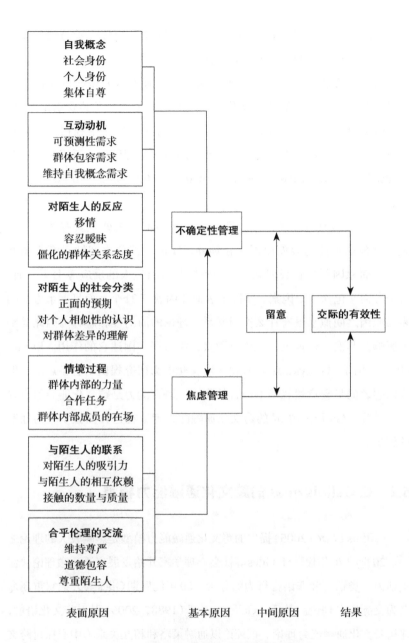

图 5.1　跨文化焦虑与不确定性管理能力模型

Gudykunst（2005）以焦虑与不确定性管理为中心分析跨文化能力的构成要素以及它们之间的关系，在大多数学者重视知识与行为的情况下开辟了一条强调心理情感的研究路径。该理论有着坚实的实证研究基础，简明地揭示了影响跨文化有效性的关键因素。尤其要指出的是，Gudykunst的理论涵盖伦理因素，在众多的西方理论中独树一帜。长期以来，西方学者一直轻视跨文化能力的道德伦理层面，近来一些人开始探索这个被忽略的领域（例如，Hofstede 2009；Nakayama & Martin 2014）。

跨文化焦虑与不确定性管理能力模型的不足之处主要有两点。首先，该理论阐述的表面原因比较琐碎、零散，彼此之间缺乏有机的联系。表面原因包括自我概念、互动动机和对陌生人的反应等七个方面，每个方面又包括三个因素，实际上表面原因就有21个，而且七个方面的表面原因之间似乎没有什么逻辑联系，理论的简洁性和解释力因此受到了影响。其次，该理论轻视语言因素，没有深入阐述它的作用。Byram（1997）指出，Gudykunst的理论对跨文化能力研究提供了有益启示，但难以想象的是它竟然忽略了语言的作用。语言能力是跨文化能力的重要组成部分，Gallois *et al.*的跨文化通融能力理论在这方面做了较为翔实的解析。

5.2　C. Gallois *et al.*的跨文化通融能力模型

Gallois *et al.*（2005）提出的跨文化通融能力模型是影响较大的理论之一。20世纪70年代，H. Giles等社会心理学家开始发展言语通融理论，注重话语、类语言和非语言行为的分析。80年代后期Giles等人把它重新命名为交际通融理论。其后，Gallois *et al.*（1988，2005）引入跨文化语境，建构跨文化通融能力理论。该理论以通融策略和相互关系为中心探讨跨文化能力，为我们提供了一种独特的视角。

Gallois *et al.*（2005）认为，交际发生在社会语境之中，它不仅仅是交换信息，也是建立身份和发展社会关系的过程。那些风格相似、志同道合的人容易相互吸引并建立良好的关系。人们在相互交流时有两个基本的需求：一是得到赞同和理解；二是显示差异和维持身份。由于交际双方来自不同的文化，对于同样的交际行为有着不同的态度和理解，难免产生诸多误解、偏见甚至冲突，若要实现成功的交流，必须具备跨文化通融能力。通融能力指交际者进行自我调整以适应对方、有效管理互动过程的能力。通融的策略主要有两种：一是趋同；二是分化或维持。趋同指交际者改变自我，向对方靠近的策略。分化与趋同正好相反，指交际者强化差异，使其与对方区分开来的策略。维持与分化相似，指交际者不考虑对方的举止，坚持原有风格的策略。影响跨文化通融能力的因素有五个方面：（1）社会历史语境；（2）个人初始定位；（3）心理通融策略；（4）行为技巧；（5）评价/未来意向。

影响跨文化通融能力的第一个方面是社会历史语境。它包括群体交往的历史、相互之间良好或恶劣的关系、各自社会的平等或不平等以及文化的价值取向等因素。此外，语境还包括两个群体个人之间交往的历史及其个人的价值观念与身份认同。语境影响跨文化通融的基本态度。

第二个方面是个人初始定位。个人初始定位指个人的交际倾向以及通融与不通融的选择。在A与B的交流中，遇到下列情形时，A倾向于以群体之间的交际为定位，不通融对方：（1）两个群体在历史上有过重大的负面交往；（2）A与其群体中的一些成员强烈地认为自己所属群体的社会活力低，与B群体进行社会比较会产生不安全感；（3）A曾经与典型的B群体的成员有过负面的交往。

出现下列情形时，A虽然倾向于以群体之间的交际为定位，但对自己所理解的B群体的特征采取通融的态度：（1）A属于地位较低的群体的成员，认为自己的群体缺少活力，两个群体之间的界限不严，而且群体关系不够合法和稳定；(2)A属于占据主导地位、活力较强的群体的成员，认为群体关系合法、稳定；(3)A早期曾与典型的B群体的成员有过正面的交往。

遇到下列情形时，A倾向于以个人之间的交际为定位，通融对方：(1)A和B有着正面的交往经历；(2)A与所属群体的重要成员的认同比较淡漠，或者交际中没有自己所属群体的成员。但当双方有着负面的交往经历时，A倾向于采取不通融的态度。

第三个方面是心理通融策略。影响心理通融策略的因素包括：A对个人与社会身份重要性的认知、趋同的动机以及特定交际情境中的规范。当A感到个人身份重要时，在心理上倾向于通融B的个人特性；而当A感到社会身份重要时，在心理上倾向于通融B的群体特征。

当A以群体之间的交际为定位时，可能对其他群体成员的行为不够宽容，以比较苛刻的规范来要求他们，而对群体内部的成员则显得心胸开阔，比较宽容；但当A以个人之间的交际为定位时，往往会以相似的规范来要求群体内部和外部的成员。

当A被情感动机所主导，并且感到同化的必要性时，即便通融会使理解变得困难，A也可能在心理上愿意通融B；当A被情感动机所主导，但认为有分化的必要时，即便不通融会造成理解的障碍，A也往往在心理上不愿通融B。

当A被认知动机所主导，并且感到只有与B不断接近才能增进理解时，即便这样做有损于身份的维持和发展，A也往往在心理上愿意通融B；当A被认知动机所主导，但认为分化才能促进相互理解时，即便这样做有损于身份的维护和发展，A也往往在心理上不愿通融B；当A处于一个有地位差异压力的情形中，在心理上往往会对处于优势地位群体的社会语言特征及其行为予以通融。

　　第四个方面是具体的行为技巧。行为技巧主要包括关注的焦点和通融策略的选择等因素。当A关注B的语言是否有效，交际能否展开时，往往采取接近的策略；当A关注的焦点在B的理解能力或刻板印象时，往往采取不接近的策略；当A关注B的角色关系时，往往采取控制的策略，使用敬语或打断对方，使其保持原有角色或进行角色转换；当A关注B的情感或关系需求时，往往采取动之以情的策略，用关爱和温暖的语言使其宽慰和放心；当A关注B的面子需求时，往往采取面子策略，尊重对方，避免威胁其积极或消极的面子。

　　第五个方面是接受，即通融是否被接受。它包括归因、评价和未来意向三个因素。通融既有内在的原因也有外在的原因，它产生正面或负面的评价以及积极或消极的互动意向。当B通融A时，A可能会正面地解读和评价B的行为，特别是在下列情形中：（1）A把B的行为归结为内在的善意；（2）B和A属于同一个群体。

　　当B不通融A时，A可能对B的行为作负面的理解，消极地评价B，特别是在下列情形中：（1）A把B的行为归咎为内在的恶意；（2）B是一个刺眼的外人。

　　当A正面评价B时，可能对下列互动表现出积极的意向：（1）与B进行个人交往；（2）与B所属群体的其他成员进行交往。但当A认为B不属于典型的B群体的成员时，可能保持原有的意向。

　　当A负面评价B时，可能对下列互动表现出消极的意向：（1）与B之间的个人交往；（2）与B所属群体其他成员的交往，特别是与典型的B群体成员之间的交往。但当A负面评价B的行为，认为B不是其所属群体的典型成员时，往往保持原有的意向。上述五个方面的因素共同影响跨文化通融能力的发展。图5.2显示了跨文化通融能力模型（出处：Gallois *et al.* 2005，原图有所调整）。

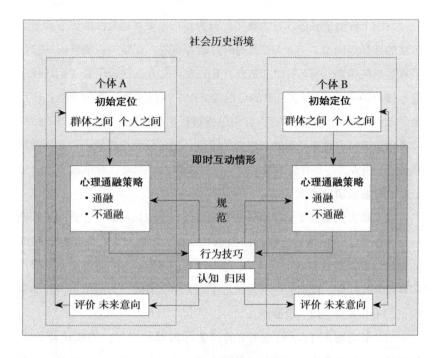

图 5.2 跨文化通融能力模型

Gallois *et al.*（2005）的理论围绕交际的动机、风格、互动过程及其相互关系，探究影响跨文化通融能力的关键因素。该理论重点解析跨文化互动过程中双方趋同与分化的心理机制，揭示交际者通融与不通融的缘由，其贡献主要有三点：首先，它在许多跨文化能力理论轻视语言因素的情况下突出语言的重要性，并且探讨了互动过程中语言风格的变化及其背后的动因，有其视角上的独到之处。其次，该理论分析了社会历史语境因素的作用。迄今为止，很少有学者关注历史经历对当下交际的影响，跨文化通融理论在这方面显示其洞见，拓展了我们的视野。此外，评价因素的提出也有新意。大多数学者把分析的焦点放在交际者的个人特性上，忽略对方的感受和反馈。评价因素的阐述表明，跨文化能力的高低是自我与他人的双方评判，而非某一方的意见（Spitzberg & Changnon 2009）。

如果说跨文化通融理论有何不足的话，主要有两点：首先，通融策略仍需深入细化。该理论重点阐述趋同与分化，同时也讨论了面子和动之以情策略，但对后者的讨论比较单薄。实际上，交际者在通融对方时还有其他策略的选择，例如角色的转换、互动规则的调整以及话题的改变等。其次，初始定位也需要进一步完善。该理论分析了群体之间和个人之间的交际定位，但未区分相互关系的亲密程度或者互动的重要性。在跨文化交际过程中，有些群体和个人之间有着密切、亲近的关系，有些则比较疏远和淡漠；有些互动比较重要，有些则无关紧要。这些不同的情形显然会对跨文化通融产生一定的影响。通融的要旨是相互适应，跨文化通融理论在语言风格的转变和跨文化关系的发展方面给予我们许多启示，但在其他方面，例如交际者的个人倾向、社会传媒与族群力量等，Y. Y. Kim 的跨文化适应理论给出了更全面和系统的论述。

5.3　Y. Y. Kim的跨文化适应能力理论

Y. Y. Kim是跨文化交际学界最具影响力的学者之一，常与Gudykunst合作进行理论研究。她于1979年就已着手建构跨文化适应能力理论，随后经过数次修改，于2001年推出综合的理论。Kim（2001a）的理论切入点同样是陌生人，分析的对象也是旅居者，但讨论的重点则是跨文化适应能力的发展过程。该理论集宏观与微观层面以及内在与外在条件在于一体，系统地阐述影响跨文化适应能力发展的各种因素，在学界引起广泛的关注。

Kim（2001a）认为，陌生人是一个开放的系统，有其内在的自我组织、适应外部变化、恢复平衡的能力。面对新环境带来的压力，作为旅居他乡的陌生人能够通过学习与调整，不断地转变、适应与成长，人与环境有着相互促进的关系。跨文化适应首先是学习的过程，陌生人在学习新知识、养成新习惯的同时，去除一些旧的习惯，逐步转变为能够自由地穿越文化边界的跨文化人。影响交际者跨文化适应能力的因素主要有六个：（1）个人交际；（2）社会交际；（3）族群交际；（4）环境；（5）个人倾向；（6）跨文化转变。

影响跨文化适应能力的第一个因素是个人交际，即陌生人学习和内化交际符号的能力。陌生人需要培养积极的情感和动机，学习当地的语言、非语言知识与文化习俗，掌握人际交流的技巧。个人交际能力构成社会交际的基础。

社会交际是影响跨文化适应能力的第二个因素，指陌生人以直接或间接的方式参与当地社交活动的能力，包括面对面的人际交流以及通过报纸杂志、电视或电影与广告等大众媒体进行的交流。在此过程中，陌生人与东道主（即当地人）开始建立一系列的社会关系。社会交际给予陌生人以学习语言文化，获取各种信息，得到帮助和支持的机会，使其能够比较顺利地融入新的文化。

第三个因素是族群交际，即与陌生人自己所属族群成员进行的交际。族群交际也属于社会交际，但前者仅仅涉及同一个族群的成员，后者可能涉及不同的人群。进入新文化的初始阶段，族群交际使陌生人得到情感依托和物质支持，缓解适应压力，但其后就会阻碍他们与当地人的交往，减缓跨文化适应的进程。

第四个因素是环境。跨文化适应在新的社会环境中展开，环境因素包括当地社会对陌生人的接受程度、同化压力和族群力量。如果当地社会对陌生人持开放、包容和友善的态度，就能创造良好、宽松的适应环境。如果它要求陌生人放弃原有文化，严格遵从地方习俗，就会产生较大的同化压力。一个多元主义社会环境可以缓解同化压力，使跨文化适应过程比较平和与舒畅。族群力量指陌生人所属族群在当地社会的地位、声望和影响力。族群力量强大可以提高当地社会对陌生人的接受程度，减少同化压力，但也会削弱他们改变自我、融入当地文化的动机。

第五个因素是个人倾向，即交际者融入新社会并适应新环境的潜力。它包括三个方面：（1）对变化的准备；（2）族群接近程度；（3）适应性人格。

如果交际者乐于接触新的事物，希望尽快融入当地社会，就会有较强的适应能力。如果交际者所属族群与当地主导族群的文化比较接近，跨文化适应就会相对顺利，反之则有较大困难。此外，交际者的人格也影响其适应能力的发展。如果交际者开放、包容、积极乐观、坚韧而甘冒风险，就能承受多重压力，尽快适应新的文化。

第六个因素是跨文化转变。陌生人在克服跨文化适应的困难与压力，战胜挫折与失败之后，渐渐地脱胎换骨，人格在更高的层次上得到重新整合，逐步转变为跨文化人。衡量跨文化转变的标准有三个：(1)功能的健全；(2)心理健康；(3)跨文化身份。进入这个阶段的交际者能够游刃有余地应对各种交际场景，愉悦地参与社会活动，并且具备更开阔的视野和超越单一文化的身份认同，能够有效地促进自我与他人文化之间的互动与对话。跨文化转变既是跨文化适应的结果，又对跨文化适应产生影响，使陌生人的跨文化能力不断地发展与提升。下图显示Kim的跨文化适应能力模型(出处：Kim 2001a，原图有所调整)。

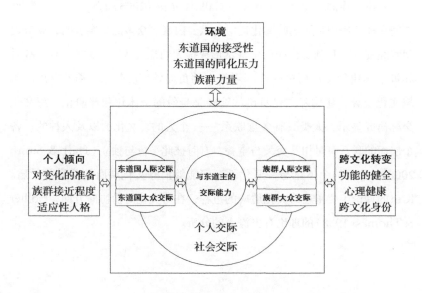

图 5.3　跨文化适应能力模型

Kim（2001a）的理论从多个层面系统地阐释了影响跨文化适应能力发展的关键因素，其贡献主要有两点。首先，综合分析个人与社会层面的因素。大部分跨文化能力理论关注交际者的个人特性，未能解析东道国的接受程度、族群力量以及大众媒体等社会因素的作用，具有较大的片面性。Kim的理论把个人层面与社会层面的因素有机地结合在一起，为我们更全面地审视跨文化能力提供了新的思路。

该理论的第二个贡献是它对跨文化适应能力发展过程与最终结果的阐述。Kim（2001a）明确指出，跨文化适应是陌生人面对新环境带来的压力，不断学习与转变，成为跨文化人的过程。与此同时，跨文化转变的成功又会促进跨文化适应能力的发展，形成良性的互动。她提出的衡量跨文化转变的三个标准——功能的健全、心理健康和跨文化身份，跳出了得体性与有效性的窠臼，富有启发意义。

Kim（2001a）理论的薄弱之处主要有两点。其一，对于族群因素的阐释。Kim认为，影响跨文化适应的族群因素包括族群接近程度和族群力量等，忽略了族群之间交往的历史。Gallois *et al.*（2005）的研究揭示，族群之间交往的历史是影响跨文化适应的重要因素。众多的事实表明，族群之间曾经友好、互利交往的历史常常形成很大的积极效应；反之，有过敌对和极不愉快的交往历史往往产生很大的负面效应。其二，Kim提出，跨越文化差异，建构跨文化身份的途径是身份的个体化和普遍化。跨文化交际研究显示，人类具有多重联系——个人的、文化的以及人种的。各个层面的联系有时相互交叉与重叠，有时彼此平行与独立（Harb & Smith 2008），身份的个体化与普遍化不一定能够消除文化层面的差异与矛盾。Kim的理论主要阐述跨文化适应的过程，在跨文化身份协商方面，Collier & Thomas（1988）的理论有更深入的分析。

5.4　M. J. Collier & M. Thomas的跨文化身份协商能力理论

　　M. J. Collier是跨文化交际学界影响力较大的学者之一。Collier & Thomas（1988）提出跨文化身份协商能力理论，Collier（2005）对之进行了更深入的阐述，但没有改变基本观点。该理论从解释人类学的视角理解文化，界定跨文化能力，分析跨文化身份协商能力的关键要素。Collier & Thomas（1988）的理论以其独特的视角和深刻的见解引起学界较为广泛的关注（例如，Martin 1993；Spitzberg & Changnon 2009；戴晓东2011）。

　　Collier & Thomas（1988）认为，跨文化交际的主要标志是交际者的文化身份。如果交际者来自不同的文化，具有不同的文化身份，那么他们之间的交际就是跨文化交际。文化身份指对具有共享的符号与意义系统以及行为规范的群体的归属和认同。跨文化交际涉及身份协商问题，交际者在交谈中协商多重的文化身份。界定文化身份的因素主要包括其使用的符号、表达的意义及遵循的行为规范。跨文化能力是交际者协商双方接受的意义与规则，得到想要结果的能力。它不是静态的个人特性，而是交际者在双方互动与身份协商过程中表现出来的能力，主要体现在三个方面：（1）共享的意义；（2）共享的规则；（3）积极的结果。

　　跨文化身份协商能力的第一个方面是共享意义的建构。意义是文化身份的基本要素之一。每种文化都有自己独特的符号和意义系统，核心符号与它们表征的意义显示出文化之间的差异及其各自的文化身份。交际者需要在了解与识别对方的语言、价值取向和文化标志，认识其隐喻、故事、神话等表达的意义的基础上，商讨双方共享的意义，实现相互理解，培养跨文化能力。

　　第二个方面是共享的规则。规则同样在文化身份的界定中起着核心作用，指什么时候、如何行动的具体规定。每个文化都有自己的行为规范与准则，一个文化倡导的规则不一定适用于另一个文化，交际者需要发展共享的规则来管理跨文化互动，使之能够有条不紊地进行下去。有了共享的规则，双方的行为会变得比较容易预测，默契的形成以及交际目标的实现随之有了基本的保障。

第三个方面是积极的结果。积极的结果是衡量跨文化身份协商能力的重要指标，可以检验双方能否相互理解，能否在共享规则的管理下产生良好的效应。积极的结果包括自我概念的强化、身份的确认、维持关系的欲望以及交际目标的实现。下图显示了跨文化身份协商能力的三个方面。

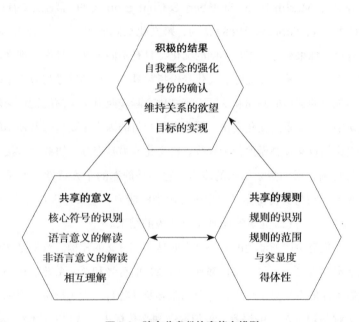

图 5.4　跨文化身份协商能力模型

Collier & Thomas（1988）的理论以交际双方的互动过程为中心，揭示影响跨文化身份协商能力的关键因素，其贡献主要有两点：首先，它重新解读了文化。该理论借鉴解释人类学的观点，把文化理解为意义和规则系统，抓住了文化的核心要素，使跨文化能力研究有了明确的指向。其次，它提出了新的评价标准。该理论提出，积极的结果体现在自我概念的强化、身份的确认、维持关系的欲望以及目标的实现上，为我们评价跨文化身份协商能力提供了较为具体的指标。

当然，该理论只是一个初步的分析框架，它所提出的跨文化身份协商能力要素虽然得到一些研究的支撑，但缺乏深入的讨论，需要进一步充实。此外，有些观点仍有完善的余地。例如，Collier & Thomas 认为积极的结果在于身份的确认。跨文化交际是一个动态发展的过程，参与者在协商身份时不仅相互确认文化身份，而且相互学习和转变，积极的结果还应包括身份的拓展与转变。Collier & Thomas（1988）的理论侧重身份协商的宏观层面，在微观层面上 Cupach & Imahori（1993）的理论进行了更全面的分析。

5.5　W. R. Cupach & T. Imahori 的跨文化身份管理能力模型

Cupach 与 Imahori 两人都长期从事跨文化能力研究，他们在发展各自理论的同时，于1993年合作建构跨文化身份管理能力理论，2005年对其观点进行修改，推出新的理论。前者侧重能力分析，后者侧重身份管理过程。本节以 Cupach & Imahori（1993）的理论为主干，结合 Imahori & Cupach（2005）的观点进行评介。Cupach & Imahori（1993）的理论把面子与身份联系在一起，探索影响跨文化身份管理能力的主要因素以及它的发展阶段。

Cupach & Imahori（1993）认为，身份是自我概念，即对自我的认识。跨文化交际发生在两个具有不同文化身份的交际者之间，在此过程中他们不断地协商文化身份，逐步建立和谐的人际关系。随着人际关系的发展，交际者形成一种关系身份（relational identity）。跨文化能力是他们相互协商，成功获得双方都接受的身份的能力。由于身份的多面性、复杂性和变化性，人们永远无法看到它的全貌，跨文化交际中身份的诸多方面都是通过面子呈现出来的。因此，跨文化身份管理能力主要体现在交际者的面子协商能力上。进行跨文化协商时，他们应该避免把对方刻板化，使其面子冻结（freezing），而要以得体的面子行为化解互动的张力，建构双方希冀的身份及其良好的人际关系。跨文化身份协商能力的发展大致经过三个渐进的阶段：（1）试探阶段；（2）交织阶段；（3）再协商阶段。

第一阶段是试探阶段。开始时交际者缺乏有关对方文化符号和规范等方面的知识，难以确认其文化身份。因此，他们有时把对方刻板化，有时违背文化规范，冒犯他人的面子。即使有一方具备语言能力，能够迁就他人，双方仍需要通过不断的尝试和协商，才能找到合适的互动方式。在此阶段，交际者应该努力培养处理不恰当和缺乏技巧的行为的能力，能够宽容不得体抑或冒犯面子的行为。

第二阶段是交织阶段。在此阶段，交际者的人际关系有所发展，交际双方原本独立的文化身份彼此交织在一起。他们需要通过协商来建构共享的意义、规则和关系身份。随着跨文化互动以及关系的深化，双方的符号系统呈现出越来越多的相互依赖性，共享的意义不断增加，文化规则趋于一致，关系身份逐步萌生。胜任的交际者能够相互借鉴、相互理解和相互影响，在互动过程中避免面子威胁行为，以积极的行动满足对方的面子需求，努力发展密切的跨文化关系。

第三阶段是再协商阶段，也是关系身份形成的阶段。在此阶段，交际者的文化身份比较全面地整合在一起，对世界的理解也越来越接近，但仍存在文化差异和身份张力，需要进行再次协商，使仍有抵触和隔阂的身份更好地融合起来。交际者应该注意给予对方自主的空间，维护其身份，使自我与他人、自主的面子与同伴的面子达到辩证的平衡，促进和谐的跨文化关系。

以上跨文化能力的三个发展阶段高度联系、相互循环，一同促进人际关系的发展。下图显示跨文化身份管理能力的发展阶段及其构成要素。

图 5.5　跨文化身份管理能力模型

　　Cupach & Imahori（1993）借鉴 Goffman（1959，1967）的面子理论以及 Collier & Thomas（1988）的跨文化身份协商能力理论，发展了跨文化身份管理能力理论。如前所述，Collier & Thomas 侧重讨论身份协商能力的宏观层面，即建构共享意义和互动规则的能力，Cupach & Imahori 侧重微观的面子行为能力。该理论的主要贡献在于它探讨了身份管理能力的三个阶段及其每个阶段的主要特征。它以关系身份的发展为中心、以面子行为为要点，分析身份管理的动态过程以及其所需具备的能力要素。其中，有关试探、交织和再协商阶段的阐述，以及应对不得体行为和管理自主面子与同伴面子的辩证关系的讨论尤其有启发性。

　　该理论的一个明显的不足之处是把身份等同于面子，过于狭隘地理解身份。身份是个体的自我理解，内在因素较重要；面子是他人眼中的自我形象，外在因素更显著。换句话说，身份主要属于个人层面的概念，面子主要属于相互关系层面的概念，不能脱离他人的视角，两者之间有较大的差异（Lim 1994；Spenser-Oatey 2007）。此外，该理论对每个阶段的面子行为能力的要素和评价标准的讨论比较单薄。关于这一点，可以把 Cupach & Imahori（1993）的理论与 Ting-Toomey & Kurogi（1998）的跨文化冲突中面子行为能力理论以及 Haslett（2014）的跨文化面子能力理论对照起来解读。下一节我们将介绍 Ting-Toomey & Kurogi 的理论。

5.6 S. Ting-Toomey & A. Kurogi的跨文化冲突中面子行为能力模型

S. Ting-Toomey长期致力于跨文化交际中的面子冲突研究。她于1988年开始建构面子冲突管理能力理论，其后不断对之进行修正与改进。1998年与A. Kurogi合作，推出跨文化冲突中面子行为能力理论。该理论以中西面子冲突问题为核心，以集体主义、个体主义和权势距离为分析的关键层面，揭示跨文化面子行为能力的构成要素及其评价标准，受到学界的广泛关注。

Ting-Toomey & Kurogi(1998)认为，所有文化的成员都会努力维护自己的面子，在跨文化交际过程中特别容易发生面子冲突，人们需要通过恰当的面子行为来解决这个棘手的问题。面子是一个人希望得到其他人承认的正面的社会形象与价值。面子行为能力指交际者维护、肯定、给予、索取或挑战自我与他人面子的能力。它包括三个方面的因素：(1)知识；(2)留意；(3)交际技巧。其中知识因素起着关键作用。

跨文化冲突中面子行为能力的第一个方面是知识。知识指交际者通过有意识的学习和经验的积累，获得各种信息，达致相互理解的过程。跨文化面子行为的知识涉及个体主义与集体主义价值取向、权势距离的大小、自我/面子的模式以及相应的不同的面子行为方式。例如，个体主义文化成员较多关注自我的面子，集体主义文化成员更多关注他人与相互的面子；权势距离较小的个体主义文化倡导平等的面子，权势距离较大的集体主义文化倡导等级化的面子；个体主义文化偏好竞争、主导、人事分开等面子行为，集体主义文化偏好利用社会关系、第三方调解、静观事态发展、人事一体等面子行为。两者之间存在明显的文化差异。

第二个方面是留意。留意意味着交际者对陌生和新奇的行为持开放的态度，愿意从新的视角，针对不同的情形采取不同的行为，灵活而富有创意地进行面子协商。它包括五个要素：（1）留心反思；（2）对新鲜事物的开放性；（3）多重视野；（4）分析性移情；（5）留心创造。一个有能力的交际者能够清醒地意识到文化观点与视角的多样性，敏锐地察觉交际场景的差异与变化，设身处地地思考问题，冷静分析自我与他人立场的得失，创造性地应对双方面临的问题。

第三个方面是互动技巧，即交际者在特定的情形中得体、有效地互动，适应对方的能力。它包括五个因素：（1）留心聆听；（2）留心观察；（3）面子行为管理；（4）信任的培养；（5）合作性对话。交际者需要培养仔细倾听与观察，积极回应他人并准确辨析对方的身份，以恰当的面子行为与之互动的能力。此外，他们还需要言而有信，保持前后一致，建立相互信任的关系。在互动过程中，交际者应意识到文化的相对性，做到尊重对方，不武断地表达或将自己的意愿强加于人，以耐心、开放、包容和合作的态度展开对话，不断探索可行的办法与途径，协同解决双方面临的问题。

评价面子行为能力的标准有四个：（1）得体性；（2）有效性；（3）适应性；（4）互动的满意。一个有能力的跨文化交际者首先要有恰当、合乎文化习俗的举止；其次，能够在特定的冲突情形中化解矛盾，实现预期目标，得到想要的结果；再次，能够在互动过程不断地调整自己的行为，适应对方；最后，能够使双方感到满意和愉快。图5.6显示了Ting-Toomey & Kurogi的跨文化冲突中面子行为能力理论（出处：Ting-Toomey & Kurogi 1998，原图有所调整）。

Ting-Toomey & Kurogi（1998）的理论以跨文化冲突为背景，分析交际者的面子行为能力。该理论没有完全按照心理学的"认知、情感、行为"三分法来阐述，而是在知识与行为层面之外提出留意层面。Gudykunst（2005）的焦虑与不确定性管理能力理论同样讨论留意层

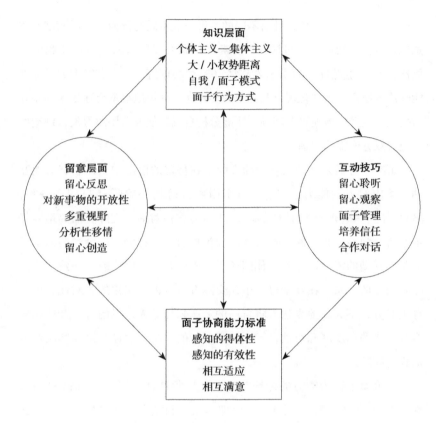

图 5.6　跨文化冲突中面子行为能力模型

面，但 Ting-Toomey & Kurogi（1998）对留意的内涵进行了更深入的解析，具有一定的新意。其次，该理论在互动技巧层面上提出倾听、培养信任和合作对话因素，也有较大的启发性。大多数学者在阐述互动技巧时强调表达能力，但在中国、日本和韩国等亚洲国家的社会交流中倾听和表达能力一样重要，有些场合中倾听能力更为关键。Ting-Toomey & Kurogi 的理论还包括东方文化珍视的信任，并且与西方文化倡导的合作和对话有机地结合在一起，体现了融汇中西的文化视野。近年来，信任与对话因素受到越来越多学者的关注（例如，Haslett 2014；Hofstede 2009；Nakayama & Martin 2014；Sorrells 2013），Ting-Toomey & Kurogi的理论有其前瞻性。

　　跨文化冲突中面子行为能力理论的不足之处主要有两点。其一，该理论把面子界定为个人的形象与价值，忽略东方人的理解，存在文化偏见。亚洲集体主义文化倾向于把面子理解为个人与其所属群体共同拥有的尊严与价值，面子的集体属性是其重要的组成部分，其重要性有时甚至高于它的个人属性（Jia 2001）。其次，留意与互动技巧层面有较多的重叠，例如，互动层面的留心倾听与留心观察和留意层面的留心反思与留心创造似乎属于一个范畴，如果划分到留意层面好像更加合理。此外，跨文化冲突中面子行为理论虽然包括与交际伦理相关的信任因素，但未能涵盖尊重、包容等其他因素，对这方面的讨论比较单薄。在道德伦理因素的分析方面，B. B. Haslett的跨文化面子能力理论能给予我们更全面的诠释。

5.7　B. B. Haslett的跨文化面子能力理论

　　与S. Ting-Toomey一样，B. B. Haslett也是长期从事面子研究并取得丰硕成果的学者之一。Ting-Toomey强调面子能力的知识层面，但Haslett重点分析其道德伦理层面。她借鉴Goffman（1959，1967）提出的"普遍面子"概念，整合东西方文化规约，建构跨文化面子能力理论，揭示交际过程中如何表达敬意以及和谐互动的原则。

　　Haslett认为，彼此尊重并肯定面子是一个具有普遍性的文化法则。面子能力在跨文化交际中不可或缺，能否有效地维持面子，使双方感到有尊严是衡量跨文化能力的重要标准之一。面子构成人际交流的基础与前提，是特定场合下人们认定自己所拥有的正面的社会价值，亦即人们通过社会称道的品性所展示的自我形象。面子既是个人的，也可以延伸到群体乃至整个文化。面子行为指一系列维持、保护或处理面子的行为。每种文化对面子行为皆有各自的要求，为了能够维护尊严，成功地进行跨文化互动，交际者需要培养七个方面的能力：(1) 尊重；(2) 多模式的交际；(3) 信任；(4) 交际中的情感与移情；(5) 信仰的多元性；(6) 交际的开放性；(7) 交际者的平等。

　　跨文化面子能力的第一个方面是尊重。面子产生于社会互动，并且在互动中得到认可。尊重他人并承认相互的面子有助于培养道德责任感，进而展开互利的交流。它要求交际者掌握自我与他人面子行为的文化知识，愿意建立跨文化联系，能够以坚韧的毅力克服困难，努力寻找双方的共同利益。

　　第二个方面是多模式的交际。人类互动及其面子行为模式具有多样性，不仅包括语言行为，也包括各种非语言行为。交际者需要运用语言以及语气、姿态、空间和服饰等非语言形式来表达文化意图与观念，以恰当的行为认可、支持或协商面子。

　　第三个方面是信任。信任意味着愿意承受对方行为可能带来的伤害（Hofstede 2009）。它构成"普遍面子"的基石，起着促进社会交际的功能，没有信任就无法进行社会交换或展开合作。交际者应该信赖对方，相信他们是正直、负责任的人，能够人道地对待自己，维护其社会尊严。

　　第四个方面是交际中的情感与移情。面子充满了情感，恰当的举止使人感到愉悦、自信与骄傲，不恰当的举止会造成尴尬、不满甚至愤怒。交际者需要培养移情能力，站在对方的角度看问题，这样才能理解对方的面子需求，动之以情，晓之以理，发展和睦的人际关系。

　　第五个方面是信仰的多元化。不同的文化有着不同的信仰与价值体系，对面子关切以及相应的面子行为也有着不同的偏好。在跨文化交际中，原有的信仰与观念不再适用，交际者需要培养高度的灵活性与调整能力，以适应多元的价值取向和多样的面子行为。

第六个方面是交际的开放性。交际的开放性是指过程透明，参与者愿意接受开放性带来的风险与伤害。交际者需要培养审慎判断、不武断下结论的能力，减少误判的风险以及不必要的伤害。

第七个方面是交际者的平等。"普遍的面子"概念表明，人有与生俱来的尊严，在社会交往中肩负着善待他人的义务以及得到他人善待的权利。交际者应该公正平等地对待他人，维护其尊严，建立平等互利的人际关系。

以上七个方面的因素一起维护"普遍的面子"，造就成功的跨文化交际。下图显示Haslett的跨文化面子能力的理论模型。

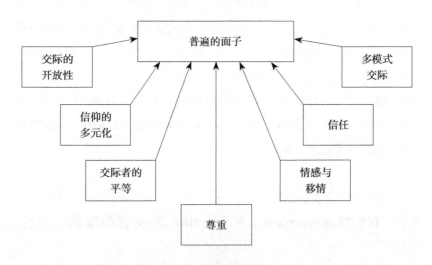

图 5.7　跨文化面子能力模型

Haslett的理论以如何维护"普遍的面子"为核心，阐述跨文化面子能力的关键要素。Ting-Toomey & Kurogi（1998）、Spenser-Oatey（2002，2005）、Bargiela-Chiappini（2003）、Ting-Toomey（2005）等都曾探讨过

面子与面子行为，但Haslett理论的独特之处在于它对交际伦理的重视，其贡献主要有两点：其一是对伦理因素的分析。现有的跨文化能力理论较少关注交际伦理，Haslett的理论全面地探讨了面子的伦理因素，并且把它们和情感与知识因素结合在一起，系统地揭示了跨文化面子能力的运作原理。其二是文化普遍性与特殊性的有机整合。大多数跨文化能力理论注重不同文化价值观念与行为方式的描述，忽略它们之间的共性。Haslett的理论揭示了人类文化共有的"普遍面子"，以及与此相关的尊严、平等和信任等普遍的伦理价值，并且通过交际模式多样性、信仰多元化与文化特殊性的有机结合，演示了差异与共性如何协力推进跨文化互动，造就和谐友善、令人愉悦的人际关系的必要条件。

如果说Haslett（2014）的理论有什么不足之处，那么主要是在情感与知识层面的阐述比较单薄。该理论揭示跨文化互动中情感的重要性，但对移情与开放等因素的阐述仅仅一带而过，没有进行深入的讨论。知识层面的讨论演示了交际模式以及信仰与价值的多样性，但未对它们涉及的具体因素作适当的论述，同样显得有些粗略。Haslett（2014）的跨文化面子能力理论触及诸多道德伦理因素，但没有包括所有因素。在如何以人道主义精神展开跨文化对话方面，Nakayama & Martin（2014）的跨文化伦理能力理论进行了细致的分析。

5.8　T. K. Nakayama & J. N. Martin的跨文化伦理能力理论

T. K. Nakayama与J. N. Martin都是跨文化交际学界重要的学者，他们在西方理论的批判方面建树尤丰。Nakayama & Martin（2014）分析现有研究的薄弱之处，发展跨文化伦理能力理论。针对西方学者长期忽略伦理因素的缺憾，他们另辟蹊径，辩证地审视跨文化能力，深入解析其道德规范，为我们理解跨文化能力的内涵提供了一种新的视角。

Nakayama & Martin（2014）认为，传统的跨文化能力研究强调得体性与有效性，认定交际者是平等的、合作的。然而这种观点忽略了跨文化交际中双方权力的差异，需要建立健全的交际伦理，才能实现公平且正当的跨文化互动。交际伦理是跨文化能力不容忽略的组成部分，在发展伦理能力的过程中，跨文化交际者应该遵循两个基本原则：（1）人道的原则；（2）对话的原则。

人道原则指作为人应该具备的道德品质以及相应的行为举止。做人要有起码的道德水准。在一个多元文化的世界里，人需要培养对他人的责任感，尊重他人的价值观念，乐于了解他人的信仰与生活方式，这样才能与他人和睦地相处，有效地交际。人道原则的要素包括平等、尊重、善意、真诚、正直和义务等。

培养跨文化伦理能力的第二个原则是对话原则。对话强调人与人相互关系的中心性以及他们如何相遇——特别是与他人相遇并发生联系的过程。对话邀请我们向他人学习，关注他们的立场与历史境遇，对此给予积极的回应，并且不断地进行自我调整与改变，努力探索互相增进的途径。交际者不仅应该培养专心倾听和主动回应的品格，而且要不回避冲突，随时抓住相互学习的机遇，逐步提高理解事物的能力。

在多元文化的世界中，交际者需要用辩证的方法解析他人观点，处理相互之间的矛盾，这样才能践行人道原则和对话原则，成为有跨文化能力的人。用辩证的方法分析问题和处理矛盾意味着交际者在遇到普遍性与独特性、文化层面与个人层面、表达与不表达、确定性与不确定性以及有利与不利等矛盾之时，不是简单地把它们对立起来，而是以动态、相互和发展的眼光来认识它们之间的张力或冲突，使其能够创造互相学习、彼此转化的机会，不断地改善跨文化关系。图5.8显示了跨文化伦理能力理论的原则与方法。

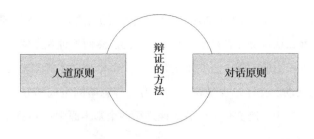

图 5.8　跨文化伦理能力模型

　　Nakayama & Martin（2014）的理论探讨交际者应该遵循的道德原则，揭示跨文化能力的伦理内涵。交际伦理是跨文化能力研究的薄弱环节，近年来已经有少数学者开始关注这个问题（例如，Dai & Chen 2015；Haslett 2014；Hofstede 2009）。Nakayama & Martin 的贡献在于他们整合现有研究成果，引入辩证的方法，形成新的视角。东西方学者都曾论述过跨文化交际中的人道与对话原则，Nakayama & Martin 把它们吸收到跨文化能力研究中，拓展了理论视野。与此同时，他们还运用辩证的方法阐述文化差异与冲突在发展跨文化能力中的积极作用。许多学者一味强调差异与冲突的负面影响，而忽略了它们的正面效应。从辩证的角度来看，文化差异与冲突不是绝对的对立，它们在一定条件下可以相互激发与转化，创造跨文化学习与创新的机遇。

　　当然，Nakayama & Martin（2014）的理论只对跨文化伦理能力进行了初步的解析，远远谈不上完善，今后需要对人道原则和对话原则进行深入且细致的讨论，进一步揭示它们涵盖哪些具体的伦理因素以及不同因素之间的相互影响。上述八个特定跨文化能力的理论均分析个人层面的能力，近年来一些学者开始探讨组织层面的能力，下一节将介绍 Chen & Du 的组织跨文化能力理论。

5.9　L. Chen & J. Du的组织跨文化能力理论

L. Chen(陈凌)是跨文化交际学界重要的华人学者之一，早期从事跨文化适应与跨文化关系研究，其后转向组织管理研究。Chen & Du(2014)提出组织跨文化能力理论，解析组织层面，特别是跨国公司的跨文化能力。跨文化能力既可以是个人层面的，也可以是组织层面的，但大多数学者只分析个人层面的能力，对组织层面的探讨寥寥无几。Chen & Du的理论围绕跨文化学习和转变过程，阐述组织机构所需具备的跨文化知识和适应能力，弥补了这方面研究的不足。

Chen & Du(2014)认为，跨文化能力不仅是一个过程，也是一种才能。作为跨文化学习的过程，组织跨文化能力与文化能力和文化智力密切相关。组织机构的文化能力指其尊重多样性，进行自我评估，培养互动意识，获得文化知识以及适应多样性的能力。文化智力指有效适应不同文化的能力。一个组织的跨文化能力主要在于其学习与转变的能力。组织机构通过跨文化互动，学习与吸收新的知识，重构现有知识，实现自我转变，进而能够得体且有效地交际。组织跨文化能力的培养涉及个人与组织两个行为体，包括八个方面的因素：(1)原则；(2)引领；(3)人力资源；(4)交际；(5)产品/服务；(6)社群的参与；(7)环境与资源；(8)评价与规划。

组织跨文化能力的第一个方面是原则，即秉持文化间性和热心公益的价值观念。组织机构在交际过程中学习这些价值观念，将其融入政策与程序之中，以适应组织的需求，找到存在的差距，不断地转变，形成跨文化能力。

第二个方面是引领，即组织在各种情况下引导成员坚持原则，促进成员积极学习与吸收新知识，将其融入政策、程序和结构重组中，使之能够在跨文化实践中持之以恒地予以贯彻。

第三个方面是人力资源，即在充分挖掘组织的人力与物力的基础上，通过招募和培训活动使其成员形成文化间性意识，不断地培养跨文化能力，并且把这种能力运用到组织所有的行为之中。

第四个方面是交际。交际触及组织能力的各个层面，通过日常交际活动以及各种特定的事件使热心公益和秉持文化间性的价值观念得到具体落实。

第五个方面是产品／服务。产品与服务是组织努力迎合与适应不同的顾客与客户时达到的最终结果。虽然永远不能达到尽善尽美，但可以通过多元化生产和服务，满足多样的需求。

第六个方面是社群的参与。社群的参与通过不同层次的交际活动帮助组织机构与形形色色的顾客与客户建立联系，以确保组织目标与社群需求的相互沟通。组织因此能够根据社群的需求调整自己的目标，定期参与它们的活动。

第七个方面是环境与资源。环境与资源是可资利用的外部因素，起到弥补不足、实现更高效能、改变内部环境的作用。

第八个方面是评价与规划。评价是定期盘点知识学习的进展情况，检查所学知识是否已经融入组织系统之中、是否需要对此进行调整以及思考如何继续学习等问题。评价与其他七个方面的活动相联系，为之提供反馈，使组织能够提高竞争力，获得事业的成功。

以上八个方面的活动在个人与组织两个行为体中展开。其中，组织是系统，团队是子系统，个人是联系的节点，组织和团队的跨文化行为基本重叠，没有显著的差异。组织学习不是个人学习的累积，虽然两者密切地联系在一起。组织与个人之间的关系既可以是自上而下的，也可以是自下而上或相互平行的。在自上而下的关系中，组织为个人提供信息，创造学习的机遇和环境并给予指导。在自下而上的关系中，个人通过分享跨文化经验，激发相互学习的兴趣，一起提升组织的跨文化能力。在平行关系中，个人与组织不一定对跨文化互动有同样的理解，两者之间甚至存在矛盾。这种关系能够促进组织和个人努力验证各自的观点，找到正确的路径，有效地应对各种具体的问题，促进组织目标的实现。图5.9显示了组织跨文化能力的两个行为体及其构成要素。

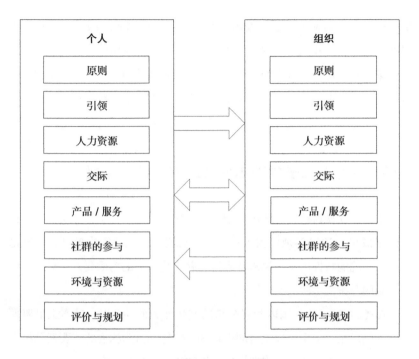

图 5.9　组织跨文化能力模型

Chen & Du以学习与转变为中心解析影响组织跨文化能力的关键因素。与个人跨文化能力不同的是，组织跨文化能力不仅涉及个体成员的学习与转变，而且涉及组织作为一个整体的改进与提高。正如Chen & Du（2014）所指出，目前大多数学者探讨组织的文化能力与文化智力，而较少研究跨文化因素，因此有必要对这方面进行探讨。Chen & Du的理论通过组织与个人之间的三种互动关系把两个行为体有机地结合到一起，清晰地演示了组织机构发展跨文化能力时所需关注的八个因素，揭示文化学习的核心作用。

当然，该理论只是一个初步的框架，其主要的概念和观点大多借鉴组织文化能力和文化智力研究的成果。它强调尊重文化多样性、秉持文化间性的价值观念，提出贯彻这些原则的路径，但对如何维护文化间性、妥善处理文化多样性方面的阐述比较单薄。此外，该理论未能深入讨论组织内部文化多样性对跨文化能力发展的影响，这一点 Chen & Du 也已在文中提及，可以作为我们今后的一个研究话题。本节介绍组织跨文化能力发展的关键因素，那么在特定的组织中个人需要哪些能力才能胜任跨文化交际者的角色呢？下一节我们来介绍安然的孔子学院志愿者跨文化能力模型。

5.10　安然的孔子学院志愿者跨文化能力模型

安然长期探讨跨文化适应问题，近几年来致力于孔子学院研究，取得了诸多成果。2014年她建构了孔子学院志愿者跨文化能力模型，该理论从孔子学院的特性出发，探索其志愿者跨文化能力的构成要素，对之进行了独到的分析。

An（2014）认为，国内学者分析跨文化能力的要素时，基本上借鉴西方学者的成果，采用学界流行的由认知、情感和行为构成的三要素分析框架。但跨文化交际的经验表明，这个框架不完全适用于孔子学院志愿者跨文化能力的分析。对于这个特殊的群体而言，其跨文化能力由跨文化适应、组织协商和教学能力构成。首先，志愿者个人的跨文化适应能力是基础层面，没有适应能力，志愿者就无法在国外展开工作。其次，孔子学院内部的和谐对志愿者跨文化能力的发展也有不容忽略的影响，志愿者需要培养组织协商能力，即与其他成员沟通与协调的能力。除此之外，志愿者还需要具备跨文化教学能力。具备教学能力才能传授中国文化知识，胜任本职工作。

孔子学院志愿者跨文化能力的第一个层面是个人的跨文化适应能力。志愿者到海外教授汉语，传播中国文化，首先需要适应当地的文化。跨文化适应指交际双方通过语言和非语言的互动形成平衡、和谐的跨文化关系的过程。志愿者个人的跨文化适应能力包括：（1）对当地的价值观念及其社会风俗的认知与理解；（2）情感与态度的调整；（3）环境适应；（4）对差异的尊重；（5）行为的灵活性；（6）自我表露；（7）身份的维持。上述七个方面的能力分别属于跨文化敏感性、跨文化有效性以及跨文化策略方面的能力。

第二个层面是组织协商能力，即志愿者与孔子学院的其他成员进行交流、分享信息、处理冲突、创造和谐氛围等方面的能力。孔子学院内部的协调与和谐既影响其外部的声誉，也影响志愿者个人跨文化能力的发展。志愿者需要具备较高的自制能力，努力与其他成员建立和睦的人际关系，创建良好的组织文化，才能促进自身跨文化能力的发展。

第三个层面是跨文化教学能力，即志愿者在跨文化教室中进行汉语教学的能力。志愿者在教学过程中需要调整自己的教学内容与方法，以适应当地人的需求。跨文化教学能力包括对文化差异的理解、课堂的组织与管理、教学方法的选择与贯彻、现代媒体的使用、授课节奏的掌控以及与学生的沟通等方面的能力。

在上述三个层面中，志愿者个人跨文化适应和组织协商能力影响其跨文化教学能力，同时是否具备跨文化教学能力是评判志愿者成功与否的关键标志，也是孔子学院预期的目标。下图显示孔子学院志愿者跨文化能力的三个层面及其构成要素（出处：An 2014，原图有所调整）。

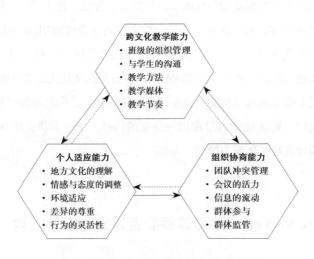

图 5.10　孔子学院志愿者跨文化能力模型

安然的孔子学院志愿者跨文化能力模型是国内少数分析特定跨文化能力的理论之一。它在借鉴一般跨文化能力研究成果的同时，根据孔子学院志愿者的特殊性，探索他们所需具备的跨文化能力。该理论的贡献主要有两点：其一，提出组织协商能力和跨文化教学能力概念，揭示孔子学院志愿者跨文化能力独特的构成要素。国内学者目前重点研究大学生跨文化能力的构成要素，但并未充分考虑大学生群体的特殊性，建构有明显针对性的分析框架。安然的理论在这方面具有启发意义。其二，阐述孔子学院志愿者跨文化能力三个层面的关系。迄今为止，大多数跨文化能力理论侧重分析静态的能力要素，轻视不同因素之间的互动关系。安然的理论阐述了志愿者个人跨文化适应能力的基础性，它与组织协商能力的相互影响以及两者与跨文化教学能力之间的逻辑关系，有利于提高理论的解释力。

如果说该理论有何不足的话，主要是对跨文化能力构成要素的归类。它把跨文化能力分为志愿者个人适应、组织协商和跨文化教学能力三个层面，每个层面包括五个要素，但各个要素之间的顺序与互动关系有较大的随意性。例如，个人适应能力层面对差异的尊重与行为的灵活性，组织协商能力层面的信息的流动与组织参与和监管等方面，各个要素之间的共性不多，联系不够紧密。此外，孔子学院志愿者作为传播中国文化的使者，除了应具备跨文化适应、组织协商和跨文化教学能力之外，可能还应具备一些其他的能力，例如讲述中国故事以及进行跨文化比较等方面的能力。孔子学院志愿者的跨文化能力是中国加入全球化，走向世界的产物。在全球化语境中，跨文化能力呈现出一些新的特征，下一章将介绍Bird *et al.* 的全球领导者跨文化能力模型。

5.11　A. Bird *et al.*的全球领导者跨文化能力模型

领导力是西方教育中非常重视的能力之一，旨在挖掘学生开拓进取、组织管理以及引领与创新的潜力，以实现个人职业发展的成功。Bird & Osland(2004)和Osland(2008)曾经探讨过全球领导能力。他们揭示，全球领导者需要全球知识、个人特性、全球思维、人际交流技巧和系统管理等方面的能力。Chen & An(2009)从中国文化视角出发解析全球领导能力的内涵。他们认为，全球领导者需要培养人际敏感性、多元文化思维以及互动与协调等方面的能力。Bird *et al.*(2010)综合诸多西方学者的研究成果，提出更为全面的全球领导者跨文化能力模型。

Bird *et al.*(2010)借鉴Osland(2008)的观点，把全球领导能力理解为影响与塑造全球社群的思维、态度与行为，使其能够协同努力，朝着共同的愿景与目标不断迈进的过程。一个全球领导者要想在跨文化交际中获得成功需要具备三个方面的能力：(1)认知管理；(2)关系管理；(3)自我管理。

认知管理指人们认识和理解文化差异的技能，涉及思维的灵活性、对差异的判断以及应对不同观点和评估他人兴趣所在等方面的能力。它包括五个要素：(1)不武断；(2)好询问；(3)容忍暧昧；(4)世界主义；(5)范畴的包容性。具备跨文化能力的全球领导者不会随意草率地判断新的或陌生的人与事。他们有开放、好奇的心态，积极地寻求理解，避免刻板地认识他人，接受跨文化互动中的模棱两可与不确定性，对了解不同的国家与文化有兴趣，其认知的范畴宽广、包容，不以既定的类别划分事物。

关系管理指处理相互关系的轻重缓急和应对不同的互动方式的能力。它涉及五个要素：(1)对关系的兴趣；(2)交流的参与；(3)情绪的敏感性；(4)自我意识；(5)社交的灵活性。一个合格的全球领导者对发展跨文化关系有一定的兴趣，能够主动开启和维持相互关系，敏感地体会他人的情绪，清醒地意识到自我观念的长处与不足，在社交过程中善于不断调整，使双方的关系顺利地发展。

自我管理指理解自我、有效控制情绪和应对压力的能力。它包括七个要素：(1)乐观；(2)自信；(3)自我认同；(4)情绪的恢复；(5)无压力倾向；

(6)压力管理;(7)兴趣的灵活性。一个合格的全球领导者能够保持乐观的心态,对自己有信心,认同自己的价值观念与个人身份,能够控制情绪,应对跨文化交际的挑战,冷静处置和管理压力,不断寻找新的乐趣。

上述三个方面的要素相互补充、彼此增进,共同造就成功的跨文化交际,下图显示全球领导者跨文化能力模型的三个层面和构成要素。

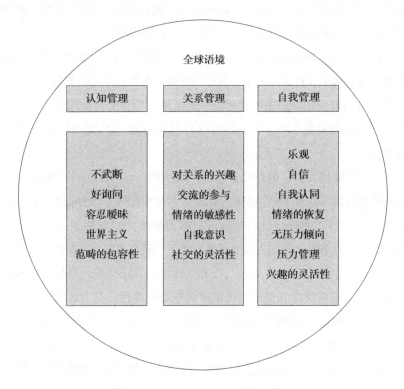

图 5.11 全球领导者跨文化能力模型

Bird et al.(2010)以简洁的框架分析全球领导者跨文化能力。该模型以认知管理、关系管理和自我管理为基本层面,演示全球领导者所需具备的素质与技能,在每个层面都提出了新的见解。例如,认知管理层面范畴的包容性、关系管理层面对关系的兴趣以及自我管理层面的无压力倾向和

兴趣的灵活性等。这些见解可以开拓我们的视野，进一步理解全球语境中跨文化能力的内涵。

Bird *et al.*（2010）提出的模型的不足之处主要有两点。首先是其框架缺乏新意。该模型虽未按照传统的认知、情感与行为三分法解析全球领导者跨文化能力的构成要素，但实际上并未跳出传统框架的窠臼。其认知管理层面基本对应传统的认知层面，关系管理层面对应行为层面，自我管理层面对应情感层面。其次，它未能揭示三个层面的相互关系。以往有些理论认为认知、情感、行为三者同等重要，有些强调情感的先导性，还有些侧重知识或行为的关键性，比较明确地演示了跨文化能力各个要素之间的关系。Bird *et al.*（2010）的模型只笼统地说明了三个层面相互补充，但未具体阐述它们之间的逻辑联系。此外，该模型每个层面的因素比较零散，共性较少，Bird *et al.*（2010）在其文章中也已指出这个局限性。

5.12　小结

本章介绍了11个特定跨文化能力的理论。这些理论大多数出自西方学者之手，基本上都采用客位视角，针对特定场景、特定层面抑或特定人群，分析跨文化能力的构成要素与运作原理。其中，跨文化焦虑与不确定性管理能力、跨文化通融能力、跨文化身份协商与身份管理能力以及跨文化面子与面子行为能力理论针对特定的交际场景；跨文化伦理能力与跨文化适应能力理论针对特定的层面；组织跨文化能力、全球领导者与孔子学院志愿者跨文化能力针对特定的机构与人群。这些理论在应用传统的情感、认知与行为三个基本因素的分析框架的同时，又发展出诸多新的分析框架，极大地丰富了我们的认识。与关于一般跨文化能力的理论相比，特定跨文化能力的理论揭示了影响跨文化能力发展的更具体的因素，解析了如何处理特定的跨文化问题。通观这些形态不一、功能多样的能力，我们可以发现它们在包含各种特定因素的同时，也有一些共享的要素，例如对他人的开放与尊重、文化知识的学习、行为的灵活性与适应性等。由此可看出，一般跨文化能力与特定跨文化能力既相互区分又彼此联系，两者之间并无绝对的界限，在成功的跨文化交际中都是不可或缺的。

　　本书第三至五章评介了过去五十多年中具有代表性的跨文化能力理论视角。理论探索为跨文化能力的评估奠定基础并提供指导。然而，理论研究并不能代替评估研究，后者有其自身的特点与要求，所运用的方法也大相径庭。下一章我们将讨论跨文化能力评估的步骤与方法。

第六章　跨文化能力的评估

　　跨文化能力研究除了理论探索之外，另一个重要的方面是评估。跨文化能力的评估不是主观、随意的评判，而是运用科学的方法和可靠的工具对特定的对象进行客观的测量、描述、评价与分析的过程。全面、细致、准确的评估可以帮助我们了解跨文化能力的发展状况，发现存在的问题，制定可行的方案，从而提高交际效率。跨文化能力是一个极为复杂的现象，其评估面临许多棘手的难题，学者们一直在努力探索，寻找有效的途径。Lustig & Spitzberg(1993)认为，跨文化能力的评估涉及五个重要的方面：(1)评估什么？(2)谁做评估？(3)什么时候评估？(4)在哪儿评估？(5)为什么要做评估？ Byram(1997)指出，从外语教育角度看，跨文化能力的评估首先要认清评估的目标，其次要注意评估的语境，然后在此基础上选择合适的方法与工具。Fantini(2009)认为，跨文化能力的评估包括七个要素：(1)评估的目的；(2)对象；(3)工具和策略；(4)程序；(5)范围和效率；(6)样本的代表性；(7)偏见的避免。本书综合上述三位专家的观点，按照评估的步骤重点讨论以下四个关键方面：(1)跨文化能力评估的基础；(2)跨文化能力评估的对象与目标；(3)跨文化能力评估的方法；(4)跨文化能力评估结果的分析。其中，跨文化能力评估的方法是我们关注的重点，对它的讨论会贯穿于本章的每一节。

6.1 跨文化能力评估的基础

跨文化能力的评估首先涉及的不是操作方法的问题，而是概念理解的问题，跨文化能力的概念化是评估的基础（Fantini 2009；陈国明等2011）。概念化指对跨文化能力概念进行界定、对其要素作辨析的过程（Dai & Chen 2014；Wiseman 2003）。概念化使跨文化能力的意义处于一个明确、可控的范围内，帮助研究者认清其构成要素，进而确立相应的评估标准，因此能够有条不紊、卓有成效地展开评估。跨文化能力概念化的主要工作是文献的查询与梳理，更具体地讲包括四个重要的方面：（1）意义的理解；（2）构成要素及其结构的辨析；（3）评估标准的建立；（4）操作定义的确定。

学者们从各自的角度界定跨文化能力，对其意义的理解也是仁者见仁、智者见智、众说纷纭。早期，跨文化能力被概念化为有效性，例如Ruben（1976）、Hammer *et al.*（1978）、Gudykunst & Hammer（1984）等的研究。他们认为，跨文化能力主要是一种行为能力，因而其评估的焦点是跨文化互动行为。后来，跨文化能力被理解为交际者的素质和能力。这种概念化强调交际者的知识或才能，而非跨文化互动中的行为技能。例如，Ting-Toomey（1988）、Lustig & Koester（1993）、Nishida（1999）等认为，跨文化知识、跨文化意识以及交际者的个人特性是评估的重点。

近年来，越来越多的学者把跨文化能力理解为一个发展过程。例如，Chen & Starosta（1996）、Hammer *et al.*（2003）、Fantini（2009）、Dai & Chen（2014）认为，跨文化能力是交际者与来自不同文化的成员进行互动，实现成功交际的过程。把跨文化能力理解为渐进、动态的发展过程意味着不仅要评估交际者的个人特性或互动的结果，而且要评估跨文化能力发展的各个阶段和不同的层次。

除了从一般的角度来概念化之外，还有一些学者围绕某个特定的因素理解跨文化能力的意义。例如，Gudykunst（1995）把跨文化能力概念化为焦虑与不确定性管理能力，Ting-Toomey & Kurogi（1998）把跨文化能力概念化为面子行为能力，Kim（2001a）把跨文化能力概念化为跨文化适应能力等。这些概念化同样涉及如何理解跨文化能力然后决定评估方向的问题，前面已经说明，这里不再赘述。

理解跨文化能力的意义之后，概念化的第二步是辨析其构成元素以及元素的结构。早期，有些学者认为跨文化能力主要体现在交际者的行为技能方面，有些认为它体现在文化知识或跨文化意识方面，还有一些认为它体现在态度或动机中（Imahori & Lanigan 1989）。随着研究的深入，学者们逐渐认识到跨文化能力是一个综合的概念，由多种不同的要素构成。例如，Chen（1989）提出，跨文化能力包括四个要素：(1)个人特性；(2)交际技巧；(3)心理适应；(4)文化意识。Chen & Starosta（1996）提出，跨文化能力由三个要素构成：情感、认知和行为。Byram（1997）认为，跨文化能力包括四个要素：(1)知识；(2)态度；(3)批判的文化意识；(4)技能。Wiseman（2002）指出，跨文化能力包括知识、动机和行为技能三个要素。

经过多年的研究与争论，学者们近来对跨文化能力的构成达成了一个较大的共识，认为跨文化能力包括情感、知识和行为三个基本要素（Deardorff 2006，2009；Wiseman 2002）。当然，仍有一些学者持不同的见解。例如，Fantini（2009）指出，许多西方学者在概念化跨文化能力时不应该忽略语言能力，跨文化能力除了包括情感、知识和行为技能之外，还应包括语言能力。Dai & Chen（2015）提出，跨文化能力除了包括学界公认的情感、知识和行为因素之外，道德因素也是不容忽略的。

辨析跨文化能力的构成要素之后，还可以进一步解析每个要素的成分。例如，Ting-Toomey & Kurogi（1998）提出，知识层面包括集体主义/个人主义价值观念、大/小的权力距离、自我/面子模式以及面子行为方式的知识；留意层面包括留心反思、对新事物的开放性、多重视野、分析式移情和留心创造的能力；技能层面包括留心倾听、留心观察、面子行为管理、信赖的建立和合作对话的能力。Deardorff(2006)提出，态度层面包括尊重、开放以及好奇心与发现能力；知识层面包括文化自我意识，对语境、角色及其文化与他人世界观的理解，具体的文化信息和社会语言意识；技能层面包括倾听、观察、解读、分析、评价和联系的能力。研究者应该根据自己的视角和理解来判断跨文化能力的构成要素以及每个要素的成分，明确评估的方向与目标。

完成上述工作之后，研究者还需要认识跨文化能力不同要素之间的关系与结构。如果一个理论仅仅描述了跨文化能力的构成要素，而不能解释它们之间的关系，那么它就不是一个好的理论。研究者只有理解了不同要素之间的联系与整体的结构才能做出全面、系统的评估。目前，学者们对跨文化能力要素的结构的认识大体可以分为四种：(1)行为因素的关键性(例如，Lustig & Koester 2003；杨盈、庄恩平 2007)；(2)知识因素的核心作用(例如，Ting-Toomey 2005；Ting-Toomey & Kurogi 1998)；(3)情感因素的关键性(例如，Byram 1997；Gudykunst 1995；Okayama *et al.* 2001)；(4)情感、知识和行为因素同等的重要性(例如，Chen & Starosta 1996；Dai & Chen 2015；Imahori & Lanigan 1989)。此外，还有学者强调其他因素的重要性，例如，Byram(1997)认为，批判的文化意识是跨文化能力的核心要素；Fantini(1995，2009)认为，外语能力是跨文化能力的关键要素。

没有积极的情感与态度，交际者不会主动地学习跨文化知识、培养跨文化意识，但仅有积极的情感与态度，缺乏相应的知识与意识，跨文化活动也难以顺畅地进行。具备上述两个方面的能力但没有相应的行为技能，也难以实现交际目标。因此，越来越多的学者认为，跨文化能力的各种要素具有同样的重要性，它们相互增进，一起造就成功的交际。它要求研究者在做评估时平等对待跨文化能力的各个要素，注意它们之间的相互联系与影响。

概念化的第三个方面是评估标准的建立。有了明确的标准才能对跨文化能力进行准确和客观的评估。早期的学者们倾向于以单一的有效性为标准来评估跨文化能力，后来在 D. Hymes 和 J. Gumperz 等语言学家的启发下，他们开始以有效性和得体性这两个标准来衡量跨文化能力。Hymes（1972）指出，交际能力不仅体现于有效性，而且体现于得体性。现在，跨文化交际学者基本赞同 Hymes 的观点，认为交际的有效性和得体性是评估跨文化能力的基本标准。有效性指能够控制环境，实现希望得到的结果；得体性指能够理解他人预期，行为合乎文化规范与社会习俗（Spitzberg & Cupach 1984）。

但上述只是宽泛的定义，不同的学者从各自的视角界定有效性与得体性，往往有着多样化的理解。例如，Byram（1997）从外语教育视角提出，本土语言使用者的能力不适于作为跨文化能力的评估标准，比较恰当的标准是跨文化语者的能力。外语学习者的跨文化能力体现在能否协调不同的文化系统、促进相互理解方面。Kim（2001a）从跨文化适应角度提出，衡量一个人适应能力的标准包括功能的健全、心理健康和跨文化身份。功能的健全指能够胜任各种形式的社会交流；心理健康指能够保持良好心态，享受新的生活；跨文化身份指心胸更加开阔，能够摆脱单一文化身份的束缚，自由地跨越文化边界。Dai & Chen（2015）从文化间性视角提出，评估跨文化能力的主要标准是交际者能否建立跨文化联系，发展和谐的关系。研究者需要根据自己的视角来决定评估的标准，其基本的原则是言之有理、一以贯之。

完成上述三个方面的工作之后，就可以对跨文化能力下操作定义了。下定义通常有两种方法：一是借用前人的定义；二是研究者自己下定义。学生或科研新手一般选择前者，因为借用学界公认或接受的定义，不会引起争议或质疑。目前，各种学刊、专著与文集已经发表了许多现成的定义。例如，Chen（1990）提出，跨文化能力是在特定的语境中有效、得体地交际，得到想要的结果的能力。Ting-Toomey & Kurogi（1998）认为，跨文化面子行为能力是综合运用面子的知识、留意以及交际技能，化解跨文化冲突的能力。Fantini（2014）提出，跨文化能力是指与有着不同语言与文化背景的人互动时，能够有效、得体地交际所需的一种复合能力。学者们虽然在跨文化能力概念的定义上达成了某些共识，但争议仍然很大，我们需要经过深入理解和审慎思考，选择适于评估目标的操作定义。

研究者如果认为现有的定义有问题，或者想对之提出挑战，可以自己下定义，但需要加以适当的阐述和论证，使其能够被学界接受。例如，Chen & Starosta（1997）指出，Bennett（1986，1993）概念化的跨文化敏感性几乎等同于行为层面的跨文化能力，其他学者界定的跨文化敏感性也有含糊之处。他们认为，跨文化敏感性主要是一个情感层面的概念，因此把它重新定义为个体在跨文化交际中培养积极理解和欣赏文化差异的情感能力，并且对此概念做了深入的阐释与论述。

对跨文化能力或其某个层面的因素下定义之后，评估工作应该围绕界定的范围展开，不能超出这个界限（陈国明等 2011）。还需要指出的是，跨文化能力的概念化不是一个没有任何价值判断、完全中立的过程，其间研究者不可避免地会受到自身文化价值观的影响。大多数西方学者声称，他们站在科学的立场上研究跨文化能力，所提出的理论是普适的，但实际上西方的跨文化能力理论或多或少带有文化上的偏见。西方的跨文化能力理论倾向于以自我为中心，重视理性思维，强调对过程的控制和目标实现。然而，在跨文化互动中，东方文化注重交际者的个人道德修养、人际关系的建立以及心灵与情感的交流（Bruneau 2002；Xiao & Chen 2009）。不仅如此，有些东方文化倡导的行为品质，诸如谦虚、含蓄和沉默等，往往被贴上负面的标签。中国学者在借鉴西方理论的时候应该注意，同样的概念在不同文化中的意义是有差异的，需要在理解、消化和摒弃其文化偏见的基础上加以运用，这样才能更准确、客观地评估中国人的跨文化能力。

6.2 跨文化能力评估的对象与目标

在跨文化能力概念化之后，紧接的工作是确定评估的对象与目标。如前所述，跨文化能力具有高度的复杂性。研究者不可能在有限的时间内，运用有限的人力与物力评估或测试所有人的跨文化能力，也不可能对其所有方面都进行深入细致的分析与评价。这就有必要选择合适的对象以及力所能及的目标。

跨文化交际发生在具有不同文化背景和身份的人之间。从理论上讲，每个社会人群都是潜在的跨文化能力的评估对象，但研究者应该优先选择那些经常参与跨文化交际并且交际问题比较突出的人群。评估这些人群更利于我们观察与发现问题的根源所在，寻求相应的对策，为跨文化交际研究及其实践提供启示。从目前的研究现状来看，学者们侧重研究的对象包括移民、旅居者、大学生、外语学习者、外交人员、海外志愿者及跨国婚姻者等群体。这些人群常常参加跨文化互动，可能会遇到诸多的困难与障碍，迫切需要发展跨文化能力，属于典型的跨文化交际成员。

选择研究对象的第二个原则是可操作性与代表性。即便我们选择了特定的人群作为研究对象，如大学生或外语学习者，但不一定有渠道或条件接触到他们，获得希望得到的信息。研究者应该选择那些具备接触与联系的条件，可以得到有效信息的人群。在理想情况下，研究者选取的样本应与他们所属的群体相似，能够代表更多的人口。这要求研究者完全随机取样、随机分配样本。但很少有人能得到总体人口的名单以及与之接触的方式，在大多数情况下，研究者只能采取方便取样的办法，通过评估程序的控制来减少偏差（Lustig & Spitzberg 1993）。因此，研究者在选择评估对象时需要充分考虑自己的科研条件，尽量满足可操作性与代表性的双重要求。

确定评估对象之后，我们就可以制定评估目标了。对跨文化能力做整体、全面、深入的评估是一项了不起的成就，但对大多数研究者来说这十分困难，更切实际的目标是对其某个特定的层面或某个发展阶段做系统的评估，这样更容易取得实质性成果与突破（Deardorff 2009；Fantini 2014）。评估目标的制定大致包括三个方面：(1) 评估层面或阶段的选择；(2) 评估目标的细化；(3) 研究问题的陈述。

研究者在制定评估目标时首先需要根据跨文化能力的定义选择其某个层面或发展阶段进行测量与分析。例如，如果研究者认为跨文化能力包括知识、情感和行为三个层面，就可以选择其中的某个层面作为评估目标。如果研究者把跨文化能力界定为一个动态的发展过程，就可以对其某个发展阶段的特征或构成要素进行评估。从目前的研究现状看，有些学者测量情感与态度（例如，Chen & Starosta 2000；Neuliep & McCroskey 1997a），有些测量知识与意识（例如，Chen & Young 2012；Gudykunst 1998b），有些专注于行为层面的测量（例如，Koester & Olebe 1988；Ruben 1976），还有一些综合测量跨文化能力某个发展阶段的各个层面（例如，Arasaratnam 2009；Hammer *et al.* 2003）。由于交际者的行为是可以观察的，行为能力的评估因此相对容易。知识能力虽然不能直接观察，但比较容易量化，其评估的难度加大但仍然具有较高的可操作性。比较而言，态度、意识与情感能力不容易量化，其评估十分困难（Fantini 2009）。

选择对跨文化能力特定的层面进行评估，其好处是能够在时间和精力有限的情况下，对其局部的成分与特征做比较深入的研究。但这种选择假定跨文化的不同层面是相互孤立、没有联系的，有其方法上的局限性。跨文化能力的各个层面是相互联系的，能力的评估应该反映它们之间的相互依赖与影响。一个折中且可行的办法是把跨文化能力划分为不同的发展阶段或水平，对每个阶段或水平的能力分别做整体的测量与评估（Byram 1997）。

确定评估的层面或阶段之后，研究者还要对评估目标进行细化，使之更加明确，易于操作。目标的细化指对评估层面或阶段具体指标的陈述。例如，Byram（1997）提出，跨文化能力的态度层面涵盖好奇心、开放性以及暂缓对他人的怀疑与对自己文化的信仰。相应地，态度层面的评估包括五个具体指标：(1)愿意寻找和利用与他人接触、建立平等关系的机会；(2)有兴趣从其他视角来解读熟悉的事物，从他人与自我双重角度来解读陌生的事物；(3)愿意对自己文化的观念与行为进行质疑；(4)愿意体验不同阶段的文化适应，与其他文化的成员互动；(5)愿意花时间处理语言和非语言交际的习惯与仪式问题。Bennett & Bennett(2004)提出，跨文化敏感性的发展是交际者从族群中心主义向族群相对主义转变的过程。其中，第一个阶段表现为否认、抵御和轻视，第二个阶段表现为接受、适应与整合。第一个阶段和第二个阶段各包括三个具体的能力指标。

细化评估的目标之后，就可以提出研究问题或假设了。研究问题是我们通过评估来回答的问题，使研究目标最终得以确定。研究问题的陈述应该遵循三个原则：(1)准确具体；(2)简洁明了；(3)可检验性(陈国明等2011；雷纳德 2008)。研究者首先要用准确的语言，具体地表达自己想要研究的问题，避免使用宽泛或模糊不清的语言，这样才能提出有效、实际的问题。其次，研究问题必须简洁明了。如果问题过于琐碎、复杂，评估工作就难以顺利展开。一般而言，问题陈述至少包括两个变量，研究者应努力把它们联系起来，提出指向明确的研究问题。例如，参加跨文化交际工作坊是否有助于大学生跨文化能力的提高？当然，除了陈述变量之间的关系问题，还有一种直接提问的描述性问题。例如，跨文化能力包括几个方面的因素？研究问题越具体化且评估的指向越明确越好。

再次，研究问题还应具备可检验性。一个可检验的问题能够得到一种以上的回答(雷纳德 2008)。如果研究者提出的问题只能得到一个答案，或者在逻辑上有无数的可能，那么这个问题就是无效的。例如，提高跨文化能力有固定的模式吗？什么是提高跨文化能力的有效途径？第一个问题只能有一种答案，第二个问题理论上有数不尽的可能，因此这两个都不是明确可检验的问题。

提出有效的研究问题需要全面把握现有文献，深入理解跨文化能力的概念并且用准确的语言进行表达。例如，Panggabean *et al.*（2013）回顾研究文献之后认为，跨文化能力最关键的层面是跨文化敏感性，它是指愿意接受不同的文化视角、驾驭文化差异的能力。更具体地讲，它主要包括应对文化多样性以及促进跨文化协调的能力。针对印尼工厂里接触多元文化的工作人员，他们提出两个研究问题：(1) 与中国人和新加坡人一起工作的印度尼西亚人的跨文化能力是什么水平？(2) 与中国人和新加坡人进行跨文化协调所面临的挑战是什么？

当研究者有足够的信心对评估结果作预测时就可以提出研究假设，即用研究假设来代替研究问题。研究假设是建立在成熟的理论或前期研究成果之上的普遍的预期，更具体地说是对变量之间可能关系的预测（郑全全等 2010）。提出一个有价值的研究假设，需要满足四个条件：(1) 清晰无歧义；(2) 变量关系简单、明确；(3) 有知识依据；(4) 可检验（雷纳德 2008）。首先，研究假设对研究问题做尝试性回答，应该是一个意义清楚、没有歧义的陈述句。其次，研究假设不应包括不必要的复杂概念，也不应附加其他假设，简单的假设可以避免陈述不清和难以检验。一般而言，假设是有关两个变量之间关系的陈述。同时，它必须明确表达变量之间的关系，对评估结果做有针对性的预测。再次，研究假设应该与研究范围内已经证实的事实或已知的知识相一致，不应有明显的抵触，应该是有依据和合理性的。最后，研究假设必须是可以检验的，研究者能够通过观察和收集具体的信息对之加以检验，获得明确的答案。

例如，Behrnd & Porzelt（2012）在对研究跨文化能力的相关文献做了全面的调查之后，认为海外学习或实习的经历有助于跨文化能力的提高。因此，他们依据 Bhawuk（1998）和 Euler & Rami（2006）的分析提出两个研究假设：(1) 有海外学习或实习经历的学生在跨文化能力的认知、情感和意动（conative）[1] 方面的得分更高，他们在个人层面、社会层面及策略

1　意动指对不同交际方式的辨别和应用的能力，主要指行为能力（Behrnd & Porzelt 2012：215）。

层面上的跨文化能力方面的得分也比没有海外经历的学生高；（2）在跨文化培训中，有海外经历的学生比没有海外经历的学生受益更多。

6.3　跨文化能力评估的方法

在确定评估的对象与目标后，我们需要选择合适的方法以进行准确、有效的评估。跨文化能力复杂性较高，任何单一的方法都无法对之做全面、精准的评估，其中一个基本原则是需要同时运用定性与定量、自评与他评的方法进行综合评估（Deardorff 2006; Fantini 2009; Koester *et al.* 1993）。定性方法指以非数字化的形式进行研究的方法，其信息以语言陈述形式，而不用量化的数字形式来呈现；它包括历史批判、观察、个案研究和民族志等类型。定量方法指以数字化的形式进行研究的方法，其信息用量化的数字来表达。定量方法主要包括各种类型的调查和实验（雷纳德 2008）。定性研究经常用于解释交际过程中发现的意义，定量研究一般用于检验两个变量间的因果关系，预测将来的行为（Cai 2015; 雷纳德 2008）。定量研究只能做统计分析，定性研究既可以做统计分析，也可以做非统计分析，且后者更为常见（文秋芳 2004）。定性研究与定量研究各有所长，互为补充，都在跨文化能力评估中起着重要的作用。

跨文化能力常用的评估方法包括访谈、观察、问卷调查、个案研究、文件夹和实验等（Deardorff 2006; Fantini 2009）。其中，访谈主要属于定性研究，实验主要属于定量研究，文件夹属于混合性研究，其他方法既可以设计为定性研究也可以设计为定量研究。跨文化能力评估方法选择的过程主要涉及两个方面：（1）对评估方法的理解；（2）方法与目标的匹配。

研究者首先要对评估的方法有深入的理解，知晓各种方法的性质、功能、长处和局限性，然后才能与评估的目标进行匹配。在此，不妨以访谈、观察、问卷调查、个案研究、文件夹、实验法以及近来引起较大关注的 Delphi 方法为例来阐述理解评估方法的要点。

访谈是在明确的主题范围内进行设计、操作，并且通过与受访者交流来获取信息的研究方法，根据研究者对访谈结构的不同控制程度，可以分为结构访谈、半结构访谈和无结构访谈。

结构访谈是一种对访谈过程严格控制的访谈形式，研究者事先对访谈的程序、内容和记录方式等做出统一的规定，所有的访谈者都以同样的方式提问同样的问题。结构访谈通常用于调查普遍性意见，评估某个特殊群体的行为、态度和偏好等，从中概括特点。结构访谈收集的信息易于编码，但不利于深入了解受访者的观点和独特的看法。半结构访谈既可以包括灵活表达的问题，又可以有一些高度结构化的问题。它使访谈自始至终与研究问题紧密联系，同时又能够自由地展开问题。无结构访谈最开放，对访谈的程序和内容等都不做明确的规定，通常只给出一个讨论的主题或范围，对访谈者与受访者以此为中心进行自由的交谈。无结构访谈常用于挖掘有关研究问题不同层面的广泛意见，有利于获得第一手资料，但难以保证所形成概念的可靠性与有效性，所收集的信息也难于编码和量化，一般只用于探索性研究，随着研究的深入，需要转向半结构访谈（郑全全等 2010）。

总体上看，访谈具有较大的灵活性，研究者可以在比较广阔的范围内深入地探讨其关注的问题，有机会为受访者解释疑惑，收集到详细、准确、真实的信息，分析错综复杂的交际现象。对于跨文化能力这个高度复杂的概念而言，访谈能够帮助研究者认识有效性和得体性的丰富内涵，了解它们在交际过程中的具体表现，有其方法上的优越之处。Deardorff (2006) 的研究显示，许多学者都认为学生访谈是评估其跨文化能力最有效的方法。但访谈也有缺陷，如耗时长、费用高，访谈者有时改变提问方式，偏离讨论问题，收集的信息带有主观性等（Frey *et al.* 1991，1992）。

观察是研究者在特定的时间与环境里，依据研究目的有计划、系统地考察与描述对象，收集信息的一种方法。科学的观察应该具备四个特点：

（1）观察有一定的理论指导和明确的指向；（2）观察之前有比较系统的方案；（3）观察过程中有系统的考察与记录；（4）观察者受过一定的专业训练（郑全全等 2010）。

根据程序的不同，观察可以分为非结构观察和结构观察两种形式。非结构观察指事先没有制定严格的计划，只有粗略的纲要，研究者按照现场的情况进行观察和记录。非结构观察具有较大的灵活性，能够收集到丰富的信息，但所获信息通常比较零散，难以对其进行量化分析，一般仅仅用于前期的探索性研究，或用于观察对象的定性描述。结构观察指按照事先确定的目标，运用标准化的程序进行观察，并且应用统一的格式进行记录。结构观察所收集的信息可以用于量化分析和对比研究。

根据观察者角色的不同，观察可以分为非参与观察和参与观察两种形式。非参与观察指研究者置身于被观察者的活动之外，尽量不引起其注意，完全以一个旁观者的身份进行观察。它是对交际行为表象的记录，不易深入。参与观察指研究人员以参与者的身份，参与交际活动并进行观察、做记录。参与观察有利于获得深入的信息，但很难保证对总体信息的精确描述。此外根据是否借助器材或仪器，观察还可以分为直接观察和间接观察两种形式。直接观察指研究者亲临现场观察交际行为和收集信息的方法；间接观察指通过仪器设备观察和收集信息的方法，研究者能够使用仪器对复杂的行为和互动模式进行微观分析，反复观察音像资料可以提高行为描述的准确性和细致性。

总体上看，观察法的优势有三点：（1）比较适合语言和非语言行为，尤其是对互动过程的分析；（2）能够在真实的环境中收集信息；（3）可以弥补其他方法的缺陷，例如有些人不愿接受访谈、不提交问卷时，研究者可以通过观察收集自己想要的信息。它的局限性主要有两点：（1）有些观察可能会影响观察对象的行为，导致信息的失真；（2）信息的收集容易受到观察者个人经验、能力和倾向的影响（郑全全等 2010）。

问卷调查是一种运用问卷收集信息、展开研究的方法。问卷有多种形式，既可以是封闭的也可以是开放的，既可以是单项选择题也可以是多项选择题。它往往用于调查较大的样本，旨在描述一些变量的特征或者发现它们之间的关系。一个好的问卷至少应该达到两个标准：(1) 较高的内在效度；(2) 专业化的外观。内在效度指问卷能够测量研究者真正想要研究的变量；专业化的外观指问卷看上去严谨、美观、具有专业水准（文秋芳 2004）。

问卷调查的优势有四点：(1) 能够节省时间与费用，以较高的效率进行大规模的调查；(2) 研究者可以自己做调查也可以请别人帮忙，可以邮寄也可以通过电子邮件传送问卷，形式灵活多样；(3) 能够保证参与者的独立性以及信息的准确性；(4) 信息易于编码和量化（Frey et al. 1992）。问卷调查的局限性主要有四点：(1) 难以调查复杂的问题，获得深刻的见解；(2) 没有机会向被调查者解释有疑惑或不懂的问题；(3) 有些被调查者，特别是电子问卷的被调查者拒绝回答问题和提交问卷；(4) 需要较大的样本。目前，大部分跨文化能力的评估问卷采用自评问卷形式（Van de Vijver & Leung 2009）。它可以帮助研究者高效地收集信息，但被调查者经常高估自己的能力，产生相应的偏差，需要与观察和访谈等他评方法结合才能实现准确的评估（Deardorff 2006；Hinner 2014）。

个案研究是一种在真实的场景中探索并获取信息的研究方法，其特点是关注细节，能够让研究者细致入微地理解复杂的现象（Buzzanell 2015；范伟达 2001）。个案研究的长处首先在于它能够从多种渠道收集信息。例如，它可以通过直接与间接的观察、访谈、调查、文件与档案的查询等渠道来收集信息，当各种渠道的信息相互印证与吻合时，其发现尤有说服力。其次，它可以对研究对象做深入、全面的描述与分析，获得深刻的见解（May 2015）。就跨文化能力而言，典型的成功案例对于研究者探索能力的构成要素，如何在交际中以此为模本并把它转变为互动的技巧尤其有启发意义（Koester & Lustig 2015）。个案研究的局限性在于有些发现具有较大的代表性，有些则不具备，研究结果一般不能直接用于做普遍性推论。

文件夹是近年来在外语教育领域运用较多的一种综合的评估方法（Fantini 2009；Ingulsrud *et al.* 2002；Nezakatgoo 2011）。研究者既可以自己收集信息，也可以通过老师收集信息；评估的方法既有受试者的自评，也有老师的评价。外语学习者的文件夹信息主要包括：考试证书和语言技能成绩；有关学习者用外语进行采访、显示其理解自我与他人政治制度、社会文化和社会认同的录音；学习者访问所学外语的国家，思考其经历的记录；学习者做向导和翻译之后的反思记录；测试学习者所掌握的外语国家历史文化知识的试卷和成绩；附带老师或评估者评价的一份外语翻译作业以及一份描述课堂和课外语言与文化学习的简历等（Byram 1997；Jacobson *et al.* 1999）。运用文件夹，研究者能够根据跨文化能力的构成要素对收集的信息进行分类，这样不仅可以对能力的各个要素做独立分析，而且可以对能力的所有要素进行整体评估。

跨文化能力极为复杂，而且有些方面难以量化。例如，开放的情感、批判的文化意识以及跨文化合作等。文件夹在这些方面有其独特的优势。一些学者甚至认为，文件夹是目前为止最全面、深入的评估方法，与访谈结合能够获得最佳的效果（Fantini 2009；Jacobson *et al.* 1999）。当然，文件夹也有其不足之处。它是一种综合评估方法，比访谈、观察和实验法都更复杂，信息的编码自然也非常耗时。由于涉及不同的评估者以及对不同阶段和层面的跨文化能力的评估，所以可能存在评价标准不一的情况，有时难以保证评估的效度和信度。

实验法指控制其他干扰因素，分析自变量如何引起因变量变化的一种研究方法，其目的是建立因果关系。实验法的关键在于对变量的操控。根据对变量控制的程度，实验法分为完全实验、准实验和前实验设计三种形式。完全实验至少控制一个自变量，然后随机分配受试人员，建立一个与控制组对等的实验组。准实验不需要控制自变量，既可以设置对照组，也可以不设置对照组而做单组实验；在设置对照组时，如果没有运用随机化程序选择受试人员，那么实验的分组是不对等的，故研究人员运用前测来建立半对等的实验组。前实验既没有自变量控制，没有随机分配受试人员，也没有对实验组与对照组之间的差异作检测，变量的控制最少（Frey *et al.* 1991，1992）。前实验一般较少使用，只有在条件不允许做完全实验或准实验，或者在进行前期探索研究时才这样设计。

实验法能够控制干扰因素，确定变量关系，不仅可以提高研究的内在效度，而且有利于研究结果的复制。它的不足之处有两点：其一是人工雕琢、不自然的痕迹；其二是覆盖范围较小。大多数实验都在实验室里进行，研究对象的数量一般较少（陈国明等 2011）。跨文化能力评估中常用的实验法是前测—后测控制组设计，属于完全实验（Deardorff 2006）。它能够明确地显示工作坊、海外游学和培训班等手段是否有助于跨文化能力的培养与提高。

上述六种方法主要用于测评交际者的跨文化能力，而 Delphi 方法主要用于收集专家的意见，为跨文化能力理论及其评估工具的发展提供指导。Delphi 方法由美国兰德公司研究人员 20 世纪 50 年代使用的技巧发展而来。它是一种通过发放问卷和控制反馈的方式获取专家组成员共识的方法（Sitlington & Coetzer 2015）。Delphi 方法既包括定量分析又包括定性分析，属于混合研究方法。它有四个特征：（1）参与的专家保持匿名，自由表达见解；（2）研究人员在不同轮次的问卷调查之间，有选择地向专家们反馈各种观点；（3）过程有重复，专家可以思考、重估、澄清或修正他们的观点；（4）专家回应信息的收集以及回应信息的解析（Rowe & Wright 1999）。Delphi 方法通常邀请 20 至 40 名专家，整个研究过程一般包括三轮的问卷与反馈，每轮之间有两周左右的时间间隔[1]（Coetzer & Sitlington 2014；Deardorff 2006；Green 2014）。第一轮研究的目标是收集专家对研

1　专家人数一般最少不能少于 10 至 15 名，如果条件允许 50 至 60 人抑或更多也可以，但需要处理的信息量很大，研究者需要在参与人数和信息处理能力之间做权衡；对于 Delphi 方法包括的调查轮次学界也没有定论。有些人做两轮，有些人做三轮，还有些人做四轮，但多数研究人员做三轮。因为轮次太少不易获得专家共识，而轮次过多，时间跨度难免较长，专家容易感到疲劳，有些没有较多空闲时间的专家可能会退出（参见：Green 2014；Kezar & Maxey 2016；Sitlington & Coetzer 2014）。

究问题所发表的意见。第二轮研究首先对第一轮意见作归纳，然后反馈给每位专家；其次请他们做以第一轮意见为基础制作的问卷，对问卷项目逐一打分。研究者运用集中趋势的测量决定第二轮的共识。第三轮请意见分歧较大的专家重新评估他们的观点，直至获得较高的共识，然后分析研究结果，并向所有参与的专家公布。

对于跨文化能力这种极为复杂、争议较大，且一时难以厘清、需要集体智慧的问题而言，Delphi方法有其独特的优势。首先，它可以通过邮寄或电子问卷收集分布在不同国家或地区的专家的意见，大大减少研究开支；其次，它能够让各位专家畅所欲言，自由、平等地表达观点，高效地对信息进行整合，发现其中的共识与差异；此外，参与人员还有机会反思和修正原来的观点，研究过程充满活力与创造性（Coetzer & Sitlington 2014）。

Delphi方法也存在不足之处。首先，邀请众多专家不是一件容易的事，其过程耗时费力。其次，整个Delphi研究包括三个轮次左右，时间跨度较长，可能导致参与人员的疲倦或退出，影响研究质量；此外，专家较难改变自己的观点，共识析取过程往往反复多次；有时专家组不一定达成共识，研究者得到的仅是一些零散的信息（Green 2014）。

以上介绍了评估跨文化能力常用的一些方法。在全面深入地理解各种方法的性质、功能以及它们的优势与局限性之后，研究者还需要依据预先确定的目标，选择与之匹配的评估方法。方法与目标的匹配可以从五个方面来考量：（1）评估的对象；（2）评估的性质；（3）评估的层面；（4）评估的时间；（5）评估的标准。

就评估对象而言，如果数量比较多，样本较大，那么可以选择问卷调查的方法。访谈的人数一般较少，常见的规模是十几到几十个人，大规模的访谈需要建立庞大的团队并投入高额的经费。实验法往往采用25至30人一组的规模，评估结果常常建立在几十个人到一百多人的基础上。相比之下，在评估大数量的样本时，问卷调查在方法上有优势（陈国明等2011）。

就评估的性质而言，如果是探索性评估，那么可以选择观察、访谈或个案研究的方法；验证性评估可以选择问卷调查或实验的方法。在没有合适的理论做指导的情况下，研究者在进行前期探索时，可以通过观察、访谈或个案研究收集丰富的信息，为后面更深入的评估奠定良好的基础。问卷和实验一般需要理论支撑，常常用于验证性评估，其评估的结果更具普遍性，可以做较强的推论。

就评估的层面而言，如果要评估跨文化能力中相对容易量化的知识与行为层面，那么可以选择问卷、观察或实验方法；如果评估比较难以量化的态度层面，那么观察、访谈和个案研究方法较有优势；如果综合评估跨文化能力的各个层面，分析各个层面之间的相互影响，那么就需要运用问卷、观察、访谈与实验等多种方法进行评估。当然，也可以用一种混合的方法进行评估，文件夹就是一种非常有效的方法（Byram 1997）。

就评估的时间而言，如果在单一时间点上收集信息，评估跨文化能力的构成与特性，那么可以选择横断调查（cross-sectional surveys）；如果在不同时间点上收集信息，评估跨文化能力的发展与变化，那么可以选择纵贯式调查（longitudinal surveys），即长期跟踪调查。[1]

就评估的标准而言，如果评估跨文化交际的有效性，那么可以选择各种自评问卷。对于跨文化交际是否有效，交际者自己当然有发言权。但如果评估跨文化交际的得体性，那么自评问卷就不太合适，观察、访谈或第三方评估的方法才更加客观、准确（Lustig & Spitzberg 1993）。不同的评估方法有各自的长处，但也有各自的局限与不足，研究者需要在明确评估目标的情况下，努力寻找合适的方法，提高研究的质量。

---

[1] 横断式调查指研究者在一个时间点上，从总体中抽取非特定样本的调查，前提是该研究不在意观察时间可能带来的影响，这种设计常常用于证明某个特定属性的普遍性。纵贯式调查指研究者考虑时间因素的影响，在不同的时间点上收集信息，旨在了解信息的动态发展。常见的纵贯式调查包括固定样本连续调查（panel surveys）、趋势调查（trend surveys）和世代调查（cohort surveys）等（参见：陈国明等 2011；郑全全等 2010）。

6.4 跨文化能力评估结果的分析

　　研究者选择合适的方法进行跨文化能力评估之后，还需要做的最后一项工作是分析评估结果。分析评估结果的过程是研究者审视研究发现，对之做解析，并在此基础上得出研究结论的过程。它主要包括三个方面：（1）评估结果的陈述；（2）评估结果的讨论；（3）评估的局限性以及未来的探索方向。

　　评估结果的陈述是讨论的基础。这个部分简要地陈述评估发现，报告研究问题是否得到满意的回答，或者研究假设是否被验证。陈述评估结果既可以用文字也可以用图表，比较而言后者更简明、清晰，读者也更容易抓住要点。

　　例如，Holmes & O'Neill（2012）采用民族志方法[1]对35名来自不同族群的学生进行跨文化能力评估。他们的研究发现，跨文化能力的发展经历六个渐进阶段：（1）认识到不情愿与害怕；（2）刻板印象突出；（3）摆脱刻板印象；（4）监控情感；（5）走出困惑；（6）从自满到复杂的自我认知。这些发现较好地回答了"人们如何提高跨文化能力？"这一研究问题。

　　上面是研究发现的文字陈述，下面我们再看图表显示的结果。Dong et al.（2014）运用三个量表，即Cheek & Buss（1981）的害羞量表、Gecas（1971）的自尊量表以及Chen & Starosta（2000a）的跨文化敏感性量表，对334名中国大学生（男生137名，女生197名，平均年龄20岁）作测评，研究害羞与自尊对跨文化能力的影响。他们的研究发现自尊心较高的学生，跨文化能力较强，害羞对跨文化能力有负面的影响，其研究发现显示于以下三个表格：

---

[1]　民族志是一种自然研究方法，指研究者深入到研究对象所处的自然环境中，对其文化习俗与行为方式进行细致观察和真实描述的研究方法。民族志涉及大量的田野调查，收集信息的典型方式是"深描"（thick description）。早期被人类学家用来描述不同文化之间的差异，近年来跨文化交际学者也运用它分析跨文化能力（参见：Frey et al. 1992；陈国明等 2011）。

表 6.1　描述分析

变量	人数	均值	标准差	极差
自尊	334	2.57	0.80	6
跨文化能力	334	2.87	0.34	3
害羞	334	2.84	0.64	4
年龄	334	20.34	1.32	16

表 6.1 显示，受试者认为自己的自尊心较高，平均分是 2.57 分（1 分表示自尊心高，7 分表示自尊心低）。他们的跨文化能力平均分是 2.87 分（4 分量表），表明受试者认为其跨文化能力较低。此外，受试者认为他们属于有一点儿害羞的人，在 5 分的害羞量表中平均分是 2.84。

表 6.2　平均数、标准差、相关和信度

变量	平均数	标准差	1	2	3
跨文化能力	68.86	8.18			(.83)
自尊	28.32	8.76	.42**		(.83)
害羞	19.50	5.46	-.48**	-.48**	(.85)

（人数 = 334，括号里是每个量表的信度系数 alpha，**$p < .01$）

表 6.2 显示，跨文化能力与自尊在统计上呈显著的正相关，与害羞呈显著的负相关。换句话说，越害羞跨文化能力可能越低，自尊心越高跨文化能力可能越高。此外，害羞与自尊也呈负相关，积极看待自我、自尊心较高的人往往不太害羞。

表 6.3　跨文化能力变量逐步回归分析（step-wise regression analysis）

预测变量	B	标准误	t	Beta
自尊	.12	0.2	5.22	.27**
害羞	-.20	0.3	-7.50	.38**

（人数 = 334，因变量 = 跨文化能力）

　　表6.3显示，两个研究假设得到验证：害羞阻碍跨文化能力的发展，较高的自尊心导致较高的跨文化能力。

　　在陈述评估结果之后，研究者需要对其进行必要的讨论。讨论应该结合跨文化能力的相关理论和以前的研究结果，这样才能清晰、深入、令人信服地揭示本研究的贡献与不足之处。例如，Holmes & O'Neill（2012）在报告了评估结果后指出，Deardorff（2006）与Hunter *et al.*（2006）等的研究发现，跨文化能力是一个发展过程。他们的研究首先探析大学生跨文化意识的增长过程，对现有模型的完善做出了有益的贡献。其次，他们的研究揭示跨文化敏感性在情感控制与调节中的作用，回应了Spitzberg & Changnon（2009）的呼吁，提高了人们对跨文化能力情感层面的认识。他们的研究还显示，自我评价在培养批判的文化意识中发挥着关键作用，验证了Byram（1997）提出的观点。此外，针对现有研究较少关注相互关系在发展跨文化能力中的作用，Holmes & O'Neill（2012）的研究探讨了相互关系以及个人能动性的积极作用，弥补了这方面的缺陷。

　　Dong *et al.*（2014）在报告了评估结果后指出，害羞是根植于中国社会且具有独特文化意义的现象。它既包括对陌生人的害羞，又包括对负面社会评价的羞怯。害羞直接造成跨文化交际的障碍，但学界分析害羞对跨文化能力影响的文献近乎空白（Chen *et al.* 2009），本研究的一个主要贡献就是揭示了害羞的不利影响。

　　讨论了评估结果之后，研究者还需要做的最后一项工作是指出评估的局限性，展望未来探索的方向。跨文化能力研究是一个渐进的过程，每次研究都有新的发现和启示，但同时也存在这样或那样的缺憾。跨文化能力评估的局限性有时体现在研究对象的代表性上，有时体现在理论视角、研究方法的偏见上，有时体现在评估的层面、时间、范围的选择或其他方面。指出研究的局限性一方面提醒人们在借鉴研究发现和引用其推理时需要谨慎，留意其不足之处，另一方面也为未来的探索指明了具体的方向，跨文化能力研究因此能够在学者们的共同努力下不断深入和完善，渐入佳境。

例如，Holmes & O'Neill（2012）在讨论了评估结果后指出，他们的研究存在四个局限性：（1）参与评估的学生是缺乏经验的新手，做自我反思、总结跨文化能力发展状况的能力有限。今后可以运用观察的方法，评估学生与其他文化成员互动的情况；或者运用访谈的方法进行深入的分析；也可以分别收集其他文化成员的陈述与解读，结合学生们自己的陈述与解析综合起来评估。（2）学生们受到研究要求的提示，知道他们的书面研究报告有助于提高课程成绩，并且会在学习过程中接触到跨文化交际理论，因此学生们有可能高估自己的跨文化能力。虽然研究者想要学生公开、诚实地报告他们的跨文化能力，但如何消除"需求特征"[1]效应仍是一个值得探讨的问题。（3）研究设计没有包括其他文化成员的视角，将来可以从双重视角来评估学生的跨文化能力。（4）主要运用西方的理论框架和研究方法，将来应该参考非西方的理论，寻找评估跨文化能力的新路径。

Dong et al.（2014）在讨论了评估结果后指出，他们的研究存在三个方面的局限性：（1）没有随机取样，使用方便样本，研究结果的推理需要谨慎；（2）运用西方人制作的害羞量表，虽然已通过调整来提高信度与效

1　需求特征（demand characteristics），又译为命令特征，构成影响研究效度的人为因素。需求特征指在实验环境中，研究者通过某些线索将他们希望受试者做出什么样反应的信息传递给受试者，结果使受试者不再对情景做出正常的反应，而是根据自己猜测到的研究者的需要而做出反应，即按照需要特征在行动（参见：郑全全等 2010）。

度，但难免受到西方文化偏好的影响；(3)标准、量化地测量感知、态度和行为，可能没有收集到各种语境中详细的信息，因而未能充分揭示中国大学生在什么样的情形中会感到害羞？为何如此？也未能说明他们在哪些情形中表现出自尊与跨文化能力？原因何在？对于未来的研究，Dong *et al.* 提出三个建议：(1)对中国的年轻人做深度访谈，收集丰富的信息，更好地理解他们的价值观、信仰和态度；(2)运用多维度量表测量中国年轻人的害羞与跨文化能力，更全面地理解他们的观点与情感；(3)对不同的学生群体进行随机抽样，获得更具一般性的信息与研究结果。

6.5　小结

本章概述跨文化能力评估的主要方面，简要讨论了评估的程序与方法。跨文化能力的概念化是评估的基础，只有准确地理解跨文化能力的意义，并对之作严格的界定，深入辨析其构成要素，才能有的放矢地对其进行测量与评估。跨文化能力概念化之后，评估研究的一个重要方面就是方法的选择。目前，可供选择的方法有多种。它们各有所长，同时也有各自的缺陷，我们需要根据评估的具体目标找到合适的方法。从现有跨文化能力的评估研究来看，问卷、实验、访谈、个案研究、民族志、文件夹和Delphi等方法都得到了运用，但问卷和实验等定量研究方法占据多数，访谈与民族志等定性研究方法应用较少，文件夹和Delphi等混合研究方法则更不多见。由于跨文化能力极为复杂，任何单一的方法都不足以做出准确的评估，学界一致认为应该从多种角度运用多种方法对之进行综合评估。准确有效的评估不仅有清晰的操作定义、规范的操作程序、稳定可靠的工具、全面而客观的评估报告，而且其结果可以在同样的条件下被其他研究人员借鉴。在实现有效评估的过程中，稳定可靠的工具起着极为关键的作用。下一章，我们将介绍学界认可的跨文化能力评估工具。

第七章 | 跨文化能力的评估工具

跨文化能力的评估需要稳定可靠的测量工具。一个好的评估工具有其坚实的理论基础，较少带有文化偏见，能够准确且客观地测量交际者跨文化能力的水平与发展状况。目前，学者们经过长期努力创建了许多形态不一、功能多样的工具，用以评估整体的跨文化能力以及其各个层面的因素。每个评估工具既有强项，也有偏见和不足。研究者应该选择那些与评估目标相匹配的工具，按照科学的程序进行测评。本章首先简要概述学界认可度较高、影响力较大的16个跨文化能力评估工具，然后深入评介其中的8个工具。

7.1 跨文化能力评估工具概要

自20世纪70年代以来，学者们发展了众多跨文化能力评估工具，总数有一百多个（Fantini 2014）。Fantini（2009，2014）、Matsumoto & Hwang（2013）在综述跨文化能力评估工具时没有进行适当的分类，只按字母顺序进行排列，其重要的原因是现有的评估工具比较庞杂，难以准确归类。本节主要按时间顺序对中外具有较大代表性的16个跨文化能力评估工具进行简要的概述。

7.1.1 跨文化行为评估量表

Ruben（1976）建构的跨文化行为评估量表（Intercultural Behavioral Assessment Indices，IBAI）是较早的评估跨文化能力的工具之一。与大多数学者发展自评问卷方式的测量工具不同，IBAI采用观察法对受试者进行打分，重点测量跨文化交际者的行为能力。IBAI测量7个层面的行为能力：（1）尊重的表示；（2）互动姿态；（3）知识定位；（4）移情；（5）自我定位的角色行为；（6）互动管理；（7）对模棱两可的容忍。Ruben（1976）认为，IBAI的信度和效度较高，专业人员和没有经过培训的外行都可以方便地使用。但Chen（1989，2010a）指出，IBAI没有报告信度系数，他所研究的"自我定位的角色行为"层面与IBAI的预测不符。Matsumoto & Hwang（2013）认为，没有充分的证据表明IBAI具有较高的信度与效度。

7.1.2 跨文化适应能力评价量表

Kelly & Meyers（1987）创建跨文化适应能力评价量表（Cross-Cultural Adaptability Inventory，CCAI）。CCAI包括4个层面、50个项目。4个层面包括：（1）情绪的恢复（18个项目）；（2）灵活性/开放性（15个项目）；（3）感觉的敏锐性（10个项目）；（4）个人自治（7个项目）。Montagliani & Giacalone（1998）、Goldstein & Smith（1999）的研究显示，有部分证据表明CCAI有较高的信度与效度，但还需进一步验证。

7.1.3 跨文化交际行为评估量表

Koester & Olebe（1988）对IBAI进行修改，创建了新的跨文化交际行为评估量表（Behavioral Assessment Scale for Intercultural Communication，BASIC）。他们重写了Ruben（1976）量表的表述文字，使之更加简洁明了，以便于外行进行观察打分。修改后的量表只有跨文化交际有效性1个因子和8个项目。8个项目包括：（1）表示尊重；（2）互动姿态；（3）知识定位；（4）移情；（5）任务角色；（6）关系角色；（7）互动管理；（8）对模棱两可的容忍。Graf

& Harland（2005）使用Chen & Starosta（2000a）的跨文化敏感性量表（ISS）进行相关性测试，部分验证了BASIC的预测效度。但Matsumoto & Hwang（2013）认为，没有充分的证据表明BASIC具有较高的信度与效度。

7.1.4 社会文化适应量表

Searle & Ward（1990）初步创建社会文化适应量表（Sociocultural Adaptation Scale，SCAS）。这是一个5点自评量表，包含16个项目，用于评估跨文化能力的行为层面。随后，他们对SCAS进行修改，增加认知层面的测量，形成包含20至23个项目的可以针对不同人群灵活增减的量表。Ward & Kennedy（1999）的版本包括2个因子、29个项目。第一个因子是文化移情和联系（cultural empathy and relatedness），第二个因子是非人格的行为与危害（impersonal endeavors and perils）。根据Gudykunst（1998a）、Ward & Kennedy（1999）以及严文华、车笠（2012）等诸多研究，SCAS具有较高的信度与效度，是一个比较可靠的跨文化能力的测量工具。

7.1.5 跨文化敏感性评价量表

Bhawuk & Brislin（1992）创建跨文化敏感性评价量表（Intercultural Sensitivity Inventory，ICSI）。ICSI以集体主义和个体主义价值取向为文化参照，评估跨文化交际者在跨文化语境中理解文化差异和调节交际行为的能力。ICSI包括46个项目。其中，16个项目测量集体主义行为，16个项目测量个体主义行为，14个项目测量交际者的灵活性和开明度。Bhawuk（1998）的研究验证了ICSI的信度与效度，但Matsumoto & Hwang（2013）认为其证据并不充分。

7.1.6 跨文化交际意愿量表

Kassing（1997）借鉴McCroskey（1992）的交际意愿量表（Willingness to Communicate Scale，WTC）创建跨文化交际意愿量表（Intercultural

Willingness to Communicate Scale，IWTC），用于测量交际者是否愿意进行跨文化交际。IWTC是一个百分制的单因子自评量表，包含12个项目。Kassing（1997）所做的IWTC与WTC之间的相关分析、Portalla & Chen（2010）以及Logan *et al.*（2016）的研究表明，IWTC具有较高的信度与效度，是一个值得推荐的测量工具。

7.1.7　一般化的族群中心主义量表

Neuliep & McCroskey（1997a）创建一般化的族群中心主义量表（Generalized Ethnocentrism Scale，GENE）。Neuliep（2002）在此基础上编制新版本的GENE。新版本的GENE是一个5点自评量表，包括1个因子、22个项目。其中有15个项目用于评估交际者的族群中心主义倾向，7个项目是干扰项，目的是测量跨文化交际者对自己和他人文化的情感。Amos & McCroskey（1999）、Neuliep（2002）等的研究显示，GENE具有较高的信度和效度，但目前的证据仍然不够充分。

7.1.8　跨文化敏感性量表

Chen & Starosta（2000a）创建跨文化敏感性量表（Intercultural Sensitivity Scale，ISS），用于测量跨文化能力的情感层面。ISS是一个5点自评量表，包括5个因子、24个项目。5个因子包括：（1）互动参与（7个项目）；（2）对文化差异的尊重（6个项目）；（3）互动自信（5个项目）；（4）互动愉悦（3个项目）；（5）互动专注（3个项目）。根据Fritz *et al.*（2005）、Tamam（2010）、Matsumoto & Hwang（2013）的研究，有部分证据表明ISS的效度较高，但仍需进一步验证。Wang & Zhou（2016）的研究表明，对于亚洲人而言，与24个项目的原量表相比，简化到15个项目的ISS具有更高的信度与效度。

7.1.9　多元文化人格问卷

Van der Zee & Van Oudenhoven（2000）发展多元文化人格问卷

（Multicultural Personality Questionnaire，MPQ），用于测量人格对跨文化有效性的影响。MPQ包括7个因子、91个项目[1]。7个因子包括：(1) 文化移情（14个项目）；(2) 开明度（13个项目）；(3) 情绪稳定性（13个项目）；(4) 行动取向（12个项目）；(5) 冒险性/好奇心（12个项目）；(6) 灵活性（12个项目）；(7) 外向性（15个项目）。Van der Zee *et al.*（2003，2004）、Matsumoto & Hwang（2013）以及严文华（2009）等众多的研究表明，MPQ具有较高的信度和效度，是一个可靠且值得推荐的跨文化能力测量工具。由于这个量表较长，测评所需时间较多，影响了测量效率，Van der Zee *et al.*（2013）运用因子分析对之进行删减，得到较短的40个项目的新量表。新量表比原来91个项目的量表的信度系数略低，但仍可达到较高的水平，在测量的效率与效度之间达到了较好的平衡。删减后的短量表（MPQ-SF）是否和原来的长量表具有一样的稳健性仍需进一步的检验。

7.1.10　跨文化调整潜力量表

Matsumoto *et al.*（2001）发展跨文化调整潜力量表（Intercultural Adjustment Potential Scale，ICAPS）。这是一个7点自评量表，用于测量日本的移民以及在美国的旅居者的心理适应能力。ICAPS[2]包括4个因子、55个项目。4个因子包括：(1) 情绪调节；(2) 开放性；(3) 灵活性；(4) 批判思维。Matsumoto *et al.*（2004）、Savicki *et al.*（2004）、Yoo *et al.*（2006）以及Matsumoto & Hwang（2013）等众多的研究显示，ICAPS不仅适用于日本的移民和旅居者，而且适用于其他国家的移民或旅居者，是一个信度与效度较高的跨文化能力测量工具。

1　MPQ不同版本的项目数量不一。最初的研究用包含7个因子、91个项目的问卷，后来的研究用包含5个因子的问卷，项目数量在77至91之间；5个因子包括：(1) 情绪稳定性；(2) 社交主动性；(3) 开明度；(4) 文化移情；(5) 灵活性。（参见：Matsumoto & Hwang 2013；严文华 2009）

2　Matsumoto *et al.*（2001）对ICAPS做主成分因子分析，得到4个因子：(1) 情绪调节（9个项目）；(2) 开放性（7个项目）；(3) 灵活性（6个项目）；(4) 创造性（7个项目）。4个因子解释了18.6％的总体方差，解释率偏低，因子结构与理论预测有出入。

7.1.11 跨文化发展评价量表

Hammer *et al.*（2003）创建跨文化发展评价量表（Intercultural Development Inventory，IDI），用于检测跨文化能力发展的六个关键阶段。IDI包括5个因子、50个项目。5个因子包括：（1）否认/抵御（13个项目）；（2）颠倒（9个项目）[1]；（3）轻视（9个项目）；（4）接受/适应（14个项目）；（5）封闭的边缘化（5个项目）。[2]根据Paige *et al.*（2003）、Greenholtz（2005）、Hammer（2011）以及Matsumoto & Hwang（2013）等众多的研究，IDI的五个因子与Bennett（1986，1993）理论模型中的跨文化敏感性的发展阶段并不完全匹配，部分证据表明IDI的信度与效度较高，但仍不够充分，需要进一步研究与验证。

7.1.12 文化智力量表

Ang *et al.*（2007）创建文化智力量表（Cultural Intelligence Scale，CQS），用于测量跨文化交际者在多元文化情境中的适应能力。CQS是一个7点自评量表，包括4个层面、20个项目。4个层面包括：（1）元认知（4个项目）；（2）认知（6个项目）；（3）动机（5个项目）；（4）行为（5个项目）。根据Lee & Sukoco（2010）、Ward *et al.*（2011）以及Presbitero（2016）等诸多研究，CQS具有很高的信度与效度，是一个可靠的跨文化能力测量工具。

7.1.13 跨文化交际能力量表

Arasaratnam（2009）创建跨文化交际能力量表（Intercultural Communication Competence Scale，ICCS），用于测量交际者应对文化

1　颠倒（reversal）是抵御的一种变化形式，指跨文化交际者接受新文化后，认为新文化比自己的文化优越的现象，与抵御他人文化的现象正好颠倒过来，但两者都持有把"我们"与"他们"两极化，厚此薄彼的文化观念。

2　IDI最初的量表包括60个项目，每个因子各有10个项目，由于量表的因子与Bennett理论的六个发展阶段不匹配，后来调整到5个因子和50个项目。

多样性的能力。它是一个7点自评量表，包括3个层面、15个项目。3个层面包括：(1)认知(5个项目)；(2)情感(5个项目)；(3)行为(5个项目)。根据Arasaratnam & Banerjee(2011)、Matsumoto & Hwang(2013)等研究，部分证据表明ICCS的信度和效度较高，但仍需继续验证。

7.1.14 跨文化效力量表

Portalla & Chen(2010)创建跨文化效力量表(Intercultural Effectiveness Scale，IES)，用于测量跨文化交际者的行为能力。IES是一个5点自评量表，包括6个因子、20个项目。6个因子包括：(1)行为的灵活性(5个项目)；(2)互动的从容(4个项目)；(3)对互动者的尊重(3个项目)；(4)信息传递技巧(3个项目)；(5)身份维持(3个项目)；(6)互动管理(2个项目)。根据Chen(2014)和任仕超、梁文霞(2014)等的研究，IES具有较高的信度与效度，但目前为止证据仍然不够充分，还需进一步验证。

7.1.15 中国大学生跨文化交际能力自测量表

钟华等(2013)创建中国大学生跨文化交际能力自测量表(Intercultural Communicative Competence Self Report Scale，ICCSRS)。ICCSRS是一个5点自评量表，包括交际能力和跨文化能力两个子量表。其中，交际能力量表有4个因子、34个项目，跨文化能力量表有4个因子、29个项目。交际能力量表的4个因子包括：(1)语言能力(13个项目)；(2)社会语言能力(6个项目)；(3)语篇能力(7个项目)；(4)策略能力(8个项目)。跨文化能力量表的4个因子包括：(1)知识(13个项目)；(2)态度(8个项目)；(3)意识(3个项目)；(4)技能(5个项目)。根据钟华等(2013)的研究，除了个别层面之外，ICCSRS整体具有较高的信度与效度。当然，还有待进一步完善和验证。

7.1.16　中国大学生跨文化能力评估量表

吴卫平等（2013）借鉴Fantini（2000，2006）的研究成果，创建中国大学生跨文化能力评估量表（Intercultural Communicative Competence Assessment Scale，ICCAS）。ICCAS是一个5点自评量表，包括6个因子、28个项目。6个因子包括：（1）知识A（与本国文化有关的知识，3个项目）；（2）知识B（与外国文化有关的知识，7个项目）；（3）态度（3个项目）；（4）技能A（解释和理解技能，9个项目）；（5）技能B（学习与反思技能，3个项目）；（6）意识（3个项目）。根据吴卫平等（2013）的研究，改进后的本土化跨文化能力量表具有较高的信度和效度，适于评估中国大学生跨文化能力的实际水平。该量表与钟华等（2013）的量表一样也需要继续验证。

除了上述16个跨文化能力评估工具外，还有许多其他的工具可供研究者选择使用。Gudykunst（2004）在专著《跨越差异：有效的群体间交际》（*Bridging Differences: Effective Intergroup Communication*）中编制了38个量表，包括评估个体主义和集体主义价值观、独立与相互依赖的自我理解、文化认同力量、族群中心主义、偏见、刻板印象、面子关注、与陌生人的冲突管理以及对陌生人的道德包容等量表。

Fantini（2009）介绍了44个测量工具，包括Kelly & Meyers（1987）的跨文化适应能力评价量表（CCAI）、Olebe & Koester（1989）的跨文化交际行为评估量表（BASIC）、Pruegger & Rogers（1993）的跨文化敏感性量表（CCSS）、Fantini（2000）的跨文化能力评估量表（AIC）以及Hammer *et al.*（2003）的跨文化发展评价量表（IDI）等。

Matsumoto & Hwang（2013）综述了当今十大跨文化能力测量工具，包括Kelly & Meyers（1987）的跨文化适应能力评价量表（CCAI）、Olebe & Koester（1989）的跨文化交际行为评估量表（BASIC）、Pruegger & Rogers（1993）的跨文化敏感性量表（Cross-Cultural Sensitivity Scale，CCSS）、Chen & Starosta（2000a）的跨文化敏感性量表（ISS）、Matsumoto *et al.*（2001）的跨文化调整潜力量表（ICAPS）、Ang *et al.*（2007）的文化智力

量表（CQS）以及 Arasaratnam（2009）的跨文化交际能力量表（ICCS）等工具。这些功能多样的量表为我们评估跨文化能力、验证研究假设、完善现有理论提供了比较稳定可靠的工具。

7.2 跨文化能力评估工具评介（一）：ICCS与ICCAS

上一节综述了过去五十多年中外较有影响的跨文化能力评估工具。本节首先讨论检验量表可靠性的关键指标，然后深入评介其中8个具有代表性的自评量表：Searle & Ward（1990）的SCAS、Kassing（1997）的IWTC、Chen & Starosta（2000a）的ISS、Neuliep（2002a）的GENE、Ang *et al.*（2007）的CQS、Arasaratnam（2009）的ICCS、Van der Zee *et al.*（2013）的MPQ-SF以及吴卫平等（2013）的ICCAS。这些量表中既有测量一般跨文化能力的，也有测量其特定层面或因素的。它们大多数已得到学界的高度认可，并且较为广泛地应用于跨文化能力研究。

一个好的评估工具应该具备两个基本的特征——信度和效度。信度指评估结果具有一致性，即多次评估能够得到一致的结果。效度指评估能够准确地检测到所要评估特征的程度。评价测量工具时，我们首先考察其信度，然后检查其效度，最后分析其结构（郑全全等 2010）。信度是效度的必要条件，它的高低常常用 a 系数表示。有人认为信度系数在0.7以上代表高信度，也有人认为信度系数至少在0.8以上才意味着高信度。多数学者认为0.7是可接受的信度，信度系数低于0.6的测量工具不适于研究分析（陈国明等 2011；雷纳德 2008）。

比信度更重要的是效度。有信度的评估工具不一定有效度，有效度的评估工具则一定有信度。评定效度的方式有多种，包括表面效度（face validity）、专家评委效度（jury validity）、内容效度（content validity）、效标关联效度（criterion-related validity）和构念效度（construct validity）

等。在社会科学研究中，人们一般用内容效度、效标关联效度和构念效度来评价自评量表的效度（Neuliep 2002）。本书评介的跨文化能力测量工具都是自评量表，可用这三种方式来评价它们的效度。

内容效度指量表的项目在多大程度上代表了所要评估的构念[1]，是否涵盖所要评估构念的意义范围。例如，研究者想要评估跨文化能力，内容效度关注量表的项目在多大程度上体现了跨文化能力，是否全面涵盖跨文化能力的知识、情感和行为三个层面的因素。

效标关联效度指评估工具能够在多大程度上预测外在的行为，即评估的分数用于测量某个行为表现预测能力的高低（郑全全等 2010）。例如，美国的SAT分数能够很好地预测学生能否在大学学习中获得成功，被公认为效度很高的评估工具。

构念效度又称结构效度，指评估工具能够测量到理论概念的程度，测量结果的验证或解释理论假设。构念效度在某种程度上反映效度的本质，对测量的成败起着十分关键的作用（Matsumoto & Hwang 2013；郑全全等 2010）。它分为收敛效度（convergent validity）和区分效度（discriminant validity）。收敛效度指用不同的方法或工具去评估同一个概念，得到相似的结果。例如，研究者要评估跨文化敏感性，可以先使用自评量表进行测量，然后使用观察法进行测量，接着比较这两种测量的结果，若相关性较高，则表示这两种测量方法的收敛效度较高。研究者也可以使用不同的评估工具测量同一个概念。例如，研究者可以分别使用Gudykunst（1998b）和Neuliep（2002）编制的量表来测量族群中心主义，然后比较两个测试结果，若发现两者的相关性较高，则表明两个测量工具的收敛效度较高。

1　构念指理论所涉及的抽象、假设的概念，如能力、态度、动机、行为、跨文化敏感性和跨文化意识等。在跨文化能力评估研究中，概念化实际上就是发展构念的过程；构念与概念的意义大致一样，可以相互解释（参见：Frey *et al.* 1991；陈国明等 2011）。概念的测量首先需要界定它的操作定义，然后才能用合适的工具对之进行测量。

区分效度指研究者对某一个概念的测量应该有别于对其他概念的测量。例如，测量跨文化敏感性与测量跨文化意识这两个不同构念的项目或测得结果应该有所不同。除了收敛效度和区分效度，因子分析也是常用的检验构念效度的工具。它首先求出所有测量同一概念的项目的相关系数矩阵，然后根据相关矩阵估计每一个项目的共性，共性越高则表示该项目与其他项目可测量的共同特质越多，量具因此就有越高的结构效度（陈国明等 2011）。

基于上述理解，我们将对其中八个国内外跨文化能力量表进行较为深入的评介。在评介过程中，我们主要关注其概念化过程、量表的项目分布以及信度与效度。下面首先评介的是两个评估一般跨文化能力的量表：ICCS 与 ICCAS。

7.2.1 ICCS

Arasaratnam（2009）依据 Arasaratnam & Doerfel（2005）和 Arasaratnam（2006）的理论模型建构了跨文化交际能力量表（ICCS）。Arasaratnam（2009）认为，跨文化交际能力是有效且得体地交际的能力。有效意味着目标的实现，得体意味着交际行为在特定的情形中合乎礼节和预期。跨文化交际能力涵盖五个元素：(1) 移情；(2) 跨文化经验/培训；(3) 动机；(4) 全球态度；(5) 会话中的倾听能力。这五个元素分别属于认知、情感和行为三个层面。在认知层面，ICCS 测量认知的复杂性。认知的复杂性指交际者能够区分不同的概念，并且运用它们与他人建立联系，解读行为意义的能力。在情感层面，ICCS 测量情感联系能力，即交际者与他人建立情感纽带，感到彼此密切联系的能力。在行为层面，ICCS 测量交际者进行互动、调整行为以及与他人建立友谊的能力。每个层面由 5 个项目来测量，形成包含 15 个项目的量表，ICCS[1] 的整体构成如下：

1　7 点量表，1＝非常不同意（strongly disagree），7＝非常同意（strongly agree）。

1. I often find it difficult to differentiate between similar cultures (eg: Asians, Europeans, Africans, etc.). 我经常发现，区分相似的文化有困难 (例如，亚洲的种种文化、欧洲的种种文化、非洲的种种文化，等等)。

2. I feel a sense of belonging to a group of people based on relationship (family, friends) instead of cultural identity (people from my culture, people from other cultures). 我是基于关系 (家庭与朋友) 而不是文化身份 (来自我自己文化的人与来自其他文化的人)，感到自己归属于一个群体。

3. I find it easier to categorize people based on their cultural identity than their personality. 我发现，基于文化认同比基于人格更容易对人进行分类。

4. I often notice similarities in personality between people who belong to completely different cultures. 我经常注意到，属于完全不同文化的人在人格上有相似之处。

5. If I were to put people in groups, I will group them by their culture rather than their personality. 假如我给人分组，我会按照文化而不是人格来分组。

6. I feel that people from other cultures have many valuable things to teach me. 我感到来自其他文化的人有许多宝贵的东西可以传授给我。

7. I feel more comfortable with people from my own culture than with people from other cultures. 我与来自我自己文化的人在一起比与来自其他文化的人在一起感到更舒服。

8. I feel closer to people with whom I have a good relationship, regardless of whether they belong to my culture or not. 我与跟自己关系好的人在一起时感到更亲近，不管他们是否属于我自己的文化。

9. I usually feel closer to people who are from my own culture because I can relate to them better. 我通常与来自我自己文化的人感觉更亲近，因为我与他们能更好地建立联系。

10. I feel more comfortable with people who are open to people from other

cultures than people who are not. 我与对其他文化持开放态度的人在一起比与不开放的人在一起感到更舒服。

11. Most of my close friends are from other cultures. 大多数与我亲近的朋友来自其他文化。

12. I usually change the way I communicate depending on whom I am communicating with. 我通常根据与我交际的人的不同而改变交际的方式。

13. When interacting with someone from a different culture I usually try to adapt some of his/her ways. 与某个来自不同文化的人互动时，我通常试着适应他/她的一些方式。

14. Most of my friends are from my own culture. 我的大多数朋友来自我自己的文化。

15. I usually look for opportunities to interact with people from other cultures. 我经常寻找机会与来自其他文化的人进行互动。[1]

对于ICCS涵盖的态度、情感、动机和技能四个元素，Arasaratnam分别用Remmers *et al.* (1960)、Neuliep (2002)、Arasaratnam (2006) 和Cegala (1981) 发展的四个量表进行测量，同时对ICCS进行分析。参与ICCS检验的受试者是302个本科生和研究生，其中174人是澳大利亚本科生，127人是在悉尼留学的来自32个国家的留学生，还有1人身份不确定。

研究结果显示，量表总体的信度系数是：$a = 0.77$，信度较高但仍不理想。探索因子分析的结果产生一个因子的量表结构，ICCS所包括的四个元素都与整体有显著的正相关，表明ICCS具有较高的构念效度。ICCS的问题主要有两个：其一，ICCS只有15个项目，在测量跨文化能力的三个宽泛层面时可能会遗漏一些比较重要的测量内容；其二，虽然

1　本量表以及其他量表项目的翻译均出自笔者，仅供参考。

Arasaratnam & Banerjee(2011)再次提供证据，显示ICCS的构念效度，但证据仍然不够充分(Matsumoto & Hwang 2013)。

7.2.2　ICCAS

吴卫平等(2013)建构中国大学生跨文化能力评价量表(ICCAS)。ICCAS的理论基础是Byram(1997)提出的跨文化交际能力模型。依据这个模型，跨文化能力涵盖知识、技能、态度和意识四个维度。吴卫平等(2013)认为，态度指跨文化交际中的尊重、开放性、好奇心、不武断和包容等个人特性。知识指交际者需要掌握的有关本国和其他国家的文化知识。技能包括两类：一类是跨文化交流技能，另一类是跨文化认知技能。意识指交际者需要具备的文化批判意识和自我意识等。

基于上述理解，吴卫平等(2013)首先借鉴Fantini(2000，2006)编制的两个跨文化能力量表，将其知识、技能、意识和态度四个维度的项目合并和筛选后，初步编制出一个包括4个维度、40个项目的量表。他们运用探索因子分析提取出6个因子，形成28个项目的量表。6个因子包括：(1)知识A(本国知识，3个项目)；(2)知识B(其他国家知识，7个项目)；(3)态度(3个项目)；(4)技能A(交流技能，9个项目)；(5)技能B(认知技能，3个项目)；(6)意识(3个项目)。ICCAS[1]的整体构成如下(次序有所调整)：

1.　了解本国的历史、地理和社会政治知识。

2.　了解本国的生活方式和价值观知识。

3.　了解本国的社交礼仪和宗教文化知识。

4.　了解国外的历史、地理和社会政治知识。

1　ICCAS是一个5点量表，从0到5依次计分：0=全无(能力)，1=非常弱，2=较弱，3=一般，4=较强，5=非常强。

5. 了解国外的生活方式和价值观知识。

6. 了解国外的社交礼仪和宗教文化知识。

7. 了解国外的文化禁忌知识。

8. 了解和对比不同文化的基本规范和行为知识。

9. 了解文化和跨文化交流与传播等概念的基本知识。

10. 了解一些成功进行跨文化交流的策略和技巧。

11. 愿意与来自不同文化的外国人进行交流和学习。

12. 愿意尽量去宽容外国人不同的价值观、饮食习惯、禁忌等。

13. 愿意学好外语和了解外国人。

14. 出现跨文化交流误解时与对方协商、解释本国文化从而达到让双方满意的能力。

15. 出现语言交流障碍时借助身体语言或其他非语言方式进行交流的能力。

16. 使用外语与来自不同文化背景和领域的人进行成功交流的能力。

17. 在与外国人交流时礼貌对待他们的能力。

18. 在与外国人交流时尽量避免在语言、穿着和行为举止上冒犯他们的能力。

19. 在与外国人交流时尽量避免对外国人产生偏见和成见的能力。

20. 在与外国人交流时会避免提到有关外国人隐私的话题。

21. 具备通过与外国人接触直接获取跨文化交际相关知识的能力。

22. 具有对跨文化差异保持敏感性的能力。

23. 具备运用各种方法、技巧与策略学习外国语言和文化的能力。

24. 出现跨文化冲突和误解时进行反思和学习并寻求妥善解决途径的能力。

25. 对于其他国家发生如政治、经济、宗教等方面的事件时会从不同文化和多角度看问题的能力。

26. 意识到与外国人交流时彼此存在文化相似性和差异性。

27. 意识到文化风格和语言运用的不同，以及它们对社会和工作情景造成的影响。

28. 意识到与外国人交流时自身文化身份和对方文化身份的差异。

吴卫平等（2013）通过学生课堂、快递和电子邮件向全国五所综合大学的447名二年级学生发放问卷，对其编制的量表进行分析。其中，文科生占21%，理工科学生占69%，其他学科占10%。研究结果显示，量表的总体信度系数是$a = 0.913$，信度较高。探索因子和验证因子分析表明，量表具有良好的结构效度，较全面地解释了六个因子的特征。

中国大学生跨文化能力评价量表包含28个项目，比ICCS多了13个项目，有助于提高信度和效度，但28个项目分布并不均匀，意识因子只包含3个项目，并且在六个因子中的重要程度最弱。Byram（1997，2014）强调，文化批判意识在他的跨文化能力模型中占据核心地位，吴卫平等（2013）的量表与其理论依据不太相符。一个可能的原因是Fantini的两个量表的理论视角与Byram的理论模型有差异，后者更重视批判文化意识。在编制量表总题项时，吴卫平等（2013）没有充分考虑除了Fantini的两个量表之外其他可以用于测量意识层面的项目。此外，中国大学生跨文化能力评价量表没有运用其他量表对其六个因子分别进行测量，做相关分析，也没有运用其他方法（如观察或访谈）进行测量，得出相似的结果，故它的效度需要进一步验证。

7.3　跨文化能力评估工具评介（二）：GENE与ISS

本节介绍的评估工具是两个测量跨文化能力情感层面的量表：GENE与ISS。与评估一般能力的量表相比，它们测量的范围更明确、具体，操作起来也相对容易一些。

7.3.1　GENE

Neuliep & McCroskey（1997a）在Adorno *et al.*（1950）创建的族群

中心主义[1]量表的基础上发展了新的一般化的族群中心主义量表(GENE),后经McCroskey(2001)的修改和Neuliep(2002)的验证与完善。本书介绍的是Neuliep(2002)的GENE。Neuliep & McCroskey(1997a)认为,族群中心主义是一种普遍的文化现象。族群中心主义常常被看作跨文化交际的障碍,但它也有积极的作用,例如它是爱国和忠诚等价值观的基础。Neuliep(2002)把族群中心主义界定为:一种个人的心理倾向,在这种倾向中个人所属群体的价值、态度和行为,被当作评价和判断另一个群体价值、态度和行为的标准。而且,其他群体不同的价值、态度和行为受到负面的评价,其成员也因文化差异被负面地看待。1997年的版本包含1个因子、24个项目,修改后的版本包含22个项目,其中有15个项目测量族群中心主义,显示内外差别,还有7个干扰项目。GENE[2]的整体构成如下:

---

1. Most other cultures are backward compared to my culture. 大多数文化与我的文化相比是落后的。

2. My culture should be the role model for other cultures. 我的文化应该是其他文化的楷模。

3. People from other cultures act strange when they come into my culture. 来自其他文化的人进入我的文化时行为古怪。

4. Lifestyles in other cultures are just as valid as those in my culture. 其他文化的生活方式正如我自己文化的生活方式一样有效。

1　族群中心主义实质上是一种文化中心主义。
2　GENE是一个5点自评量表,受试者根据自己对自我和他人文化的感受打分,5=非常同意(strongly agree),4=同意(agree),3=未决定(undecided),2=不同意(disagree),1=非常不同意(strongly disagree)。GENE的计分方式比较复杂,共分四步:(1)算出4、7与9题项得分之和;(2)算出1、2、5、8、10、11、13、14、18、20、21、22题项得分之和;(3)18减去第一步之和;(4)算出第二步和第三步之和,得到族群中心主义量表测评的最后分数。得分超过55分表示族群中心主义严重。

5. Other cultures should try to be more like my culture. 其他文化应该努力靠近我的文化。

6. I am not interested in the values and customs of other cultures. 我对其他文化的价值观念和风俗习惯没有兴趣。

7. People in my culture could learn a lot from people in other cultures. 来自我的文化的人能够从来自其他文化的人身上学到很多东西。

8. Most people from other cultures just don't know what is good for them. 大多数来自其他文化的人真不知道什么对他们是好的。

9. I respect the values and customs of other cultures. 我尊重其他文化的价值观念和风俗习惯。

10. Other cultures are smart to look up to our culture. 其他文化仰慕我们的文化是明智的。

11. Most people would be happier if they lived like people in my culture. 很多人如果像来自我的文化中的人一样生活会更幸福。

12. I have many friends from different cultures. 我有许多来自其他文化的朋友。

13. People in my culture have just about the best lifestyles of anywhere. 来自我的文化的人民有着放在任何地方都算最好的生活方式。

14. Lifestyles in other cultures are not as valid as those in my culture. 其他文化的生活方式不像我的文化的生活方式一样有效。

15. I am very interested in the values and customs of other cultures. 我对其他文化的价值观念和风俗习惯很感兴趣。

16. I apply my values with judging people who are different. 我用自己的价值观念来判断与我不同的人。

17. I see people who are similar to me as virtuous. 我把那些与我相似的人看作有美德的人。

18. I do not cooperate with people who are different. 我不与跟我不同的人合作。

19. Most people in my culture just don't know what is good for them. 来自我的文化中的大多数人真不知道什么对他们是好的。

20. I do not trust people who are different. 我不信任与我不同的人。

21. I dislike interacting with people from different cultures. 我不喜欢与来自其他文化的人互动。

22. I have little respect for the values and customs of other cultures. 我对其他文化的价值观念和风俗习惯少有尊重。

Neuliep（2002）研究的对象是美国中西部一所大学的88名本科生，其中男生50名，女生38名。学生们按照要求完成GENE和其他六个相关量表的测量。研究结果显示，GENE量表整体的信度系数是 $a = 0.84$，信度较高。相关分析显示，GENE与Gudykunst（1998b）的族群中心主义、去其他文化旅游、与外国人一起工作以及爱国主义四个量表的测量结果有显著的相关性，但与自我理解和消费者族群中心主义两个量表没有显著的相关。相关分析虽提供了部分证据，但没有充分的证据显示GENE的效度。

用自我理解量表测量族群主义中心倾向不太合适，两个概念之间的差异较大——自我理解的参照点是个人，族群中心主义的参照点是群体。自我理解量表更适合测量集体主义和个体主义倾向。认同个体主义的人一般在独立的自我理解项目上得分较高，认同集体主义的人一般在相互依赖的自我理解项目上得分较高。此外，GENE没有运用其他方法进行测量，验证是否能够得到相似的结果，它的效度还需要进一步检验。Neuliep（2002）也注意到了GENE的这个不足之处。

7.3.2　ISS

Chen & Starosta（2000a）创建跨文化敏感性量表（ISS），用于测量跨文化能力的情感层面。Bhawuk & Brislin（1992）曾从集体主义和个体主义视角创建跨文化敏感性评价量表，主要测量交际者的认知和行为能力，但其项目的措辞有些模棱两可，指向不甚明确，测量不太稳定。因此，

Chen & Starosta(2000a)重新界定跨文化敏感性，创建新的量表。他们认为，跨文化敏感性主要是一个情感层面的概念，指交际者发展积极的情感，理解和欣赏文化差异，促进得体且有效交际的能力。跨文化敏感性包括六个要素：(1)自尊；(2)自我监控；(3)开明；(4)移情；(5)互动参与；(6)不武断。自尊意味着交际者能够积极、正面地看待自我，对跨文化互动有自信。自我监控指察觉交际情境的限制，调节与管理自我行为，成功交际的能力。开明是愿意做出自我解释，接受对方意见的能力。移情指站在他人角度思考问题的能力，是跨文化敏感性的核心要素。具备互动参与能力的交际者能够处理好会话的程序，其精神专注、感知敏锐、回应迅捷。最后，不武断指交际者能够真诚地倾听，没有充分信息不随意下结论的能力。

通过文献回顾，Chen & Starosta收集了44个对于跨文化敏感性有重要性的项目，然后运用因子分析，建构出包含5个因子、24个项目的量表。5个因子包括：(1)互动参与(6个项目)；(2)对文化差异的尊重(6个项目)；(3)互动信心(5个项目)；(4)互动享受(3个项目)；(5)互动专注(3个项目)。ISS[1]的整体结构如下：

1. I enjoy interacting with people from different cultures. 我喜欢与来自不同文化的人进行互动。

2. I think people from other cultures are narrow-minded. 我认为来自其他文化的人思想狭隘。

3. I am pretty sure of myself in interacting with people from other cultures. 我在与来自其他文化的人进行互动方面非常自信。

1 ISS是一个5点量表，受试者根据自己是否同意量表题项的描述来打分，5=非常同意(strongly agree)，4=同意(agree)，3=不确定(uncertain)，2=不同意(disagree)，1=非常不同意(strongly disagree)。项目2、4、7、9、12、15、18、20、22是反向题(reversely-coded)，打分时要和正向题反过来打。

4. I find it very hard to talk in front of people from different cultures. 我发现很难在来自不同文化的人面前谈话。

5. I always know what to say when interacting with people from different cultures. 与来自不同文化的人进行互动时我总是知道要说什么。

6. I can be as sociable as I want to be when interacting with people from different cultures. 与来自不同文化的人进行互动时，我能随心所欲地社交。

7. I don't like to be with people from different cultures. 我不喜欢与不同文化的人在一起。

8. I respect the values of people from different cultures. 我尊敬来自不同文化的人的价值观念。

9. I get upset easily when interacting with people from different cultures. 与来自其他文化的人进行互动时，我容易感到不安。

10. I feel confident when interacting with people from different cultures. 与来自其他文化的人进行互动时，我感到自信。

11. I tend to wait before forming an impression of culturally different counterparts. 我不急于对文化上不同的对方形成印象。

12. I often get discouraged when I am with people from different cultures. 与来自不同文化的人在一起时，我经常感到气馁。

13. I am open-minded to people from different cultures. 我对来自不同文化的人是思想开放的。

14. I am very observant when interacting with people from different cultures. 与来自不同文化的人进行互动时，我是非常留心观察的。

15. I often feel useless when interacting with people from different cultures. 与来自不同文化的人进行互动时，我经常感到无能。

16. I respect the ways people from different cultures behave. 我尊重来自不同文化的人的行为举止。

17. I try to obtain as much information as I can when interacting with people from different cultures. 与来自其他文化的人进行互动时，我会尽力获取所能得到的信息。

18. I would not accept the opinions of people from different cultures. 我不愿接受来自不同文化的人的意见。

19. I am sensitive to my culturally-distinct counterpart's subtle meanings during our interaction. 在互动过程中，我对文化有差异的对方的微妙的意思是敏感的。

20. I think my culture is better than other cultures. 我认为我的文化优于其他文化。

21. I often give positive responses to my culturally different counterpart during our interaction. 我经常在互动过程中给予文化有差异的对方积极的回应。

22. I avoid those situations where I will have to deal with culturally-distinct persons. 我回避与文化有差异的人打交道的情形。

23. I often show my culturally-distinct counterpart my understanding through verbal or nonverbal cues. 我经常通过语言或非语言提示向文化有差异的对方显示我的理解。

24. I have a feeling of enjoyment towards differences between my culturally-distinct counterpart and me. 我乐见我和文化有差异的对方之间的差异。

Chen & Starosta（2000a）因子分析研究的参与者是414名美国大学生，其中男生152名，女生262名。量表测量和相关分析的参与者是162名美国大学生，其中男生66名，女生96名。研究结果显示，量表的整体信度系数是 $a = 0.84$，信度较高。相关分析显示，ISS的测量结果与互动专注量表、自尊量表、自我监控量表和视角选取量表测量的结果有显著的相关性，表明ISS具有较高的效度。此外，他们还运用跨文化效力和跨文化态度量表对第二批参与者进行测量，得到了相似的结果，为ISS的效度提

供了更多证据。此后，ISS经过来自德国、土耳其、菲律宾和中国的样本的检验，显示其较高的信度和效度，但仍然存在两个方面的问题。其一，ISS在英语文化中评估效果较好，但在非英语文化中五个子量表的评估效果不太理想，有些情况下信度系数不高。其二，随后的研究没有测出ISS的五个因子量表结构，有的只测出了三个，有的只测出了四个（Wang & Zhou 2016）。Wang & Zhou（2016）认为，简化后包含15个项目的ISS在亚洲文化中具有更高的信度和效度。此外，ISS没有包括评估跨文化敏感性的核心元素移情，与其理论预测不甚相符，也值得进一步探讨。

7.4 跨文化能力评估工具评介（三）：SCAS与IES

本节介绍两个有关跨文化适应能力的评估工具：SCAS与IES。这两个量表都针对跨文化行为能力，在跨文化研究中得到广泛的引用，具有较大的影响力。

7.4.1 SCAS

Searle & Ward（1990）着手创建社会文化适应量表（SCAS），目的是评估在新的日常生活环境中所需具备的文化技能，特别是行为方面的技能。他们认为，跨文化适应可以分为心理适应和社会文化适应两个既相互联系又有区分的范畴。前者指心理健康或满意程度，后者指适应能力，即在新的环境中学习文化规范、商讨如何进行互动、得体地交际的能力（Ward & Kennedy 1999）。换句话说，社会文化适应能力指学习文化和掌握社交技巧的能力，主要是一种行为层面的能力。影响社会文化适应能力的因素包括：在新文化中居住的时间、文化知识、同当地人互动的频率与认同度、文化距离、语言的流利程度以及文化适应策略等。

Searle & Ward首先借鉴Furnham & Bochner（1982）编制的40个项

目的社会情境问卷（SSQ），通过直接引用和创建，发展了包含16个项目的社会文化适应量表SCAS（Searle & Ward 1990）。随后他们对它进行拓展，增加认知能力的测量，创建包括20至23个项目的量表。Kennedy（1998）首次使用了包含29个项目的SCAS，Ward & Kennedy（1999）对之进行验证。SCAS是一个灵活的测量工具，可以根据不同的人群（例如学生、商务人员或访问学者等）适当调整或增加测量项目。有些项目针对特定人群，大部分项目适用于不同的人群。

Ward & Kennedy（1999）运用探索因子分析检测出SCAS具有两个因子：其一是文化移情与联系；其二是非人格的行为与危害。第一个因子与认知相关，包括理解当地人的视角、价值观与世界观等。第二个因子涉及交际行为，例如处理与官僚和权威打交道、对服务不满意、遇到扫兴的人等各种尴尬情形。包含29个项目版本的SCAS[1]如下所示：

---

1. Making friends 交朋友

2. Using the transport system 使用客运系统

3. Making yourself understood 让别人理解你

4. Getting used to the pace of life 习惯生活节奏

5. Going shopping 去购物

6. Going to social events/gathering/functions 去参加社交活动/聚会/典礼

7. Worshipping in your usual way 以你常用的方式做礼拜

8. Talking about yourself with others 与他人谈论你自己

9. Understanding jokes and humor 理解笑话与幽默

1　SCAS是一个5点量表，受试者根据做到问卷上描写的行为的难度打分，1=没有困难（no difficulty），5=特别困难（extreme difficulty）。得分越高表示难度越大，受试者的社会文化适应能力越低。由于这种反向打分方式有时会引起误解，Wilson *et al.*（2017）修改了SCAS，发展新的社会文化适应量表时改用正向打分，受试者根据自己能力的高低打分，1=没有什么能力（not at all competent），5=特别有能力（extremely competent）。

10. Dealing with someone who is cross/unpleasant/aggressive 与脾气坏/令人讨厌/好挑衅的人打交道

11. Getting used to the local food 习惯当地食物

12. Following rules and regulations 遵守规章与规则

13. Dealing with people in authority 与当权者打交道

14. Dealing with bureaucracy 与官僚打交道

15. Adapting to local accommodation 适应当地的食宿

16. Communicating with people from a different ethnic group 与不同族群的人交际

17. Relating to members of the opposite sex 与不同性别的人建立联系

18. Dealing with unsatisfactory service 应对不满意的服务

19. Finding your way around 找到周围的路

20. Dealing with the climate 应对气候

21. Dealing with people staring at you 应对盯着你看的人

22. Going to coffee shops/food stalls/restaurants/fast food outlets 去咖啡店/食品店/餐馆/快餐店

23. Accepting/understanding the local political system 接受与理解当地的政治制度

24. Understanding locals' world view 理解当地人的世界观

25. Taking a local perspective on culture 从当地人的视角看文化

26. Understanding the local value system 理解当地人的价值体系

27. Seeing things from the locals' point of view 从当地人的观点看事物

28. Understanding cultural differences 理解文化差异

29. Being able to see two sides of an international issue 能够看到国际事务的两个方面。

自1990年以来，Ward与Kennedy等学者对SCAS做了16次横断研究、四次纵贯（即长时段跟踪）研究，参与研究的人包括来自新加坡、美国和新西兰等国的大学生，非学生对象包括在新加坡的美国人和在中国香港的英国人等人群。每次参与横断研究的人数在84至191人之间，参与纵贯研究的人数在14至108人之间。研究结果显示，量表的信度系数a在0.75至0.91之间，均值是0.85，表明SCAS稳定可靠，信度较高。Ward & Rana-Deuba（1999）、Ward & Kennedy（1999）等研究显示，SCAS的评估结果与心理调节量表评估的结果有显著的相关，表明SCAS具有较高的效度。

SCAS也存在不足之处。首先，因子的分类值得商榷。文化移情主要是认知与情感层面的因素，联系主要是行为层面的因素，两个差异较大的因素放在一个范畴似乎不太合理。例如，交朋友（联系）与从当地人角度看事物（移情），两个相差较大的项目划归移情与联系因子，让人难以看清它们之间的逻辑关系。其次，SCAS没有充分关注情感因素。1990年最初的版本主要用于评估跨文化适应的行为能力，其后增加了认知因素的项目，但情感因素的项目仍然很少。Ward & Kennedy（1999）认为，社会文化适应本质上是认知与行为的适应，心理适应才是情感的适应。实际上，社会文化适应与心理适应都是综合性概念，涉及认知、情感与行为等多方面的因素。关于这一点，读者可以参考Kim（2001a）的阐述。

7.4.2　IES

Portalla & Chen（2010）发展跨文化效力量表（IES），与SCAS一样主要评估跨文化行为能力。Portalla & Chen（2010）赞同Chen & Starosta（1996）的观点，认为跨文化有效性是指行为能力，体现在跨文化互动的技巧上。跨文化有效性涵盖五个因素：（1）信息技巧；（2）互动管理；（3）行为的灵活性；（4）身份管理；（5）关系的培养。信息技巧指运用其他文化的语言与非语言技能进行表达、评价和辩解的能力。互动管理指按照合理的程序进行跨文化交流，使双方能够持续、顺畅地互动的能力。行为灵活性指察言观色、适应具体的环境、得体地交际的能力。身份管理指有效界定、确认和维持对方文化身份的能力。关系培养指与对方建立关系，满足其需求，获得良好结果的能力。

Portalla & Chen (2010) 首先通过回顾文献整理出有关跨文化有效性五个层面的76个题项，然后经过两轮的因子分析，获得一个包括6个因子、20个题项的量表。6个因子包括：(1) 行为灵活性 (4个题项)；(2) 互动的从容 (5个题项)；(3) 对互动者的尊重 (3个题项)；(4) 信息技巧 (3个题项)；(5) 身份维持 (3个题项)；(6) 互动管理 (2个题项)。IES[1] 的整体结构如下：

---

1. I find it is easy to talk with people from different cultures. 我发现与其他文化的人交谈是容易的。

2. I am afraid to express myself when interacting with people from different cultures. 与来自不同文化的人互动时，我害怕表达自己。

3. I find it is easy to get along with people from different cultures. 我发现与来自不同文化的人相处是容易的。

4. I am not always the person I appear to be when interacting with people from different cultures. 与来自不同文化的人互动时，我并不总是像往常一样自然。

5. I am able to express my ideas clearly when interacting with people from different cultures. 与来自不同文化的人互动时，我能够清楚地表达自己的想法。

1　IES是一个5点量表，受试者根据自己是否同意量表题项的描述来打分，5＝非常同意（strongly agree），4＝同意（agree），3＝不确定（uncertain），2＝不同意（disagree），1＝非常不同意（strongly disagree）。在20个题项中，2、4、6、8、10、12、14、16和18是反向题，打分的时候要反过来打。

6. I have problems with grammar when interacting with people from different cultures. 与来自不同文化的人互动时，我有语法问题。

7. I am able to answer questions effectively when interacting with people from different cultures. 与来自不同文化的人互动时，我能够有效地回答问题。

8. I find it is difficult to feel my culturally different counterparts are similar to me. 我难以感觉文化上不同的对方与我是相似的。

9. I use appropriate eye contact when interacting with people from different cultures. 与来自不同文化的人互动时，我用合适的方式进行目光接触。

10. I have problems distinguishing between informative and persuasive messages when interacting with people from different cultures. 与来自不同文化的人互动时，我在区分告知与劝说之间的差异上有困难。

11. I always know how to initiate a conversation when interacting with people from different cultures. 与来自不同文化的人互动时，我总是知道如何开启会话。

12. I often miss parts of what is going when with people from different cultures. 与来自不同文化的人互动时，我经常错过部分正在交流的内容。

13. I feel relaxed when interacting with people from different cultures. 与来自不同文化的人互动时，我感到从容不迫。

14. I often act like a very different person when interacting with people from different cultures. 与来自不同文化的人互动时，我经常像变了一个人似的。

15. I always show respect for my culturally different counterparts during our interaction. 在互动过程中，我总是尊重文化上不同的对方。

16. I always feel a sense of distance with my culturally different counterparts during our interaction. 在互动过程中，我总感到与文化上不同的对方之间有隔阂。

17. I find I have a lot in common with my culturally different counterparts during our interaction. 在互动过程中，我发现与文化上不同的对方有许多共同之处。

18. I find the best way to act is to be myself when interacting with people from different cultures. 与来自不同文化的人互动时，我发现最好的做法是做我自己。

19. I find it is easy to identify with my culturally different counterparts during our interaction. 在互动过程中，我发现认同于文化上不同的对方是容易的。

20. I always show respect for the opinions of my culturally different counterparts during our interaction. 在互动过程中，我总是尊重文化上不同的对方的意见。

参与Portalla & Chen（2010）研究的学生是美国东北地区一所中型学院的本科生，总体人数为204人，其中男生74名，女生130名，平均年龄为19.21岁。研究结果显示，IES的信度系数 $a = 0.85$，信度较高。相关分析显示，IES与跨文化敏感性量表（Chen & Starosta 2000）、跨文化交际意愿量表（Kassing 1997）以及交际忧惧量表（Neuliep & McCroskey 1997b）有显著的相关，表明它的效度较高。

IES的不足之处主要有两点。首先，该量表的样本只包括美国的本科生，没有公司职员、访问学者、移民或其他人群，其代表性存在局限性。其次，相关检验虽然可以表明IES的效度，但上述检验仅仅在美国文化中进行，仍有待于在其他不同的文化中加以验证。此外，IES包括6个因子和20个题项，由于因子数量较多，部分因子的题项因此有些偏少。例如，测量信息技巧、身份维持的题项有3个，勉强达到3至5个的基本要求，而测量互动管理因子的题项只有2个，量表的效度受到一定的影响。

7.5 跨文化能力评估工具评介（四）：MPQ-SF与CQS

7.5.1 MPQ-SF

Van der Zee & Van Oudenhoven（2000）发展多元文化人格问卷（MPQ）。MPQ的信度与效度较高，多次应用于欧洲等地的跨文化能力研究。然而，MPQ是一个包括5个因子、91个项目的大型量表，测试时间偏长，容易引起被试的厌烦与疲劳，得不到部分被试的有效信息。减少测试项目会降低量表的信度，但可以节省时间、提高效率。研究者需要在量表的信度与长度之间作权衡。一般情况下，研究者较少运用项目较多、信度系数更高的量表，较多运用项目较少、信度系数稍低但测试时间较短的量表（郑全全等 2010）。为了提高评估效率，使MPQ得到更广泛的应用，Van der Zee *et al.*（2013）删减原有问卷的项目，发展较短的版本（MPQ-SF）。

Van der Zee & Van Oudenhoven（2000）认为，多元文化的有效性指在新的文化环境中，人们有兴趣且有能力与来自不同文化背景的人打交道，能够成功地交际。通过文献回顾，他们辨析出多元文化人格的七个维度：(1)文化移情；(2)开明度；(3)情绪的稳定性；(4)行动取向；(5)冒险性/好奇心；(6)灵活性；(7)外向性。文化移情指与来自不同文化群体的人感同身受的能力。开明度指对不同文化的人、规范与价值观持一种开放、没有偏见的态度。情绪的稳定性指面对压力，保持沉着、镇定的倾向。行动取向指主动采取行动的勇气。冒险性/好奇心指愿意做出改变、迎接挑战、承担风险和体验不同文化的倾向。灵活性指能够吸取教训、调整行为、尝试新的方法的能力。外向性指一种引人注目的倾向。

Van der Zee & Van Oudenhoven（2000）依据其理论模型建构出包含7个因子、91个项目的问卷。第一轮因子分析产生包含4个因子的问卷，分别是开放性、情绪的稳定、社交主动性和灵活性，构成四个量表。原有问卷中的其他3个因子的量表没有建立起来。随后的研究使用包含5个因子的问卷，它们包括：(1)情绪稳定性；(2)社交主动性；(3)开明度；(4)文化移情；(5)灵活性。不同版本的5个因子问卷的题项数量不等，有的版本有77个题项，有的版本有91个题项。其中，91个题项的MPQ得到较多的验证和应用。Van der Zee *et al.*(2013)在其5个因子、91个项目的问卷基础上制作新的删减版的多元文化人格问卷(MPQ-SF)。他们通过因子分析获得包含5个因子、40个题项的短问卷，每个因子有8个题项。MPQ-SF[1]的整体结构如下：

---

1. Pays attention to the emotions of others. 注意他人的情绪。

2. Is a good listener. 是一个善于倾听的人。

3. Senses when others get angry. 当他人愤怒时有所察觉。

4. Getting to know others profoundly. 逐渐深入了解他人。

5. Enjoys other people's stories. 喜欢听他人的故事。

6. Notices when someone is in trouble. 注意到他人遇到麻烦。

7. Sympathizes with others. 同情他人。

8. Sets others at ease. 让他人感到自在。

9. Works according to strict rules. 严格按照规章工作。

10. Works according to plan. 按计划工作。

11. Works according to strict scheme. 严格按照时间表工作。

12. Looks for regularity of life. 寻求有规律的生活。

13. Likes routine. 喜欢常规。

14. Wants predictability. 想要可预见性。

15. Functions best in a familiar setting. 在熟悉的环境中发挥得最好。

16. Has fixed habits. 有固定的习惯。

1　MPQ-SF 是一个5点量表，受试者根据问卷所描述的情形与自己适合的程度来打分，1=完全不适合 (totally not applicable)，5=完全适合 (completely applicable)。

17. Takes the lead. 带头。

18. Leaves initiative to others to make contacts. 让他人来主动来接触。

19. Finds it difficult to make contacts. 发现接触他人有困难。

20. Takes initiative. 主动行动

21. Is inclined to speak out. 倾向于大声说出来。

22. Is often the driving force behind things. 常常是事情背后的推动者。

23. Makes contacts easily. 容易接触。

24. Is reserved. 沉默寡言。

25. Worries. 感到担心。

26. Gets upset easily. 容易感到不安。

27. Is nervous. 感到紧张。

28. Is apt to feel lonely. 容易感到孤独。

29. Keeps calm when things don't go well. 事情不顺利时保持沉着。

30. Is insecure. 感到不安全。

31. Is under pressure. 感到压力。

32. Is not easily hurt. 不容易受伤。

33. Tries out various approaches. 努力尝试各种途径。

34. Is looking for new ways to attain his or her goal. 不断寻找新的方法实现目标。

35. Starts a new life easily. 轻松开始新的生活。

36. Likes to imagine solutions to problems. 喜欢动脑筋解决问题。

37. Is a trendsetter in societal developments. 是社会发展中创造潮流的人。

38. Has feeling for what's appropriate in culture. 对文化中什么是得体的行为有良好的感觉。

39. Seeks people from different backgrounds. 与不同背景的人交往。

40. Has broad range of interests. 有广泛的兴趣。

Van der Zee *et al.*（2013）使用的样本是511名美国大学的研究生，其中男生98名，女生413名，年龄在22与76岁之间，来自白人、黑人、亚裔和太平洋岛等族群。研究结果显示，删减后的短问卷比原有91个题项的长问卷的信度系数稍低，但仍达到较高水平。MPQ-SF的五个量表的信度系数分别是：文化移情 $a = 0.81$、灵活性 $a = 0.81$、社交主动性 $a = 0.81$、开明度 $a = 0.72$、情绪的稳定性 $a = 0.82$。[1]主成分分析验证了问卷五个因子的结构，与原有长问卷的相关分析显示两个问卷高度相关，表明MPQ-SF的构念效度较高。总体上看，删减后的MPQ与原有问卷在量表的信度、效度和长度之间达到了较好的平衡，评估效率有所提高。

删减后的短问卷自然存在不足之处。首先，量表建构的样本比较单一，参与人员主要为美国东部地区受过高等教育的研究生，其样本的代表性有局限性。其次，MPQ-SF未经过其他样本抑或不同研究的验证，是否和原来的长问卷具有一样的稳健性仍有待进一步检验。

7.5.2　CQS

Earley & Ang（2003）建构文化智力理论模型，Ang *et al.*（2007）以此模型为基础，发展文化智力量表（CQS）[2]。他们认为，文化智力指个人有效应对各种文化多样性情形的能力，亦即适应文化多样性的能力。文化智力涵盖四个方面：（1）元认知；（2）认知；（3）动机；（4）行为。元认知CQ指个人的文化意识，涉及个人的规划、监控和修正行为规范、得体交际的能力。认知CQ指个人有关文化规范、习俗和日常行为举止等方面的知识。

1　原有长问卷五个因子的信度系数分别是：文化移情 $a = 0.86$、灵活性 $a = 0.81$、社交主动性 $a = 0.86$、开明度 $a = 0.87$、情绪的稳定性 $a = 0.83$。从中我们可以看出，删减版问卷开明度的信度系数与长问卷相差较大。

2　文化智力的英语原文是cultural intelligence，类似于智商和情商概念；文化智力实际上是一个人的文化商，即一个人适应多元文化的能力。

动机CQ指个人把注意力与精力放在学习和处理文化多样性情境上的能力，涉及个人的兴趣和自信等方面。行为CQ指在个人跨文化互动中以语言和非语言形式得体地交际的能力。

Ang *et al.*（2007）首先根据理论模型初步编制出53个项目，接着请三位同事和三位有专业知识的跨国公司经理依据项目的可读性和理论定义的忠实性进行筛选，文化智力的每个层面留下10个项目，得到包含40个项目的量表。此量表通过因子分析，得到包含4个因子、20个项目的量表。其中，元认知因子4个项目，认知因子6个项目，动机因子5个项目，行为因子5个项目。CQS[1]的整体结构如下：

Metacognitive CQ 元认知的文化智力

MC1. I am conscious of the cultural knowledge I use when interacting with people from cultural backgrounds. 与具有多种文化背景的人互动时，我对自己所用的文化知识有意识。

MC2. I adjust my cultural knowledge as I interact with people from a culture that is unfamiliar to me. 与来自不熟悉的文化的人互动时，我调整自己的文化知识。

MC3. I am conscious of the cultural knowledge I apply to cross-cultural interactions. 我意识到我在跨文化互动中所使用的文化知识。

MC4. I check the accuracy of my cultural knowledge as I interact with people from different cultures. 与来自不同文化的人进行互动时，我检查自己文化知识的准确性。

1　CQS是一个7点自评量表，受试者根据自己是否同意量表题项的描述来打分，1＝非常不同意（strongly disagree），7＝非常同意（strongly agree）。

Cognitive CQ 认知的文化智力

COG1. I know the legal and economic systems in other cultures. 我了解其他文化的法律与经济制度。

COG2. I know the rules (eg. vocabulary, grammar) of other languages. 我了解其他语言的规则 (例如，词汇、语法)。

COG3. I know the cultural values and religious beliefs of other cultures. 我了解其他文化的价值观和宗教信仰。

COG4. I know the marriage systems of other cultures. 我了解其他文化的婚姻制度。

COG5. I know the arts and crafts of other cultures. 我了解其他文化的艺术与工艺。

COG6. I know the rules for expressing non-verbal behaviors in other cultures. 我了解其他文化中非语言行为表达的规则。

Motivational CQ 动机的文化智力

MOT1. I enjoy interacting with people from different cultures. 我喜欢与来自不同文化的人互动。

MOT2. I am confident that I can socialize with locals in a culture that is new to me. 我有信心能够在一个新的文化中与当地人进行社交活动。

MOT3. I am sure I can deal with the stresses of adjusting to a culture that is new to me. 我确信能够应对因适应新文化而产生的压力。

MOT4. I enjoy living in cultures that are unfamiliar to me. 我喜欢住在陌生的文化里。

MOT5. I am confident that I can get accustomed to the shopping conditions in a different culture. 我有信心能够习惯于不同文化中的购物条件。

Behavioral CQ 行为的文化智力

BEH1. I change my verbal behavior (eg. accent, tone) when a cross-cultural interaction requires it. 当跨文化互动需要时，我会改变语言行为 (例如，口音和语调)。

BEH2. I use pause and silence differently to suit the different cross-cultural situations. 我会有区别地使用停顿和沉默，以适合不同的跨文化情形。

BEH3. I vary my rate of speaking when a cross-cultural situation requires it. 当跨文化互动需要时，我会改变说话的速度。

BEH4. I change my non-verbal behavior when a cross-cultural situation requires it. 当跨文化互动需要时，我会改变非语言行为。

BEH5. I alter my facial expressions when a cross-cultural interaction requires it. 当跨文化互动需要时，我会改变面部表情。

参与Ang *et al.*（2007）研究的人是576名新加坡的大学生。研究结果显示，元认知、认知、动机和行为四个子量表的 *a* 系数在0.70至0.86之间，信度较高。随后的几个研究使用美国、菲律宾、韩国等国的学生样本，运用探索因子分析验证了CQS的四个因子结构，表明了它的构念效度（Matsumoto & Hwang 2013）。同时，还有研究（例如，Chen *et al.* 2012；Moon 2010；Presbitero 2016）显示，文化智力与人格特性、情商和开明度有显著的相关，也表明CQS的效度较高。Lee & Sukoco（2010）、Matsumoto & Hwang（2013）以及Chen（2015）等的研究认为，CQS是一个稳定可靠的跨文化能力测量工具，值得推荐。

当然，CQS并非完美无缺。首先，跨文化能力既是一种能力，也是一个发展过程，CQS测量了交际者的能力，但未能关注其发展过程（Chen & Du 2014）。其次，有的研究用CQS测量跨文化培训效果，并没有得到预期的效果（例如，Fischer 2011）；Presbitero（2016）的研究显示，CQS行为子量表的信度系数不高，只有0.55。

7.6 小结

本章首先概述学界比较认可的16个跨文化能力评估的工具，然后深入地评介其中8个具有代表性的自评量表。在这8个自评量表当中，ICCS与ICCAS测量一般的跨文化能力，其他六个测量特定的跨文化能力——GENE与ISS测量跨文化能力的情感层面；SCAS与IES主要针对行为层面；MPQ-SF与CQS测量多元文化适应能力。这些量表的信度与效度较高，被广泛地应用于跨文化能力研究。但与此同时，我们应该清醒地认识到，这些经过实证检验且得到学界认可的评估工具仍有各自的局限性，需要运用多种不同的工具进行测量，并且进行横向比较、分析与权衡，然后才能获得比较准确的测评结果。此外，从现有量表的分布上看，测量行为与知识的量表居多，测量情感与意识的量表较少。换句话说，跨文化能力评估工具的发展并不平衡。跨文化能力评估工具的创建与理论探索一样，都是循序渐进、逐步完善的过程，在取得许多进展的同时，还留下不少尚待解决的问题。下一章，我们将展望跨文化能力研究未来的发展方向。

第八章 跨文化能力研究的未来展望

　　跨文化能力研究经过五十多年的发展取得了丰硕成果。学者们对跨文化能力的理解不断深入，所发展的理论愈益完善，建构的视角越来越多元化，评估工具也比以前更加准确、可靠。然而，跨文化能力研究在取得累累硕果的同时，仍面临很多棘手的问题。就概念的界定而言，虽然学者们从多种视角界定跨文化能力，提出深刻的见解，但迄今为止还没形成一个真正令人满意的定义（Martin 2015）。理论研究方面，学者们建构出众多的视角与模型，但西方理论独领风骚，非西方理论未能形成鼎足之势，情感、伦理道德和社会关系等方面的因素没有得到充分的解析（Dai & Chen 2015；Martin *et al.* 2014；Nakayama & Martin 2014）。在跨文化能力评估方面，自评工具居多，其他形式的测评工具较少。此外，跨文化能力的评估工具中，测量行为与知识的工具较多，测量情感与意识的工具偏少，分布也不均衡。本章将针对目前存在的一些主要问题，探索跨文化能力研究未来的发展方向。

8.1 跨文化能力概念的辨析与重新界定

　　在概念界定方面，跨文化能力术语的辨析是第一个需要解决的问题。

没有清晰地界定跨文化能力的意义，不理解它丰富的内涵，就无法进行严密的理论探索和高效的评估研究。

目前，学者们提出众多的术语，从各自的角度来表达跨文化能力。常见的说法有：cross-cultural competence、intercultural competence、intercultural competency、intercultural communicative competence、intercultural communication competence、intercultural effectiveness、intercultural success、international citizen、intercultural literacy、global competence、multicultural man、cultural intelligence、multicultural competence、multicultural communication competence、multicultural personality和transcultural competence等。在这些表达跨文化能力的术语中，intercultural competence与intercultural communication competence的使用最为广泛，两者经常交替使用，但很少有人辨析这两个概念与其他概念之间的差异。例如，intercultural competence（跨文化能力）与cross-cultural competence（跨文化能力）、global competence（全球能力）以及multicultural competence（多元文化能力）之间的共性与差异是什么？跨文化能力具有高度的复杂性，学者们从各自的视角，运用多种术语表达它的意义似乎是迫不得已、无可厚非之举，但作为跨文化交际学的重要研究领域，发展相对统一的概念显然是有所必要、势在必行的。

概念界定方面第二个需要解决的问题是跨文化能力要素的辨析。厘清跨文化能力的构成要素，揭示各个要素之间的关系，有助于我们理解它的结构和运作机制，发现其遵循的普遍原理与规则，推进理论探索与评估研究。

现有的研究大多数认定跨文化能力包括认知、情感和行为三个基本要素，但也有不同的观点。例如，Byram（1997）提出并为学界广泛接受的模型中，跨文化能力包括四个层面：认知、情感、技能和批判的文化意识。其中，技能又分为发现和联系两种技能，批判的文化意识是其核心要素。Spitzberg（1997，2009）提出，除了认知、情感与技能，跨文化能力还包括语境和最终结果，共有五个要素。近年来，有学者提出，跨文化能力应该包括伦理道德（morality）和权力关系（power relations）因素（Hofstede 2009；Martin 2015；Nakayama & Martin 2014）。在跨文化能力要素的相互关系方面，多数学者认为情感、知识和行为一样重要（Chen & Starosta 1996），但也有人强调知识抑或行为的关键性（Koester & Lustig 2015；Ting-Toomey & Kurogi 1998）；还有人提出道德因素具有基础性作用，调节着情感、知识和行为（Dai & Chen 2015）。这些不同的观点见仁见智，唯有通过深入、严谨的研究加以辨析，才能获得更全面、准确的认识。

概念界定方面第三个需要解决的问题是对跨文化能力的构成要素进行严格的定义。其意义与跨文化能力本体概念的界定一样举足轻重、至为关键。学者们从各自的角度对跨文化能力的认知、情感和行为等要素下定义。Chen & Starosta（1996，1997，1998，1999）、Chen（2014）曾做过系统的综述和评析，认为跨文化能力的认知要素指交际者对自我与他人文化特征的认识与理解，主要体现在跨文化意识上；情感指由特定的环境、情形或交际者个人引起的情绪或感情的变化，主要体现在跨文化敏感性上；行为指跨文化互动中为了完成特定任务、实现交际目标而采取的行动，主要体现在跨文化灵巧性，亦即技能上。

学者们对行为因素的理解比较统一，对认知与情感因素的理解分歧较大。例如，学者们对情感层面的跨文化敏感性的认识存在较大的分歧。依据Bennett（1986，1993）的理解，跨文化敏感性大致等同于跨文化能力，它是一个渐进的发展过程，其间交际者的情感、认知和行为从族群中心主义向族群相对主义转变。Bhawuk & Brislin（1992）认为，跨文化敏感性是指交际者对文化差异以及其他文化观点的重要性的敏感程度。Chen & Starosta（1997）认为，跨文化敏感性是交际者发展积极的情感，理解和欣赏文化差异，促进得体、有效交际的能力。这些大相径庭的观点需要我们加以辨析，找到比较合理的解答。

此外，也有必要对与跨文化能力相关的一些重要概念进行辨析。例如，移情一直被广泛地运用于跨文化能力研究，但对它的定义却存在分歧。Martin & Nakayama（1997）把移情看作态度层面的因素——考虑他人如何看问题的能力。Chen & Starosta（1997）认为，移情属于情感层面的因素，是交际者临时站在他人角度理解事物，感同身受的能力。但Bruneau（2002）认为，移情是一个多层次的复合概念，涉及认知、情感和行为三个方面。前两种见解比较接近，但第三种见解与它们有较大的差异。适应（adaptation）概念存在类似的问题。Hannigan（1990）曾对适应和调整（adjustment）之间的异同进行分辨。根据他的研究，调整主要指个体做出改变，与环境相协调的过程；适应是一个更宽泛的概念，与调整的重叠较大，指个体做出改变、逐步同化，融入新环境的过程。Kim（2001a）指出，学者们或从宏观，或从微观的视角来解读跨文化适应，有的学者把它看作是应对各种文化差异造成的问题时产生心理变化的过程，有的学者把它理解为学习新的文化并逐步成长的过程。Kim认为，适应是陌生人在面对压力与新的社会环境时持续地互动和不断地磨合，形成互利关系的过程。这种观点虽然受到许多学者的赞同，但仍有学者持不同的意见。Berry（2005）认为，适应是文化濡化（acculturation）的结果。Ward & Rana-Deuba（1999）、Zlobina *et al.*（2006）把适应与调整当作同等概念交替使用，强调交际行为的改变。跨文化适应的意义到底是什么？它与调整、濡化的共性与差异在哪里？濡化与融合（integration）概念也有类似的争议（见Berry 2005；Boski 2008）。这些问题有待我们经分析与综合后进行回答，以消除错误的理解，更准确地把握上述概念的意义。

对跨文化能力概念做辨析之后，我们需要做的另一项工作是对之进行重新定义。既然现有的定义都不能令人满意，是否有可能汲取不同定义的长处，去除其不合理的成分，寻找最大的共识，然后通过整合得到更好的定义呢？Deardorff（2006）运用Delphi方法对专家们提出的各种有代表性的跨文化能力定义进行归纳与分析，发现大家最认可的定义是：发展跨文化知识、技能和态度，在此基础上有效、得体地进行交际的能力。在具体的构成要素上，专家们认为开放的态度、分析、解释与联系、倾听与观察以及比较思维与认知的灵活性等方面的特性与技能是跨文化能力的必要元素。除了综合现有定义，还可以从新的角度界定跨文化能力。这就涉及视角的转变，有关这方面的探索我们放在下节讨论。

8.2　跨文化能力理论视角的梳理、批评与建构

在理论视角的发展方面，首先需要做的工作是对现有理论进行系统梳理、整合与分析。只有在深入了解现状的基础上才能有效地探索未来。20世纪60年代至今，学者们从不同的视角理解跨文化能力，提出了众多的理论。然而，到目前为止，全面、系统的跨文化能力理论梳理寥寥无几，亟待完善。

Collier(1989)对跨文化能力的研究路径进行归纳后指出，现有的研究大体可以分为四种路径：(1)言语民族志；(2)跨文化态度；(3)行为技能；(4)文化认同。Collier以研究路径为分野，梳理跨文化能力理论的类型，但其研究已经比较陈旧，亟待更新。Arasaratnam(2007)认为，跨文化能力研究的路径主要包括：(1)行为技能；(2)社会网络；(3)焦虑与不确定性管理；(4)身份协商。Arasaratnam划分的四个路径似乎不在一个层次上。例如，行为技能、社会网络与身份协商就难以被划归同一层次的不同路径。

Spitzberg & Changnon(2009)做过迄今为止最全面、系统的跨文化能力模型梳理。他们认为，跨文化能力模型可以分为五种类型：(1)合成元素；(2)共同定位；(3)发展；(4)适应；(5)因果路径。合成元素模型假设跨文化能力由不同的元素构成，然后罗列出交际者所需的各种特质、性格或技巧。例如，Howard-Hamilton *et al.*(1998)提出包括态度、知识和技能的三要素模型。共同定位模型指由几个同源且与跨文化互动过程相关的概念构成的模型。例如，Byram(1997)提出包括知识、态度、批判

文化意识以及解释/联系和发现/互动技能要素的模型。发展模型把跨文化能力看作一个渐进的过程，例如，Bennett（1986，1993）提出族群中心主义向族群相对主义转变的五阶段跨文化能力模型。适应模型不仅分析跨文化能力的构成元素，而且确立相对明确的评价标准，同时重视其发展的过程。例如，Kim（2001a）提出的跨文化适应能力模型就属于这种类型。最后一种类型是因果路径模型。这种模型把跨文化能力看作线性逻辑系统，其不同变量之间有直接或间接的因果联系。Arasaratnam（2008）提出的包括文化移情、互动参与、经验、全球态度与动机要素的模型就属于这种类型。

Spitzberg & Changnon（2009）对跨文化能力模型的分类有明显的不合理之处。例如，大多数跨文化能力模型都包括几个构成要素，只有少数模型属于发展阶段模型；合成元素之类的模型与共同定位、适应及其因果路径模型之间的重合较多；适应模型与因果路径模型的分类同样存在较大的重合，容易产生混淆。

本书另辟蹊径，把跨文化能力划分为一般的跨文化能力和特定的跨文化能力两个基本范畴，同时结合西方和非西方视角的分野进行归类。这种分类方法的优势是能够最大限度地涵盖各种类型的理论，分类简明、重叠较少。但它也有缺点，例如理论类型的划分比较笼统、每个类型的特征不太清楚等。这些问题需要在今后的探索中逐步地解决。

厘清现有跨文化能力的主要视角之后，我们需要做的第二项工作是展开理论批判。前面的跨文化能力研究综述显示，虽然各种理论视角不断涌现，成绩斐然，但仍有一些明显的不足。首先，大多数理论侧重辨析跨文化能力的构成要素，但没有揭示其动态的发展过程。某些理论解析了跨文化能力的发展过程，但仍有进一步探讨的余地。例如，Kim（2001a）提出的跨文化适应能力理论揭示了陌生人面对新的环境带来的文化压力，不断地适应、逐步地转变，最终成为跨文化人的发展过程。但该理论提出的跨文化人不一定是跨文化适应过程的终点，人们在超越原有单一文化认同，成为跨文化人之后，还会向自己的文化传统回归，在更开放的视野中重新确立文化认同。

Bennett（1986，1993）提出的理论也有值得商榷之处。他认为，跨文化交际者进入族群相对主义阶段之后，渐渐接受其他文化，开始拓展原有的文化视野，适应他人的文化。接着，他们将进入整合阶段。这个阶段中，由于交际者吸收了其他文化的观念，因而在自己的文化环境中趋于边缘化。一些人感到自己与原有的文化分离，变得异化；另一些人积极地看待这种边缘化，把它看作摆脱文化束缚、塑造积极的文化认同的必要条件。虽然这个模型提出整合阶段两种不同的可能，但总体上它演示的是交际者从排拒到接受再到文化融合的单向、线性的发展过程（Greenholtz 2005），没有充分揭示跨文化能力发展的曲折性和复杂性，例如与其他文化的比较、对之甄别、批判与选择等方面。Evanoff（2006）认为，跨文化能力在经历Bennett（1986，1993）提出了六个发展阶段之后还可能进入一个更高层次的创造阶段。

实际上，交际者的认知、情感和技能都是动态发展的过程，在不同阶段显示不同的特征。例如，在认知层面上交际者往往持有单一的文化视野，随后逐步拓展形成跨文化的视野，最终有可能发展成更加开阔的多元文化视野。在情感上，交际者开始经常带着族群中心主义倾向，比较封闭，但在跨文化互动中渐渐开放，愿意向他人学习，最后形成相互欣赏的跨文化乃至世界主义的情怀。我们需要在今后对这些问题进行深入的探讨。

其次，现有的理论主要以个人为中心，侧重个人特性的分析，没有充分关注跨文化互动的能力。个人的特性固然重要，但跨文化交际涉及自我与他人两个方面，跨文化能力理论应该解析双方的互动过程（Dai & Chen 2014）。有些理论已经关注交际双方的互动，例如，Byram（1997）的跨文化能力理论分析了文化批判意识、联系与解释的技能；Spitzberg（1997）阐述了预期；Gallois *et al.*（2005）讨论了交际者的评价与未来意向；Nakayama & Martin（2014）揭示了人道与对话原则，但进一步探讨的空间仍然很多。

例如，交际双方如何消除误解、相互协调？如何商讨协议与达成共识？如何建立平等对话和交流的原则？如何消除地位与权力的不对称？如何选择跨文化交际的共通语？诸如此类问题有待我们今后逐步地研究。

再次，对西方与非西方理论的批判比较贫乏。现有的跨文化能力理论大多数出自欧美学者，或多或少地带有一些文化偏见，需要对之加以批判。Bruneau（2002）、Xiao & Chen（2009）揭示，欧美跨文化能力理论建立在以个人和自我为中心的价值观念之上，强调人的理性、目标的实现和对过程的控制，不一定适于非西方文化语境。许力生（2011）指出，欧美理论过于迷恋交际的功效，未能深入解析跨文化能力的复杂性以及不同因素之间的有机联系，有简约化和碎片化的倾向，需要转换范式才能推进跨文化能力理论的发展。

Miike（2007）曾从亚洲中心论视角出发对西方理论的偏见做过全面的批判。他指出，西方理论主要存在五种偏见：（1）没有充分理解社会交际中人与人的相互联系；（2）以自我为中心，强调自我发展而忽略他人；（3）注重理性与行为的合理化，轻视人与人之间的情感；（4）注重权利与自由，轻视责任与义务；（5）重视实用与物质回报，轻视道德修养与伦理规范。除此之外，西方理论还存在以下三种文化方面的局限性：（1）重视语言形式的表达，轻视非语言形式的表达，负面地看待沉默；（2）强调说话人的义务，轻视听话人的责任，未能充分关注间接表达方式的作用；（3）重视当下，轻视过去的交流经历。这些批判为我们今后改进西方理论，发展新的视角提供了良好的基础。

与此同时，我们还应对非西方理论展开学术批评。20世纪90年代以来，非西方学者一直尝试发展本土视角，从自己的文化立场来解析跨文化能力，纠正西方理论的偏差。例如，高一虹（1998）提出以道与器为基本层面的跨文化能力理论；张惠晶（2004）提出以"操纵性""艺术性"和"谦和性"为特征的华人跨文化语用能力理论；Xiao & Chen（2009）提出儒家视角下以感应为核心元素，以遵循约束性和构成性规则为要旨的跨文化能力理论；高永晨（2014）提出"知行合一"跨文化能力模型。这些本土视角极大地拓展了我们的视野，开启了新的研究领域。

然而，客观地说这些非西方理论并不都是完美无缺，需要通过建设性的批评加以完善。例如，Xiao & Chen（2009）以儒家的感应说为基础发展的交际能力理论就有可商榷之处。"感应"一词出自《易经》："咸，感也；柔上而刚下，二气感应以相与"。其意思是交感相应（《辞海》第506页）。换句话说，感应是自我与他人相互感知与呼应，体现一种双向、互利的人际关系——人与人之间相互的恻隐之心。然而，后儒一味强调自我对他人的道德义务，完全否定人自身欲望的合理性，宋代大儒朱熹甚至要求人们"存天理，灭人欲"。他们倡导的道德规范使双向、互利的社会交流蜕变为单向、利他的个人道德修养，严重地压制了人的正当欲望与需求。这种倾向在清代遭到戴震等学者的抨击，在新文化运动中更被尖锐地批判（冯天瑜等 2005；李申 2006）。Xiao & Chen（2009）提出的非礼勿言、正心诚意等感应原则都属于个人道德修养的范畴，仅仅关注自我对他人的道德义务，忽略自我的权利与需求，也未能揭示中国社会影响人际和谐的物质因素。

高永晨（2014）提出的"知行合一"跨文化能力模型同样有商榷的余地。高永晨借鉴中外思想家，特别是中国明代哲学家王阳明"知行合一"的思想，创建跨文化能力模型。该模型包括以文化价值理念构成的知识系统与价值理念支配的行为系统。两个系统相互渗透、相互影响，一起促进跨文化能力的发展。以"知行合一"思想为基础创建跨文化能力模型是一个很有启发性的尝试，它简要地归纳了跨文化能力的基本要素，其分类方法不仅有中国文化也有西方文化的依据。但该模型所包括的要素都是西方的，没有中国文化重视的伦理道德及其社会关系因素，过于西化。其次，我们要问：由知与行两个层面构成的跨文化能力模型相比现有大部分学者认同的知识、情感/态度与行为三个层面构成的模型的优越之处在哪儿？

Byram（1997）、Deardorff（2009）以及吴卫平等（2013）的研究揭示，跨文化能力的情感与态度层面具有基础性的作用，没有积极的情感与态度，交际者不会努力学习知识，掌握技能，参与跨文化互动。那么，高永晨（2014）如何处理跨文化能力的情感/态度因素呢？她把态度因素划到了行为系统，这个分类不太合理。有些事情人们可以在情感与态度上接受，但不一定能够落实到行为上，行为与态度是有很大差别的。以上几个例证表明，对非西方理论的批评与对西方理论的批评一样有必要。

理论视角的建构方面，我们需要做的第三个工作是探索西方视角以外的可能，亦即本土视角的建构。虽然非西方学者努力发展本土跨文化能力理论，但时至今日西方理论仍然主导跨文化能力研究，非西方视角依旧难以望其项背。非西方理论的建构有助于消除西方理论的偏见，促进跨文化交际研究的健全发展，但它应该遵循学术研究的规范，以及理论建构的原则。Shi-xu（2009）指出，在西方理论之外创建东方的理论，建立新的范式，必须服从四个原则：（1）地方根基与全球思维、历史意识与当代效用；（2）文化知识认同；（3）对东方的过去与当下的关照与反思；（4）能够与西方范式进行对话。

第一个原则要求学者立足地方文化，同时以多元、包容的精神汲取西方和传统文化的营养，创建解析当下问题的理论。第二个原则要求学者具有文化知识认同，所建构的理论反映其所属文化的哲学思想、观念与方法。第三个原则要求学者不应止步于描述与解释，还应对刻板化、压制性的理论话语加以反思与批判，促进东西方理论全面、均衡的发展。第四个原则要求学者使用西方人能够理解的语言创建理论，东西方因此可以展开学术对话，形成相互借鉴、相互批评、共同进步的局面。

我们认为，本土理论的建构的原则主要有三个：（1）视角的独特性；（2）逻辑的严密性；（3）原理的普遍性。本土跨文化能力理论首先以其独特的主体身份，发展观察事物的独特视角，表达所属文化的人文精神。其次，它有着前后一致的逻辑，能够言之有据、自成一体。再次，它不仅有跨文化的可理解性，而且能够揭示人际交流的普遍原理与规律，促进跨文化互动模式的改良与进化。

Miike（2012）从亚洲中心视角出发提出本土理论建构的三个主题：关系、循环与和谐。其中，关系这个东方文化社会交往的中枢概念已经得到许多西方学者的重视（例如，Carl & Duck 2004；Gordon 2007）；和谐与循环同样受到诸多西方同仁的关注（例如，Chen 2001；Dai & Chen 2017）。我们可以围绕这三个主题加强本土理论的创建与完善。

一些学者在本土理论的建构方面已经做了卓有成效的尝试。例如，Chen（2001）提出以人际关系为核心的跨文化和谐能力理论。Chen指出，从中国文化视角看人际交流是一个永无止境、既不断变化又循环往复的过程，其间人们努力发展和谐的关系。影响人际和谐的因素有仁、义、礼、时、位、极、关系、面子和权力。如果交际者能够驾驭上述因素，营造出各得其所、心安理得、同舟共济和乐在其中之感，就能实现成功的跨文化交际。

钟振升（2004）提出以"气"的操控为中心的交际能力理论。他认为，气是万事万物里具有阴、阳属性而又可以运作的生命力。交际者的能力体现在他/她对气的传播过程的把握，以及对气的阴阳属性的调适。一个有能力的交际者能够充分运用气的阴阳不同属性，形成落差，造成势，产生力量，推动目标的实现。

Manian & Naidu（2009）提出以"众生为一"观念为基石的跨文化能力模型，指出从印度文化视角看所有生命都是相互联系的，它们构成一个有机循环的整体。在跨文化交际中，人们首先要有万物一体、相互依存的意识，其次要接受不同的生活经历带来的差异，积极地去适应。这样才能增进跨文化理解，发展和谐的关系。

此外，还有一些其他的本土视角，例如Medina-López-Portillo & Sinnigen（2009）提出的拉丁美洲视角下的跨文化能力理论，Yum（2012）从韩国文化视角出发提出的跨文化能力理论等。这些主位的本土理论以其独特的文化视角揭示跨文化能力普遍的运作机制，不仅极大地丰富了我们的认识，而且有力地弥补了西方理论的缺陷。当然，本土理论的建构方兴未艾、任重而道远，要做的工作仍然很多。对于中国学者而言，除了儒家的人际关系伦理还有道家和佛家的视角也是可资利用的学术资源，道家的"返朴归真"、佛家的"惜缘"等观念都是值得深入探讨的话题。

8.3 跨文化能力评估工具的验证、改进与创建

跨文化能力评估工具的发展方面，首先需要做的工作是对现有评估工具的进一步验证。有了稳定可靠的工具才能进行准确、有效的测评，对现有的理论模型做检验和修正，不断揭示跨文化能力发展的普遍原理。迄今为止，学者们建构了一百多个评估工具，但得到学界一致公认、稳定可靠的工具并不多见。Matsumoto & Hwang(2013)推荐三个信度与效度较高的跨文化能力评估工具：(1)CQS(Ang *et al.* 2007)；(2)ICAPS(Matsumoto *et al.* 2001)；(3)MPQ(Van der Zee & Van Oudenhoven 2000)。除此之外，SCAS(Ward & Kennedy 1999)、ISS(Chen & Starosta 2000a)和IDI(Hammer *et al.* 2003)等也是得到比较广泛的认可和应用的工具。但即便是上述认可度较高的工具都因各自的不足而受到过批评，仍有进一步检验和改善的余地。

例如，Greenholtz(2005)的研究显示，IDI在翻译成日语时，超验普世主义(transcendental universalism)等项目对于日本人而言是不可理喻的，难以找到对应的日文，日文版本IDI的效度因此存在疑问。Greenholtz认为，没有充分证据表明IDI适用于所有文化，只能把它看作一个尚待验证与完善的跨文化能力评估工具。Yuen & Grossman(2009)的研究同样显示，IDI一些项目使用的术语在多语环境中有可能造成意义理解上的困难，使用时需要作跨文化调适。

Fritz *et al.*(2005)使用德国和美国的学生样本对ISS进行检验。他们

的研究显示，没有充分的证据能够确认ISS的五个因子结构，今后需要在其他文化语境，特别是非西方文化语境中继续检验ISS的效度。Tamam（2010）在马来西亚的检验也没有复制出ISS的五个因子结构，而是得到三个因子的结构。研究结果表明，经过修改的包含3个因子、21个项目的ISS具有较高的信度与效度。未来，跨文化能力评估工具的进一步检验可以围绕三个方面展开：(1)样本的代表性；(2)不同文化语境的适用性；(3)不同评估工具测量结果之间的比较。

在现有的跨文化能力评估工具中，很多仅仅使用学生样本。例如，CCAI(Kelly & Meyers 1987)、ICSI(Bhawuk & Brislin 1992)、ISS(Chen & Starosta 2000a)、IDI(Hammer *et al.* 2003)和ICCS(Arasaratnam 2009)等都是完全使用大学生样本创建出来的量表。由学生样本研究得到的结果不一定适用于海外商务人员、移民或访问学者等其他群体，量表的效度因此受到影响(Van de Vijver & Leung 2009)。跨文化能力研究揭示普遍、一般的原理，参与评估工具建构的人员应该包括来自不同社会阶层以及不同文化的人群。有些量表的建构邀请了来自不同文化的国际学生参与，但属于英语文化的学生占了大多数，非英语文化的学生很少，例如IDI和ICCS等量表的样本。这种人口分布上的局限性同样影响量表的效度(Greenholtz 2005)。今后的研究应该多邀请商务人员、旅居者和移民等群体参与，提高样本的人口与文化的代表性。

检验跨文化能力评估工具的第二个方面是不同文化语境的适用性。现有的测量工具基本上都是欧美学者创建的，即使有些欧美以外的学者发展他们自己的工具，大多数也是在借鉴西方成果的基础上发展出来的(例如，Takai & Ota 1994；吴卫平等 2013)。在理想状态下，通过科学的方法与程序发展出来的跨文化能力评估工具应该适用于所有文化，然而在现实中这些工具难免带有学者自身的文化倾向与偏见(Lustig & Spitzberg 1993)。

Hui & Triandis(1985)指出，检验一个文化中建构的量表是否适用于另一个文化可以从其四种文化的等价性进行判断：(1)概念/功能；(2)构念；(3) 项目；(4) 量级。概念/功能等价指所测量的概念在两种不同的文化中具有对等的语义及其语言功能；构念等价指理论涉及的抽象、假设性概念具有对等的意义；项目等价指所测量的项目具有等价性；量级等价指量表的等级划分具有等价性。

西方的跨文化能力评估工具在非西方文化语境中显然没有完全达到上述四种文化的等价性，存在这样或那样的文化偏见，不能被直接不加调适地使用。例如，人际关系概念在中西文化中就有很大的差异。一般而言，人际关系是指不同社会角色的人按照各自的需求建立联系的过程（Chen 2010c: 219）。在中国文化中，人际关系充满了情感，血缘和地域因素对其有着重要的影响。它没有明确地划清自我与他人的边界，温情脉脉，复杂而微妙，但有着鲜明的等级划分。西方文化的人际关系表现得比较理性，影响其发展的因素主要是社会分工和物质利益的互补性，血缘和地域因素不太重要。它明确地划分自我与他人的边界，人情淡漠，形成的关系简单、直接且相对平等。在功能方面，人际关系在中国人的社会交往中至关重要，能否发展和谐的人际关系构成评价一个人交际能力的核心指标。在西方的社会交往中，人际关系显然没有那么重要，衡量一个人交际能力的标准主要是其掌握的知识与技能。

在构念层面上，中国或海外华人学者在界定人际关系时往往重视其社会情感因素，与其密切相关的概念包括面子、人情和权力等（见Chen 2001）。西方学者在界定人际关系时，更重视其社会功能因素，与其密切相关的概念包括人格、身份和个性等（见Mader & Mader 1990）。西方学者创建的跨文化能力量表在项目分布上表现出同样的倾向。例如，Ward & Kennedy（1999）发展的社会文化适应量表（SCAS）包括29个项目，其中4个项目测量人际关系[1]，但都与其社会功能相关，仅有一个项目涉及权

---

1 4个测量人际关系的项目是：(1) 项目1：交朋友；(2) 项目10：与某个脾气坏、令人不悦、咄咄逼人的人打交道；(3) 项目13：与有权势的人打交道；(4) 项目17：与不同性别的成员建立联系。其中，项目13与权力相关。

力，没有项目涉及面子与人情。Arasaratnam（2009）提出的跨文化交际能力量表（ICCS）包括15个项目，其中9个项目[1]涉及人际关系的测量，但基本上关注人格、身份和个性，而非面子、人情与权力。此外，中国文化中的人际关系复杂而微妙，并且特别强调等级与亲疏之别；西方文化中的人际关系相对简单而直接，并且没有明显的等级与亲疏之别，每个项目的各个量级也是不等价的。

从上面的例子中，我们可以看出西方的跨文化能力评估工具有其特定的文化倾向，不完全适用于非西方文化。一些证据显示，Van der Zee & Van Oudenhoven（2000）创建的MPQ、Matsumoto *et al.*（2001）创建的ICAPS、Ang *et al.*（2007）创建的CQS等的因子结构具有跨文化的稳健性，但这并不能表明它们具备文化的普遍适用性（Van de Vijver & Leung 2009）。西方的量表需要经过严格的检验和跨文化调适，达到学界认可的信度、效度和反应度之后，才能用于非西方文化的测量（郑全全等 2010）。

检验现有跨文化能力评估工具的第二个方面是不同工具测量结果的比较。如前所述，现有的跨文化能力评估工具大多数是自评工具。自评工具适于评估跨文化能力的有效性，但研究表明一个人在评价自己的能力时往往过于乐观，高估自己的能力，那些自认为有能力的人在跨文化互动中不一定有能力实现成功的交际（Kealey 2015；Koester & Lustig 2015）。为了纠正自评工具的偏差，得到准确的结果，研究者需要运用他评或第三方评价工具进行测量，然后加以比较和分析。例如，研究者在运用自评量表测量后，可以使用观察或访谈对同一人群进行评估，对不同工具或方法获得

1　9个测量人际关系的项目是：（1）项目2：我是根据关系（家庭与朋友）而不是文化身份（来自我自己文化的人与来自其他文化的人），感到归属于一个人群；（2）项目3：我发现根据文化身份比根据人格更容易对人进行分类；（3）项目5：假如我给人群分组，我会按照文化而不是人格来分组；（4）项目7：我与来自我自己文化的人在一起比跟其他文化的人更舒服；（5）项目8：我感到与关系好的人更亲近，不管他是否属于我自己的文化；（6）项目9：我通常感到与来自我自己文化的人更亲近，因为我能和他们更顺畅地建立联系；（7）项目10：我感到与对其他文化开放的人在一起比与不开放的人更舒服；（8）项目11：我的大多数亲近朋友来自其他文化；（9）项目14：我的大多数亲近朋友来自我自己的文化。

的研究信息与统计数据做横向比较，发现其中的相似与差异之处，分析产生差异的原因，判断测评的结果。需要指出的是，他评工具适于评价跨文化能力的得体性，比自评工具更客观，但缺点是他人往往低估对方的能力。与自评和他评工具相比，第三方评估最公正，但缺点是第三方常常对互动双方缺乏深入的了解，所做出的判断也有偏差（Hinner 2014）。

既然每种评估工具都有自身的长处与缺陷，研究者必须通过不同的工具进行测量，反复地比较与分析，才能发现各种工具在测量跨文化能力中的偏差和不足，从而取长补短，提高评估的效度。正是在此意义上，Deardorff（2006，2015）、Fantini（2009，2014）倡导从多重角度、运用多种工具与多种方法评估跨文化能力。

跨文化能力评估工具的发展方面，我们需要做的第二项工作是现有评估工具的完善以及新工具的创建。完善现有评估工具可以先从以下两个方面着手：一是评估范围的拓宽；二是测量项目的精致化。研究者在概念化跨文化能力时，往往对之做相当宽泛的定义，认为它包括人格、意识、动机、知识和技巧等一系列要素，但在实际测量时却没有覆盖所有的方面，充分地测量每个要素，测评的效度随之降低。例如，Arasaratnam（2009）认为，跨文化能力概念包括移情、跨文化经验/培训、动机、全球态度和会话中的倾听技巧五个因素，划归认知、情感和行为三个层面。但她在发展ICCS量表时，所编制的15个项目并没有包括跨文化经验/培训以及会话中的倾听技巧两个因素。有些人为了研究的方便，简化了测量，有些人为了模型的拟合度灵活调整测量的变量，这些做法都会影响评估的信度。拓展测量的范围，覆盖更多的因素能够改进现有的评估工具，使其研究发现更具普遍性（Van de Vijver & Leung 2009）。

测量项目的精致化也是一个未来努力的方向。现有跨文化能力自评量表的项目比较简单、明了，可以用于不同的人群，但缺点是许多受试者容易知道什么是"正确的回答"。他们在做测量时经常不是实事求是地回答，而是根据自己的理解来答题，产生自我评估的偏差，研究者因而得不到真实的信息（Kealey 2015）。例如，CQS动机因子中的项目1：我享受与来自不同文化的人进行互动；项目2：我自信能够在陌生的文化中与当地人进行社交活动。对于这类项目，人们一般很容易知道什么是期望的回答。研究者需要编制更精致的项目才能提高测量的效度。当然，除了项目的精致化，研究者还可以通过其他途径来消除项目过于简单、明了带来的消极影响。Deardorff（2015）、Kealey（2015）认为，由主要依赖自评工具的测量转向对可观察行为的测量也是一个有效的路径，它代表跨文化能力评估研究未来的发展方向之一。

与评估工具的完善同样重要的是新工具的创建。目前，学者们已经发展了一百多个跨文化能力评估工具，但其分布不太均匀，大部分工具针对交际者的知识、个人特性与技能，较少针对情感、意识与伦理。跨文化能力是一种综合的能力，只有对它各个局部进行深入的研究才能更好地理解它整体的构造及其运作原理，而局部层面的研究往往更容易见成效（Fantini 2009）。有些学者注意到这些问题，尝试加以改变。鉴于很少有人发展跨文化意识评估工具，Chen & Young（2012）创建跨文化意识量表。该量表有20个项目，主要测量交际者对美国文化价值取向的掌握程度。[1] 交际伦理一直是跨文化学界的薄弱环节，Gudykunst（2004）曾创建过评估交际者道德包容的量表。该量表包括10个项目，测量交际者对陌生人的包容程度。[2] 近年来有些人开始关注跨文化能力的伦理层面（例如，Chen & Dai 2015；Hofstede 2009；Nakayama & Martin 2014），但很少有人发展测量跨文化伦理能力的量表或其他形式的评估工具。

当然，要开发的领域还有很多，例如评估批判的文化意识、文化融

1　例如，项目1：美国人是个体主义者；项目2：美国人是行动取向的（doing-oriented）；项目3：美国人家庭的流动性高；项目4：美国人重视精神生活；项目5：美国人在家庭里对角色行为是开放的。受试者可以根据自己的理解来回答同意或不同意的程度。

2　例如，项目1：陌生人应该被公平地对待；项目2：有的陌生人不值得我尊重；项目3：陌生人有权利得到尊严；项目4：我不会为陌生人的福祉做出牺牲；项目5：道德价值同样适用于陌生人。受试者可以根据自己的理解来回答同意或不同意的程度。

合、人际关系的和谐以及跨文化平等与正义等方面的工具。许多学者认为，批判的文化意识与文化融合是跨文化能力的重要元素，但仍没有相应的评估工具。最近，一些学者提出，发展人际和谐的能力是跨文化能力的关键要素（Dai & Chen 2015；Fantini 2009），但评估这种能力的工具也未面世。此外，跨文化平等与正义也是一个逐步受到关注的议题（Gamst & Liang 2013；Lieberman & Gamst 2015；Martin 2015），相关的评估工具同样尚待发展。上述问题可以作为未来发展新的跨文化能力评估工具努力的方向。

8.4　小结

跨文化能力研究经历了五十多年的发展历程。其间，不同学科的学者从多元视角对这个复杂的现象进行深入的解析。他们各抒己见、相互争鸣，提出了众多富有真知灼见与启发意义的理论模型，建构了许多信度、效度较高的评估工具。与此同时，他们还在巩固原有研究领域的基础上，不断挖掘新的议题，努力拓展探索的疆界，取得了不少意义深远的突破。这些成果不仅极大地提高了我们的认识，而且有力地推动着跨文化交际学科的发展。未来，跨文化能力研究仍有很长的路要走。其中，概念的界定与辨析、西方与非西方视角的梳理与整合、理论的建构与批评、现有评估工具的验证与完善以及新工具的开发是我们今后努力的主要方向。

当今世界，文化之间的互动和影响日益加强，跨文化能力早已成为当代人不可或缺的能力。对于中国外语专业的大学生而言，它更有特别关键的意义。2017年颁布的《高等学校外语类专业本科教学质量国家标准》把跨文化能力作为核心能力之一纳入培养规格，明确了跨文化能力在外语教育中的重要地位。本书以跨文化能力概念的界定、理论视角的建构以及评估方法与工具的发展为线索，全面探讨中外学者的代表性成果，昭示跨文化能力研究的演进轨迹，展望未来的方向。从本书的研究中，我们可以看出东西方学者在跨文化能力研究上各有侧重、各有所长；虽然在不少方面存在较大的分歧，但在许多方面，特别是在如何驾驭文化多样性、增进跨文化沟通上有着诸多共识。双方都在揭示成功的跨文化交际的普遍原理和一般条件，其探索在某种意义上可谓是异曲而同工、殊途而同归。近年来，东西方学术彼此借鉴的趋势愈益明显，有望为跨文化能力研究注入新的活力。本书试图回应跨文化能力研究的这个新趋势，希望在对跨文化能力研究成果作系统整合之时，能够辨析东西方之间的差异与共性，促进相互对话，从而达到相互取长补短、融会贯通、携手并进的目的。当然，由于时间、精力、资料以及学术视野与涵养等方面的局限，本书肯定会有许多疏漏、不足乃至谬误，希望它能够抛砖引玉，为推进中国跨文化能力研究尽一点绵薄之力。

参考文献

Abe, H. & R. L. Wiseman. 1983. A cross-cultural confirmation of the dimensions of intercultural effectiveness. *International Journal of Intercultural Relations 7* (1): 53-67.

Adorno, T. W., E. Frenkel-Brunswik, D. J. Levinson & R. N. Sanford. 1950. *The Authoritarian Personality.* New York, NY: Harper & Brothers.

Altshuler, L., N. M. Sussman & E. Kachur. 2003. Assessing changes in intercultural sensitivity among physician trainees using the intercultural development inventory. *International Journal of Intercultural Relations 27* (4): 387-401.

Ameli, S. R. & H. Molaei. 2012. Religious affiliation and intercultural sensitivity: Interculturality between Shia & Sunni Muslins in Iran. *International Journal of Intercultural Relations 36* (1): 31-40.

Amos, R. D. & J. C. McCroskey. 1999. Ethnocentrism and student perceptions of teacher communication. Paper presented at the Annual Convention of the National Communication Association, Chicago, IL.

An, R. 2014. A study of intercultural competence of volunteer Chinese teachers in Confucius institutes. In X. D. Dai & G. M. Chen (eds.). *Intercultural Communication Competence: Conceptualization and Its Development in Cultural Contexts and Interactions.* Newcastle upon Tyne: Cambridge Scholars Publishing. 335-355.

Ang, S., L. Van Dyne, C. Koh, K. Y. Ng, K. J. Templer, C. Tay & N. A. Chandrasekar. 2007. Cultural intelligence: Its measurement and effects on cultural judgment and decision making, cultural adaptation and task performance. *Management and Organization Review 3* (3): 335-371.

Arasaratnam, L. A. 2006. Further testing of a new model of intercultural communication competence. *Communication Research Reports 23* (2): 93-99.

Arasaratnam, L. A. 2007. Research in intercultural communication competence: Past perspectives and future directions. *The Journal of International Communication 13* (2): 66-73.

Arasaratnam, L. A. 2008. Further testing of a new model of intercultural communication competence. Paper presented at the Annual Meeting of the International Communication Association, New York, NY.

Arasaratnam, L. A. 2009. The development of a new instrument of intercultural communication competence. *Journal of Intercultural Communication* 20.

Arasaratnam, L. A. & S. C. Banerjee. 2011. Sensation seeking and intercultural communication competence: A model test. *International Journal of Intercultural Relations 35* (2): 226-233.

Arasaratnam, L. A. & M. L. Doerfel. 2005. Intercultural communication competence: Identifying key components from multicultural perspectives. *International Journal of Intercultural Relations 29* (2): 137-163.

Arasaratnam, L. A., S. C. Banerjee & K. Dembek. 2010a. The integrated model of intercultural communication competence (IMICC): Model test. *Australian Journal of Communication 37* (3): 103-116.

Arasaratnam, L. A., S. C. Banerjee & K. Dembek. 2010b. Sensation seeking and the integrated model of intercultural communication competence. *Journal of Intercultural Communication Research 39* (2): 69-79.

Asante, M. K. 1988. *The Afrocentricity: The Theory of Social Change* (Rev. edition). Trenton, NJ: African American Images.

Asante, M. K. 1998. *The Afrocentric Idea* (Rev. edition). Philadelphia, PA: Temple University Press.

Asante, M. K. 2010. Ora-La: Communicating the person in an African cultural sense. In X. D. Dai & S. J. Kulich (eds.). *Identity and Intercultural Communication (I): Theoretical and Contextual Construction*. Shanghai: Shanghai Foreign Language Education Press. 151-159.

Asante, M. K. 2014. Afrocentricity: Toward a new understanding of African thought in the world. In M. K. Asante, Y. Miike & J. Yin (eds.). *The Global Intercultural Communication Reader* (2nd edition). New York, NY: Routledge. 101-110.

Asante, M. K. & Y. Miike. 2013. Paradigmatic issues in intercultural communication studies: An Afrocentric-Asiacentric dialogue. *China Media Research 9* (3): 1-19.

Ayish, M. I. 2003. Beyond Western-oriented communication theories: A normative Arab-Islamic perspective. *The Public 10* (2): 79-92.

Aytug, Z. G., M. C. Kern & S. Dilchert. 2018. Multicultural experience: Development and validation of a multidimensional scale. *International Journal of Intercultural Relations 65* (1): 1-16.

Bargiela-Chiappini, F. 2003. Face and politeness: New (insights) for old (concepts). *Journal of Pragmatics 35* (10): 1453-1469.

Behrnd, V. & S. Porzelt. 2012. Intercultural competence and training outcomes of students with experiences abroad. *International Journal of Intercultural Relations 36* (2): 213-223.

Bennett, J. M. (ed.). 2015. *The SAGE Encyclopedia of Intercultural Competence*. Thousand Oaks, CA: SAGE.

Bennett, J. M. & M. J. Bennett. 2004. Developing intercultural sensitivity: An integrative approach to global and domestic diversity. In D. Landis, J. M. Bennett & M. J. Bennett (eds.). *Handbook of Intercultural Training*. Thousand Oaks, CA: SAGE. 153-154.

Bennett, M. J. 1984. Towards ethnorelativism: A developmental model of intercultural sensitivity. Paper presented at the Annual Conference of the Council on International Exchange, Minneapolis, Minnesota.

Bennett, M. J. 1986. A development approach to training for intercultural sensitivity. *International Journal of Intercultural Relations 10* (2): 179-196.

Bennett, M. J. 1993. Toward ethnorelativism: A development model of intercultural sensitivity. In R. M. Page (ed.). *Education for Intercultural Experience* (2nd edition). Yarmouth, ME: Intercultural Press. 21-71.

Benson, P. G. 1978. Measuring cross-cultural adjustment: The problem of criteria. *International Journal of Intercultural Relations 2* (1): 21-37.

Berry, J. W. 2005. Acculturation: Living successfully in two cultures. *International Journal of Intercultural Relations 29* (6): 697-712.

Bhawuk, D. P. S. 1998. The role of culture theory in cross-cultural training: A multimethod study of culture-specific, culture-general, and culture-theory-based assimilators. *Journal of Cross-Cultural Psychology 29* (5): 630-655.

Bhawuk, D. P. S. & R. Brislin. 1992. The measurement of intercultural sensitivity using the concepts of individualism and collectivism. *International Journal of Intercultural Relations 16* (4): 413-436.

Bird, A. & J. Osland. 2004. Global competencies: An introduction. In H. Lane, M. Maznevski, M. Mendenhall & J. McNett (eds.). *Handbook of Global Management: A Guide to Managing Complexity.* Malden, MA: Blackwell. 57-80.

Bird, A., M. Mendenhall, M. J. Stevens & G. Oddou. 2010. Defining the content domain of intercultural competence for global leaders. *Journal of Managerial Psychology 25* (8): 810-828.

Boski, P. 2008. Five meanings of integration in acculturation research. *International Journal of Intercultural Relations 32* (2): 142-153.

Brewer, M. 1991. The social self: On being the same and different at the same time. *Personality and Social Psychology Bulletin 17* (5): 475-482.

Brislin, R. W. 1981. *Cross-Cultural Encounters: Face-to-Face Interaction.* New York, NY: Pergamon.

Bruneau, T. 2002. Intercultural communication competency: A critique. *Human Communication 5*: 3-14.

Buzzanell, P. M. 2015. Qualitative research methods. In J. M. Bennett (ed.). *The SAGE Encyclopedia of Intercultural Competence.* Thousand Oaks, CA: SAGE. 699-702.

Byram, M. 1997. *Teaching and Assessing Intercultural Communicative Competence.* Clevedon: Multilingual Matters.

Byram, M. 2009. Intercultural competence in foreign languages—The intercultural speaker and the pedagogy of foreign language education. In D. K. Deardorff (ed.). *The SAGE Handbook of Intercultural Competence.* Thousand Oaks, CA: SAGE. 321-332.

Byram, M. 2014. Conceptualizing intercultural (communicative) competence and intercultural citizenship. In J. Jackson (ed.). *The Routledge Handbook of Language and Intercultural Communication.* New York, NY: Routledge. 85-97.

Cai, D. A. 2015. Quantitative research methods. In J. M. Bennett (ed.). *The SAGE Encyclopedia of Intercultural Competence.* Thousand Oaks, CA: SAGE. 703-706.

Carbaugh, D. 1993. Competence as cultural pragmatics: Reflections on some Soviet and American encounters. In R. L. Wiseman & J. Koester (eds.). *Intercultural Communication Competence*. Newbury Park, CA: SAGE. 168-183.

Carbaugh, D. 2005. *Cultures in Conversation*. New York, NY: Routledge.

Carbaugh, D. & S. Lie. 2014. Competence in interaction: Cultural discourse analysis. In X. D. Dai & G. M. Chen (eds.). *Intercultural Communication Competence: Conceptualization and Its Development in Cultural Contexts and Interactions*. Newcastle upon Tyne: Cambridge Scholars Publishing. 69-81.

Carl, W. J. & S. W. Duck. 2004. How to do things with relationships … and how relationships do things with us. *Communication Yearbook 28*: 1-34.

Casmir, F. L. 1997. Ethics, culture, and communication. In F. L. Casmir (ed.). *Ethics in Intercultural and International Communication*. Mahwah, NJ: Lawrence Erlbaum Associates. 89-117.

Cheek, J. M. & A. H. Buss. 1981. Shyness and sociability. *Journal of Personality and Social Psychology 41* (2): 330-339.

Chen, A. S. 2015. CQ at work and the impact of intercultural training: An empirical test among foreign laborers. *International Journal of Intercultural Relations 47*: 101-112.

Chen, G. M. 1989. Relationships of the dimensions of intercultural communication competence. *Communication Quarterly 37* (2): 118-133.

Chen, G. M. 1990. Intercultural communication competence: Some perspectives of research. *Howard Journal of Communication 2* (3): 243-261.

Chen, G. M. 1994. A conceptualization and measurement of communication competence: A Chinese perspective. Paper presented at the Annual Meeting of Speech Communication Association, New Orleans, Louisiana.

Chen, G. M. 2001. Toward transcultural understanding: A harmony theory of Chinese communication. In V. H. Milhouse, M. K. Asante & P. O. Nwosu (eds.). *Transcultural Realities: Interdisciplinary Perspectives on Cross-Cultural Relationships*. Thousand Oaks, CA: SAGE. 55-70.

Chen, G. M. 2005. A model of global communication competence. *China Media Research 1*: 3-11.

Chen, G. M. 2007. A review of the concept of intercultural effectiveness. In M. Hinner (ed.). *The Influence of Culture in the World of Business*. Frankfurt am Main: Peter Lang. 95-116.

Chen, G. M. 2010a. *Foundations of Intercultural Communication Competence*. Hong Kong: China Review Academic Publishers.

Chen, G. M. 2010b. *A Study of Intercultural Communication Competence*. Hong Kong: China Review Academic Publishers.

Chen, G. M. 2010c. *Study on Chinese Communication Behaviors*. Hong Kong: China Review Academic Publishers.

Chen, G. M. 2013. A Zhong Dao model of management in global context. *Intercultural Communication Studies 22* (1): 1-8.

Chen, G. M. 2014. Intercultural communication competence: Summary of 30-year research and directions for future study. In X. D. Dai & G. M. Chen (eds.). *Intercultural Communication Competence: Conceptualization and Its Development in Cultural Contexts and Interactions*. Newcastle upon Tyne: Cambridge Scholars Publishing. 14-40.

Chen, G. M. & R. An. 2009. A Chinese model of intercultural leadership competence. In D. K. Deardorff (ed.). *The SAGE Handbook of Intercultural Competence*. Thousand Oaks, CA: SAGE. 196-208.

Chen, G. M. & W. J. Starosta. 1996. Intercultural communication competence: A synthesis. *Communication Yearbook 19*: 353-383.

Chen, G. M. & W. J. Starosta. 1997. A review of the concept of intercultural sensitivity. *Human Communication 1* (1): 1-16.

Chen, G. M. & W. J. Starosta. 1998-9. A review of the concept of intercultural awareness. *Human Communication 2* (1): 27-54.

Chen, G. M. & W. J. Starosta. 2000a. The development and validation of the intercultural sensitivity scale. *Human Communication 3* (1): 1-15.

Chen, G. M. & W. J. Starosta. 2000b. Intercultural sensitivity. In L. A. Samovar & R. E. Porter (eds.). *Intercultural Communication: A Reader*. Belmont, CA: Wadsworth Publishing. 406-414.

Chen, G. M. & P. Young. 2012. Intercultural communication competence. In A. Goodboy & K. Shultz (eds.). *Introduction to Communication: Translating Scholarship into Meaningful Practice*. Dubuque, IA: Kendall-Hunt. 175-188.

Chen, L. 1995. Interaction involvement and partners of topical talk: A comparison of intercultural and intracultural dyads. *International Journal of Intercultural Relations 19* (4): 463-482.

Chen, L. & J. Du. 2014. Becoming competent in intercultural communication: An organizational process in the globalized environment. In X. D. Dai & G. M. Chen (eds.). *Intercultural Communication Competence: Conceptualization and Its Development in Cultural Contexts and Interactions.* Newcastle upon Tyne: Cambridge Scholars Publishing. 82-96.

Chen, X., L. Wang & Z. Y. Wang. 2009. Shyness-sensitivity and social, school and psychological adjustment in rural migrant and urban children in China. *Child Development 80* (5): 1499-1513.

Cheyne, J. A. & D. Tarulli. 1999. Dialogue, difference and voice in the zone of proximal development. *Theory & Psychology 9* (1): 5-28.

Chi, R. B. & D. Suthers. 2014. Assessing intercultural communication competence as a relational construct using social network analysis. *International Journal of Intercultural Relations 48*: 108-119.

Chiu, C. Y., W. J. Lonner, D. Matsumoto & C. Ward. 2013. Cross-cultural competence: Theory, research, and application. *Journal of Cross-Cultural Psychology 44* (6): 843-848.

Chomsky, N. 1965. *Aspects of the Theory of Syntax.* Cambridge, MA: The MIT Press.

Cleveland, H., G. J. Mangone & J. C. Adams. 1960. *The Overseas Americans.* New York, NY: McGraw-Hill.

Coetzer, A. & H. Sitlington. 2014. What knowledge, skills and attitudes should strategic HRM students acquire? A Delphi study. *Asia Pacific Journal of Human Resources 52* (2): 155-172.

Collier, M. J. 1986. Culture and gender: Effects on assertive behavior and communication competence. *Communication Yearbook 9*: 576-592.

Collier, M. J. 1989. Cultural and intercultural communication competence: Current approaches and directions for future research. *International Journal of Intercultural Relations 13* (3): 287-302.

Collier, M. J. 2005. Theorizing cultural identification: Critical updates and continuing evolution. In W. B. Gudykunst (ed.). *Theorizing About Intercultural Communication.* Thousand Oaks, CA: SAGE. 235-256.

Collier, M. J. & M. Thomas. 1988. Cultural identity: An interpretive perspective. In Y. Y. Kim & W. B. Gudykunst (eds.). *Theories in Intercultural Communication*. Thousand Oaks, CA: SAGE. 99-120.

Corbett, J. 2009. Editorial. *Language and Intercultural Communication 9* (2): 61-62.

Cupach, W. R. & T. Imahori. 1993. Identity management theory: Communication competence in intercultural episodes and relationship. In R. L. Wiseman & J. Koester (eds.). *Intercultural Communication Competence*. Newbury Park, CA: SAGE. 112-131.

Dai, X. D. 2009. Intercultural personhood and identity negotiation. *China Media Research 5* (2): 1-12.

Dai, X. D. 2010. Intersubjectivity and interculturality: A conceptual link. *China Media Research 6* (1): 12-19.

Dai, X. D. & G. M. Chen (eds.). 2014. *Intercultural Communication Competence: Conceptualization and Its Development in Cultural Contexts and Interactions*. Newcastle upon Tyne: Cambridge Scholars Publishing.

Dai, X. D. & G. M. Chen. 2015. On interculturality and intercultural communication competence. *China Media Research 11* (3): 100-113.

Dai, X. D. & G. M. Chen. (eds.). 2017. *Conflict Management and Intercultural Communication: The Art of Intercultural Harmony*. London: Routledge.

Dai, X. D. & J. Weng. 2016. The global perspective to intercultural communication: A review and commentary. *Journal of Multicultural Discourses 11* (2): 229-235.

David, K. 1972. Intercultural adjustment and application of reinforcement theory to the problems of cultural shock. *Trends 4*: 1-64.

Deardorff, D. K. 2006. Identification and assessment of intercultural competence as a student outcome of internationalization. *Journal of Studies in International Education 10* (3): 241-266.

Deardorff, D. K. (ed.). 2009. *The SAGE Handbook of Intercultural Competence*. Thousand Oaks, CA: SAGE.

Deardorff, D. K. 2015. Intercultural competence: Mapping the future research agenda. *International Journal of Intercultural Relations 48*: 3-5.

Deutsch, S. E. & G. Y. M. Won. 1963. Some factors in the adjustment of foreign nationals in the United States. *Journal of Social Issues 19* (3): 115-122.

Dong, Q., Y. Liu, P. Zhao & D. Dong. 2014. Shyness, self-esteem and intercultural communication competence. In X. D. Dai & G. M. Chen (eds.). *Intercultural Communication Competence: Conceptualization and Its Development in Cultural Contexts and Interactions*. Newcastle upon Tyne: Cambridge Scholars Publishing. 261-274.

Earley, P. C. & S. Ang. 2003. *Cultural Intelligence: Individual Interactions Across Cultures*. San Francisco, CA: Stanford University Press.

Euler, H. P. & U. Rami. 2006. *Bruflich Erfolgreicher durch Auslandsaufenthalte Während des Studiums*. Trauner Verlag: Linz.

Evanoff, R. 2004. Universalist, relativist, and constructivist approaches to intercultural ethics. *International Journal of Intercultural Relations 28* (5): 439-458.

Evanoff, R. 2006. Integration in intercultural ethics. *International Journal of Intercultural Relations 30* (4): 421-437.

Fantini, A. E. 1995. Introduction—Language, culture, and world view: Exploring the nexus. *International Journal of Intercultural Relations 19* (2): 143-153.

Fantini, A. E. 2000. A central concern: Developing intercultural communicative competence. http://www.sit.edu/publications/docs/feil_appendix_f.pdf.

Fantini, A. E. 2006. Assessment tools of intercultural competence. http://www.sit.edu/publications/docs/feil_appendix_f.pdf.

Fantini, A. E. 2009. Assessing intercultural competence. In D. K. Deardorff (ed.). *The SAGE Handbook of Intercultural Competence*. Thousand Oaks, CA: SAGE. 456-476.

Fantini, A. E. 2014. Multiple strategies for assessing intercultural communicative competence. In J. Jackson (ed.). *The Routledge Handbook of Language and Intercultural Communication*. Abingdon: Routledge. 390-405.

Fischer, R. 2011. Cross-cultural training effects on cultural essentialism beliefs and cultural intelligence. *International Journal of Intercultural Relations 35* (6): 767-775.

Frey, L. R., C. H. Botan, P. G. Friedman & G. L. Kreps. 1991. *Investigating Communication: An Introduction to Research Methods*. Englewood Cliffs, NJ: Prentice Hall.

Frey, L. R., C. H. Botan, P. G. Friedman & G. L. Kreps. 1992. *Interpreting Communication Research: A Case Study Approach*. London: Pearson.

Fritz, W., A. Graf, J. Hentze, A. Mölenberg & G. M. Chen. 2005. An examination of

Chen and Starosta's model of intercultural sensitivity in Germany and United States. *Intercultural Communication Studies 14*: 53-63.

Fritz, W., A. Mölenberg & G. M. Chen. 2002. Measuring intercultural sensitivity in different cultural contexts. *Intercultural Communication Studies 11*: 165-176.

Furnham, A. & S. Bochner. 1982. Social difficulty in a foreign culture: An empirical analysis of culture shock. In S. Bochner (ed.). *Cultures in Contact: Studies in Cross-Cultural Interaction.* Oxford: Pergamon. 161-198.

Gallois, C., T. Ogay & H. Giles. 2005. Communication accommodation theory: A look back and a look ahead. In W. B. Gudykunst (ed.). *Theorizing About Intercultural Communication.* Thousand Oaks, CA: SAGE. 121-148.

Gallois, C., A. Franklyn-Stokes, H. Giles & N. Coupland. 1988. Communication accommodation in intercultural encounters. In Y. Y. Kim & W. B. Gudykunst (eds.). *Theories of Intercultural Communication.* Newbury Park, CA: SAGE. 157-185.

Gamst, G. C. & C. T. H. Liang. 2013. A review and critique of multicultural competence measures: Towards a social justice-oriented health service delivery model. In F. A. Paniagua & A. M. Yamada (eds.). *Handbook of Multicultural Mental Health.* Oxford: Elsevier. 547-569.

Gardner, G. H. 1962. Cross-cultural communication. *The Journal of Social Psychology 58* (2): 241-256.

Garrett-Rucks, P. 2014. Measuring instructed language learners' IC development: Discrepancies between assessment models by Bennett and Byram. *International Journal of Intercultural Relations 41*: 181-191.

Garrott, J. R. 1991. Chinese Students' Cultural Values and Their Attitudes Toward English-Language Learning and Teaching. Ph.D. Dissertation. Austin: The University of Texas at Austin.

Garrott, J. R. 1995. Chinese cultural values: New angles, added insights. *International Journal of Intercultural Relations 19* (2): 211-225.

Gecas, V. 1971. Parental behavior and dimensions of adolescent self-evaluation. *Sociometry 34* (4): 466-482.

Geertz, C. 1973. *The Interpretation of Culture.* New York, NY: Basic Books.

Goffman, E. 1959. *The Presentation of Self in Everyday Life.* Harmondsworth: Penguin.

Goffman, E. 1967. *Interaction Rituals: Essays on Face-to-Face Behavior.* Chicago, IL: Aldine.

Goldstein, D. L. & D. H. Smith. 1999. The analysis of the effects of experimental training on sojourners' cross-cultural adaptability. *International Journal of Intercultural Relations 23* (1): 157-173.

Goodenough, W. H. 1964. Cultural anthropology and linguistics. In D. Hymes (ed.). *Language in Culture and Society: A Reader in Linguistics and Anthropology.* New York, NY: Harper & Row. 36-39.

Gordon, R. D. 2007. Beyond the failures of Western communication theory. *Journal of Multicultural Discourses 2* (2): 89-107.

Graf, A. & L. K. Harland. 2005. Expatriate selection: Evaluating the discriminant, convergent, and predictive validity of five measures of interpersonal and intercultural competence. *Journal of Leadership & Organizational Studies 11* (2): 46-62.

Green, R. A. 2014. The Delphi technique in educational research. *SAGE Open 4* (2): 1-8.

Greenholtz, J. F. 2005. Does intercultural sensitivity across cultures? Validity issues in porting instruments across languages and cultures. *International Journal of Intercultural Relations 29*: 73-89.

Gu, X. L. 2016. Assessment of intercultural communicative competence in FL education: A survey on EFL teachers' perception and practice in China. *Language and Intercultural Communication 16* (2): 254-273.

Gudykunst, W. B. 1995. Anxiety/uncertainty management (AUM) theory: Current status. In R. L. Wiseman (ed.). *Intercultural Communication Theory.* Thousand Oaks, CA: SAGE. 8-58.

Gudykunst, W. B. 1998a. Applying anxiety/uncertainty management (AUM) theory to intercultural adjustment training. *International Journal of Intercultural Relations 22* (2): 227-250.

Gudykunst, W. B. 1998b. *Bridging Differences: Effective Intergroup Communication* (3rd edition). Thousand Oaks, CA: SAGE.

Gudykunst, W. B. 2004. *Bridging Differences: Effective Intergroup Communication* (4th edition). Thousand Oaks, CA: SAGE.

Gudykunst, W. B. 2005. An anxiety/uncertainty management (AUM) theory of effective communication: Making the mesh of the net finer. In W. B. Gudykunst (ed.). *Theorizing About Intercultural Communication.* Thousand Oaks, CA: SAGE. 281-332.

Gudykunst, W. B. & M. R. Hammer. 1984. Dimensions of intercultural effectiveness: Culture specific or culture general? *International Journal of Intercultural Relations* *8* (1): 1-10.

Gudykunst, W. B., M. R. Hammer & R. L. Wiseman. 1977. An analysis of an integrated approach to cross-cultural training. *International Journal of Intercultural Relations* *1* (2): 99-110.

Gudykunst, W. B., S. M. Yang & T. Nishida. 1987. Cultural differences in self-construal and self-consciousness. *Communication Research* *14* (1): 7-34.

Gullahorn, J. T. & J. E. Gullahorn. 1963. An extension of the U-curve hypothesis. *Journal of Social Issues* *19* (3): 33-47.

Habermas, J. 1970. Toward a theory of communicative competence. *Inquiry: An Interdisciplinary Journal of Philosophy* *13* (1-4): 360-375.

Habermas, J. 1976. Some distinctions in universal pragmatics. *Theory and Society* *3* (2): 155-167.

Hall, B. J. 1997. Culture, ethics, and communication. In F. L. Casmir (ed.). *Ethics in Intercultural and International Communication*. Mahwah, NJ: Lawrence Erlbaum Associates. 11-41.

Hall, E. T. 1976. *Beyond Culture*. New York, NY: Anchor Books.

Hammer, M. R. 2011. Additional cross-cultural validity testing of the Intercultural Development Inventory. *International Journal of Intercultural Relations* *35* (4): 474-487.

Hammer, M. R. 2015. The developmental paradigm for intercultural competence research. *International Journal of Intercultural Relations* *48*: 12-13.

Hammer, M. R. & M. J. Bennett. 1998. *The Intercultural Development Inventory (IDI) Manual*. Portland, OR: The Intercultural Communication Institute.

Hammer, M. R., M. J. Bennett & R. L. Wiseman. 2003. Measuring intercultural sensitivity: The intercultural development inventory. *International Journal of Intercultural Relations* *27* (4): 421-443.

Hammer, M. R., W. B. Gudykunst & R. L. Wiseman. 1978. Dimensions of intercultural effectiveness: An exploratory study. *International Journal of Intercultural Relations* *2* (4): 382-393.

Hannigan, T. P. 1990. Traits, attitudes, and skills that are related to intercultural effectiveness and their implications for cross-cultural training: A review of the literature. *International Journal of Intercultural Relations 14* (1): 89-111.

Harb, C. & P. B. Smith. 2008. Self-construals across cultures: Beyond independence-interdependence. *Journal of Cross-Cultural Psychology 39* (2): 178-197.

Harris, J. G. 1973. A science of the South Pacific: Analysis of the character structure of the Peace Corps volunteer. *American Psychologist 28* (3): 232-247.

Harris, P. R. & R. T. Moran. 1987. *Managing Cultural Differences*. Houston, TX: Gulf Publishing Company.

Haslett, B. B. 2014. A face model of intercultural communicative competence. In X. D. Dai & G. M. Chen (eds.). *Intercultural Communication Competence: Conceptualization and Its Development in Cultural Contexts and Interactions*. Newcastle upon Tyne: Cambridge Scholars Publishing. 118-143.

Hinner, M. B. 2014. Perceiving intercultural competence in a business context. In X. D. Dai & G. M. Chen (eds.). *Intercultural Communication Competence: Conceptualization and Its Development in Cultural Contexts and Interactions*. Newcastle upon Tyne: Cambridge Scholars Publishing. 293-314.

Hofstede, G. 2009. The moral circle in intercultural competence: Trust across cultures. In D. K. Deardorff (ed.). *The SAGE Handbook of Intercultural Competence*. Thousand Oaks, CA: SAGE. 85-99.

Holmes, P. & G. O'Neill. 2012. Developing and evaluating intercultural competence: Ethnographies of intercultural encounters. *International Journal of Intercultural Relations 36* (5): 707-718.

Howard-Hamilton, M. E., B. J. Richardson & B. Shuford. 1998. Promoting multicultural education: A holistic approach. *College Student Affairs Journal 18*: 5-17.

Hui, C. H. & H. C. Triandis. 1985. Measurement in cross-cultural psychology: A review and comparison of strategies. *Journal of Cross-Cultural Psychology 16* (2): 131-152.

Hunter, B., G. P. White & G. C. Godbey. 2006. What does it mean to be globally competent? *Journal of Studies in Intercultural Education 10* (3): 267-285.

Hymes, D. 1972. On communicative competence. In J. B. Pride & J. Holmes (eds.). *Sociolinguistics: Selected Readings*. Harmondsworth: Penguin. 35-71.

Imahori, T. T. & W. R. Cupach. 2005. Identity management theory: Facework in intercultural relationships. In W. B. Gudykunst (ed.). *Theorizing About Intercultural Communication*. Thousand Oaks, CA: SAGE. 195-210.

Imahori, T. T. & M. L. Lanigan. 1989. Relational model of intercultural communication competence. *International Journal of Intercultural Relations 13* (3): 269-286.

Ingulsrud, J. E., K. Kai, S. Kadowaki, S. Kurobane & M. Shiobara. 2002. The assessment of cross-cultural experience: Measuring awareness through critical text analysis. *International Journal of Intercultural Relations 26* (5): 473-491.

Jacobson, W., D. Sleicher & B. Maureen. 1999. Portfolio assessment of intercultural competence. *International Journal of Intercultural Relations 23* (3): 467-492.

Jandt, F. E. 2004. *Intercultural Communication: A Global Reader.* Thousand Oaks, CA: SAGE.

Jia, W. S. 2001. *The Remaking of the Chinese Character and Identity in the 21st Century: The Chinese Face Practices*. Westport, CT: Ablex Publishing.

Karenga, M. 1990. Toward a sociology of Maatian ethics: Literature and context. In M. Karenga (ed.). *Reconstructing Kemetic Culture: Papers, Perspectives, Projects*. Los Angeles, CA: University of Sankore Press. 66-96.

Karenga, M. 1997. *Kawaida: A Communitarian African Philosophy*. Los Angeles, CA: University of Sankore Press.

Karenga, M. 2008. *Kawaida: A Celebration of Family, Community and Culture*. Los Angeles, CA: University of Sankore Press.

Kassing, J. W. 1997. Development of the intercultural willingness to communicate scale. *Communication Research Reports 14* (4): 399-407.

Kealey, D. J. 2015. Some strengths and weaknesses of 25 years of research on intercultural communication competence: Personal reflections. *International Journal of Intercultural Relations 48*: 14-16.

Kelly, C. & J. Meyers. 1987. *Cross-Cultural Adaptability Inventory Manual*. Minneapolis, MN: National Computer Systems.

Kennedy, D. J. 1998. Acculturation and coping: A longitudinal study of Singaporeans abroad. Paper presented at the Annual Conference of the Society for Australian Social Psychologists, Christchurch, New Zealand.

Kezar, A. & D. Maxey. 2016. The Delphi technique: An untapped approach of participatory research. *International Journal of Social Research Methodology 19* (2): 143-160.

Kim, M. S. 2002. *Non-Western Perspectives on Human Communication*. Thousand Oaks, CA: SAGE.

Kim, Y. Y. 2001a. *Becoming Intercultural: An Integrative Theory of Communication and Cross-Cultural Adaptation*. Thousand Oaks, CA: SAGE.

Kim, Y. Y. 2001b. Mapping the domain of intercultural communication: An overview. *Communication Yearbook 24* (1): 139-156.

Kim, Y. Y. 2015. Achieving synchrony: A foundational dimension of intercultural communication competence. *International Journal of Intercultural Relations 48*: 27-37.

Kim, Y. Y. & B. D. Ruben. 1988. Intercultural transformation: A systems theory. In Y. Y. Kim & W. B. Gudykunst (eds.). *Theories in Intercultural Communication*. Newbury Park, CA: SAGE. 299-321.

King, P. M. & M. B. Baxter Magolda. 2005. A developmental model of intercultural maturity. *Journal of College Student Development 46* (6): 571-592.

Koester, J. & M. W. Lustig. 1991. Communication curricula in the multicultural university. *Communication Education 40* (3): 250-254.

Koester, J. & M. W. Lustig. 2015. Intercultural communication competence: Theory, measurement, and application. *International Journal of Intercultural Relations 48*: 20-21.

Koester, J. & M. Olebe. 1988. The behavioral assessment scale for intercultural communication effectiveness. *International Journal of Intercultural Relations 12* (3): 233-246.

Koester, J., R. L. Wiseman & J. A. Sanders. 1993. Multiple perspectives of intercultural communication competence. In R. L. Wiseman & J. Koester (eds.). *Intercultural Communication Competence*. Newbury Park, CA: SAGE. 3-15.

Korzilius, H., A. van Hooft, B. Planken & C. Hendrix. 2011. Birds of different feathers? The relationship between multicultural personality dimensions and foreign language mastery in business professionals working in a Dutch agricultural multinational. *International Journal of Intercultural Relations 35* (5): 540-553.

Lee, L. Y. & B. M. Sukoco. 2010. The effects of cultural intelligence on expatriate performance: The moderating effects of intercultural experience. *The International Journal of Human Resource Management 21* (7): 963-981.

Leeds-Hurwitz, W. 1990. Notes in the history of intercultural communication: The Foreign Service Institute and the mandate for intercultural training. *Quarterly Journal of Speech 76* (3): 262-281.

Lieberman, D. A. & G. Gamst. 2015. Intercultural communication competence revisited: Linking the intercultural and multicultural fields. *International Journal of Intercultural Relations 48*: 17-19.

Lim, T. S. 1994. Facework and interpersonal relationships. In S. Ting-Toomey (ed.). *The Challenge of Facework: Cross-Cultural and Interpersonal Issues*. Albany, NY: State University of New York Press. 209-229.

Liu, S., Z. Volčič & C. Gallois. 2014. *Introducing Intercultural Communication: Global Cultures and Contexts* (2nd edition). Thousand Oaks, CA: SAGE.

Logan, S., Z. Steel & C. Hunt. 2016. Intercultural willingness to communicate within health services: Investigating anxiety, uncertainty, ethnocentrism and help seeking behavior. *International Journal of Intercultural Relations 54*: 77-86.

Lustig, M. W. & J. Koester. 1993. *Intercultural Competence: Interpersonal Communication Across Cultures* (1st edition). Boston, MA: Allyn and Bacon.

Lustig, M. W. & J. Koester. 2002. *Intercultural Competence: Interpersonal Communication Across Cultures* (4th edition). Boston, MA: Allyn and Bacon.

Lustig, M. W. & B. H. Spitzberg. 1993. Methodological issues in the study of intercultural communication competence. In R. L. Wiseman & J. Koester (eds.). *Intercultural Communication Competence*. Newbury Park, CA: SAGE. 153-167.

Lysgaard, S. 1955. Adjustment in a foreign society: Norwegian Fulbright grantees visiting the United States. *International Social Science Bulletin 7*: 45-51.

McCroskey, J. C. 1992. Reliability and validity of the willingness to communicate scale. *Communication Quarterly 40* (1): 16-25.

Mader, T. F. & D. C. Mader. 1990. *Understanding One Another*. Dubuque, IA: Wm. C. Brown Publishers.

Manian, R. & S. Naidu. 2009. India: A cross-cultural overview of intercultural competence. In D. K. Deardorff (ed.). *The SAGE Handbook of Intercultural Competence*. Thousand Oaks, CA: SAGE. 233-248.

Martin, J. N. 1993. Intercultural communication competence: A review. In R. L. Wiseman & J. Koester (eds.). *Intercultural Communication Competence*. Newbury Park, CA: SAGE. 16-29.

Martin, J. N. 2015. Revisiting intercultural communication competence: Where to go from here. *International Journal of Intercultural Relations 48*: 6-8.

Martin, J. N. & M. R. Hammer. 1989. Behavioral categories of intercultural communication competence: Everyday communicators' perceptions. *International Journal of Intercultural Relations 13* (3): 303-332.

Martin, J. N. & T. K. Nakayama. 1997. *Intercultural Communication in Contexts* (1st edition). Mountain View, CA: Mayfield.

Martin, J. N. & T. K. Nakayama. 1999. Thinking dialectically about culture and communication. *Communication Theory 9*: 1-25.

Martin, J. N. & T. K. Nakayama. 2010. *Intercultural Communication in Contexts* (5th edition). Boston: McGraw-Hill.

Martin, J. N., T. K. Nakayama & D. Carbaugh. 2014. The history and development of the study of intercultural communication and applied linguistics. In J. Jackson (ed.). *The Routledge Handbook of Language and Intercultural Communication*. New York, NY: Routledge. 17-36.

Matsumoto, D. & H. C. Hwang. 2013. Assessing cross-cultural competence: A review of available tests. *Journal of Cross-Cultural Psychology 44* (6): 849-873.

Matsumoto, D., J. A. LeRoux, R. Bernhard & H. Gray. 2004. Unraveling the psychological correlates of intercultural adjustment potential. *International Journal of Intercultural Relations 28* (3-4): 281-309.

Matsumoto, D., J. A. LeRoux, C. Ratzlaff, H. Tatani, H. Uchida, C. Kim & S. Araki. 2001. Development and validation of a measure of intercultural adjustment potential in Japanese sojourners: The Intercultural Adjustment Potential Scale (ICAPS). *International Journal of Intercultural Relations 25* (5): 483-510.

May, S. K. 2015. Case study methods. In J. M. Bennett (ed.). *The SAGE Encyclopedia of Intercultural Competence*. Thousand Oaks, CA: SAGE. 41-44.

McCroskey, J. C. 2001. Factor analysis of the GENE scale. Unpublished manuscript, West Virginia University.

Medina-López-Portillo, A. & J. H. Sinnigen. 2009. Interculturality versus intercultural competence in Latin America. In D. K. Deardorff (ed.). *The SAGE Handbook of Intercultural Competence*. Thousand Oaks, CA: SAGE. 233-263.

Miike, Y. 2003. Beyond Eurocentrism in the intercultural field: Searching for an

Asiacentric paradigm. In W. J. Starosta & G. M. Chen (eds.). *Ferment in the Intercultural Communication Field: Axiology/Value/Praxis*. Thousand Oaks, CA: SAGE. 243-276.

Miike, Y. 2007. An Asiacentric reflection on Eurocentric bias in communication theory. *Communication Monographs 74* (2): 272-278.

Miike, Y. 2010. Culture as text and culture as theory: Asiacentricity and its *raison d'être* in intercultural communication research. In T. K. Nakayama & R. T. Halualani (eds.). *The Handbook of Critical Intercultural Communication*. Oxford, UK: Wiley-Blackwell. 190-215.

Miike, Y. 2012. Harmony without uniformity: An Asiacentric worldview and its communicative implications. In L. Samovar, R. Porter, E. R. McDaniel & C. S. Roy (eds.). *Intercultural Communication: A Reader* (13th edition). Boston, MA: Cengage Learning. 65-80.

Miike, Y. & J. Yin. 2015. Asiacentricity and shapes of the future: Envisioning the field of intercultural communication in the globalization era. In L. Samovar, R. Porter, E. R. McDaniel & C. S. Roy (eds.). *Intercultural Communication: A Reader* (14th edition). Boston, MA: Cengage Learning. 449-465.

Miyahara, A. 1995. Meta-theoretical issues in conceptualization of Japanese communication competence. *Keio Communication Review 17*: 63-82.

Miyahara, A. 1999. Examining cultural boundaries in the communication studies: The case of Japanese interpersonal communication competence. *Keio Communication Review 21*: 23-35.

Miyahara, A. 2004. Toward theorizing Japanese interpersonal communication competence from a non-Western perspective. In F. E. Jandt (ed.). *Intercultural Communication: A Global Reader*. Thousand Oaks, CA: SAGE. 279-292.

Moemeka, A. 1996. Interpersonal communication in communalistic societies in Africa. In W. B. Gudykunst, S. Ting-Toomey & T. Nishida (eds.). *Personal Communication Across Cultures*. Thousand Oaks, CA: SAGE. 197-216.

Montagliani, A. & R. A. Giacalone. 1998. Impression management and cross-cultural adaptation. *Journal of Social Psychology 138* (5): 598-608.

Moon, T. 2010. Emotional intelligence correlates of the four-factor model of cultural intelligence. *Journal of Managerial Psychology 25* (8): 876-898.

Morris, R. T. 1960. *The Two-Way Mirror: National Status in Foreign Students' Adjustment.* Minneapolis, MN: University of Minnesota Press.

Mowlana, H. 2014. Communication and cultural setting: An Islamic perspective. In M. K. Asante, Y. Miike & J. Yin (eds.). *The Global Intercultural Communication Reader* (2nd edition). New York, NY: Routledge. 237-247.

Mutahhari, A. M. 1985. *Fundamentals of Islamic Thought: God, Man, and the Universe,* trans. R. Campbell. Berkley, CA: Mizau Press.

Nakayama, T. K. & J. N. Martin. 2014. Ethical issues in intercultural communication competence: A dialectical approach. In X. D. Dai & G. M. Chen (eds.). *Intercultural Communication Competence: Conceptualization and Its Development in Cultural Contexts and Interactions.* Newcastle upon Tyne: Cambridge Scholars Publishing. 97-117.

Neuliep, J. W. 2002. Assessing the reliability and validity of the Generalized Ethnocentrism Scale. *Journal of Intercultural Communication Research 31*: 201-215.

Neuliep, J. W. & J. C. McCroskey. 1997a. The development of a US and generalized ethnocentrism scale. *Communication Research Report 14* (4): 385-398.

Neuliep, J. W. & J. C. McCroskey. 1997b. The development of the intercultural and interethnic communication apprehension scales. *Communication Research Reports 14* (2): 145-156.

Nezakatgoo, B. 2011. Portfolio as a viable alternative in writing assessment. *Journal of Language Teaching and Research 2* (4): 747-756.

Nishida, H. 1999. A cognitive approach to intercultural communication based on schema theory. *International Journal of Intercultural Relations 23* (5): 753-777.

Nwosu, P. O. 2009. Understanding Africans' conceptualization of intercultural competence. In D. K. Deardorff (ed.). *The SAGE Handbook of Intercultural Competence.* Thousand Oaks, CA: SAGE. 158-178.

Oberg, K. 1960. Culture shock: Adjustment to new cultural environment. *Practical Anthropology 7*: 177-182.

Okayama, C. M., S. B. Furuto & J. Edmondson. 2001. Components of cultural competence: Attitudes, knowledge, and skills. In R. Fong & S. B. Furuto (eds.). *Culturally Competent Practice: Skills, Interventions, and Evaluations.* Boston, MA: Allyn & Bacon. 89-100.

Olebe, M. & J. Koester. 1989. Exploring the cross-cultural equivalence of the behavioral assessment scale for intercultural communication. *International Journal of Intercultural Relations 13* (3): 333-347.

Osland, J. S. 2008. Overviewing of the global leadership literature. In M. Mendenhall, J. S. Osland, A. Bird & M. Maznevski (eds.). *Global Leadership: Research, Practice, and Development.* London: Routledge. 34-63.

Paige, R. M., M. Jacobs-Cassuto, Y. A. Yershova & J. DeJaeghere. 2003. Assessing intercultural sensitivity: An empirical analysis of the Hammer and Bennett Intercultural Development Inventory. *International Journal of Intercultural Relations 27* (4): 467-486.

Panggabean, H., J. Murniati & H. Tjitra. 2013. Profiling intercultural competence of Indonesians in Asian workgroups. *International Journal of Intercultural Relations 37* (1): 86-98.

Peng, R. Z. & W. P. Wu. 2016. Measuring intercultural contact and its effects on intercultural competence. *International Journal of Intercultural Relations 53*: 16-27.

Perry, L. B. & L. Southwell. 2011. Developing intercultural understanding and skills: Models and approaches. *Intercultural Education 22* (6): 453-466.

Portalla, T. & G. M. Chen. 2010. The development and validation of the intercultural effectiveness scale. *Intercultural Communication Studies 19* (3): 21-37.

Porter, R. E. & L. A. Samovar. 1976. Communicating interculturally. In L. A. Samovar & R. E. Porter (eds.). *Intercultural Communication: A Reader.* Belmont, CA: Wadsworth.

Presbitero, A. 2016. Cultural intelligence (CQ) in virtual, cross-cultural interactions: Generalizability of measures and links to personality dimensions and task performance. *International Journal of Intercultural Relations 50*: 29-38.

Pruegger, V. J. & T. B. Rogers. 1993. Development of a scale to measure cross-cultural sensitivity in the Canadian context. *Canadian Journal of Behavioural Sciences 25* (4): 615-621.

Rathje, S. 2007. Intercultural competence: The status and future of a controversial concept. *Language & Intercultural Communication 7* (4): 254-266.

Remmers, H. H., N. L. Gage & J. F. Rummel. 1960. *A Practical Introduction to Measurement and Evaluation.* New York, NY: Harper & Brothers.

Rowe, G. & G. Wright. 1999. The Delphi technique as a forecasting tool: Issues and analysis. *International Journal of Forecasting 15* (4): 353-375.

Ruben, B. D. 1976. Assessing communication competency for intercultural adaptation. *Group & Organization Management 1* (3): 334-354.

Ruben, B. D. 1977. Guidelines for cross-cultural communication effectiveness. *Group & Organization Management 2*: 470-479.

Ruben, B. D. 1985. Human communication and cross-cultural effectiveness. In L. A. Samovar & R. E. Porter (eds.). *Intercultural Communication: A Reader.* Belmont, CA: Wadsworth. 338-346.

Ruben, B. D. & D. J. Kealey. 1979. Behavioral assessment of communication competency and the prediction of cross-cultural adaptation. *International Journal of Intercultural Relations 3* (1): 15-47.

Ruben, B. D., L. R. Askling & D. J. Kealey. 1977. Cross-cultural effectiveness. In D. Hoops, P. Pedersen & G. Renwick (eds.). *Overview of Intercultural Training, Education and Research (1).* Washington, DC: Society for Intercultural Education, Training and Research. 95-105.

Samovar, L. A., R. E. Porter & E. R. McDaniel. 2009. *Intercultural Communication: A Reader* (12th edition). Boston, MA: Cengage Learning.

Samovar, L. A., R. E. Porter & L. A. Stefani. 2000. *Communication Between Cultures.* Beijing: Foreign Language Teaching and Research Press.

Savicki, V., R. Downing-Burnette, L. Heller, F. Binder & W. Suntinger. 2004. Contrasts, changes, and correlates in actual and potential intercultural adjustment. *International Journal of Intercultural Relations 28* (3-4): 311-329.

Schneider, M. J. & W. Jordan. 1981. Perceptions of communicative performance of Americans and Chinese in intercultural dyads. *International Journal of Intercultural Relations 5* (2): 175-191.

Searle, W. & C. Ward. 1990. The prediction of psychological and sociocultural adjustment during cross-cultural transition. *International Journal of Intercultural Relations 14* (4): 449-464.

Shi-xu, 2009. Reconstructing Eastern paradigms of discourse studies. *Journal of Multicultural Discourse 4* (1): 29-48.

Sitlington, H. & A. Coetzer. 2015. Using the Delphi technique to support curriculum development. *Education & Training 57* (3): 306-321.

Smith, M. J. 1988. *Contemporary Communication Research Methods*. Belmont, CA: Wadsworth.

Sorrells, K. 2013. *Intercultural Communication: Globalization and Social Justice*. Thousand Oaks, CA: SAGE.

Sorrells, K. 2014. Intercultural praxis: Transforming intercultural communication competence for the 21st century. In X. D. Dai & G. M. Chen (eds.). *Intercultural Communication Competence: Conceptualization and Its Development in Cultural Contexts and Interactions*. Newcastle upon Tyne: Cambridge Scholars Publishing. 144-168.

Spensor-Oatey, H. 2002. Managing rapport in talk: Using rapport sensitive incidents to explore the motivational concerns underlining relation management. *Journal of Pragmatics 34* (5): 529-545.

Spensor-Oatey, H. 2005. (Im)Politeness, face and perceptions of rapport: Unpacking their bases and interrelationships. *Journal of Politeness Research 1* (1): 95-119.

Spensor-Oatey, H. 2007. Theories of identity and the analysis of face. *Journal of Pragmatics 39* (4): 639-656.

Spitzberg, B. H. 1989. Issues in the development of a theory of interpersonal competence in the intercultural context. *International Journal of Intercultural Relations 13*: 241-268.

Spitzberg, B. H. 1993. The dialectics of (in)competence. *Journal of Social and Personal Relationships 10*: 137-158.

Spitzberg, B. H. 1997. A model of intercultural communication competence. In L. A. Samovar, R. E. Porter & E. R. McDaniel (eds.). *Intercultural Communication: A Reader* (8th edition). Belmont, CA: Cengage Learning. 379-391.

Spitzberg, B. H. 2009. A model of intercultural communication competence. In L. A. Samovar, R. E. Porter & E. R. McDaniel (eds.). *Intercultural Communication: A Reader* (12th edition). Belmont, CA: Cengage Learning. 347-359.

Spitzberg, B. H. 2015. Is past prologue, or just passed and lacking presence? *International Journal of Intercultural Relations 48*: 24-26.

Spitzberg, B. H. & G. Changnon. 2009. Conceptualizing intercultural competence. In D. K. Deardorff (ed.), *The SAGE Handbook of Intercultural Competence*. Thousand Oaks, CA: SAGE. 2-52.

Spitzberg, B. H. & W. R. Cupach. 1984. *Interpersonal Communication Competence.* Beverly Hills, CA: SAGE.

Takai, J. 2015. Positivist research paradigm. In J. M. Bennett (ed.). *The SAGE Encyclopedia of Intercultural Competence.* Thousand Oaks, CA: SAGE. 678-681.

Takai, J. & H. Ota. 1994. Assessing Japanese interpersonal communication competence. *The Japanese Journal of Experimental Social Psychology 33* (3): 224-236.

Tamam, E. 2010. Examing Chen and Starosta's model of intercultural sensitivity in a multiracial collectivistic country. *Journal of Intercultural Communication Research 39* (3): 173-183.

Ting-Toomey, S. 1988. Intercultural conflict management: A face-negotiation theory. In Y. Y. Kim & W. B. Gudykunst (eds.). *Theories in Intercultural Communication.* Newbury Park, CA: SAGE. 213-235.

Ting-Toomey, S. 1993. Communicative resourcefulness: An identity negotiation theory. In R. L. Wiseman & J. Koester (eds.). *Intercultural Communication Competence.* Newbury Park, CA: SAGE. 72-111.

Ting-Toomey, S. 1999. *Communicating Across Cultures.* New York, NY: The Guilford Press.

Ting-Toomey, S. 2005. The matrix of face: An updated face-negotiation theory. In W. B. Gudykunst (ed.). *Theorizing About Intercultural Communication.* Thousand Oaks, CA: SAGE. 71-92.

Ting-Toomey, S. & A. Kurogi. 1998. Facework competence in intercultural conflict: An updated face-negotiation theory. *International Journal of Intercultural Relations 22* (2): 187-225.

Van de Vijver, F. J. R. & K. Leung. 2009. Methodological issues in researching intercultural competence. In D. K. Deardorff (ed.). *The SAGE Handbook of Intercultural Competence.* Thousand Oaks, CA: SAGE. 404-418.

Van der Zee, K. I. & J. P. van Oudenhoven. 2000. The multicultural personality questionnaire: A multidimensional instrument of multicultural effectiveness. *European Journal of Personality 14* (4): 291-309.

Van der Zee, K. I. & J. P. van Oudenhoven. 2013. Culture shock or challenge? The role of personality as a determinant of intercultural competence. *Journal of Cross-Cultural Psychology 44* (6): 928-940.

Van der Zee, K. I., N. Atsma & F. Brodbeck. 2004. The influence of social identity and personality on outcomes of cultural diversity in teams. *Journal of Cross-Cultural Psychology 35* (35): 283-303.

Van der Zee, K. I., J. N. Zaal & J. Piekstra. 2003. Validation of the multicultural personality questionnaire in the context of personal selection. *European Journal of Personality 17* (S1): 77-100.

Van der Zee, K. I., J. P. van Oudenhoven, J. G. Ponterotto & A. W. Fietzer. 2013. Multicultural Personality Questionnaire: Development of a short form. *Journal of Personality Assessment 95* (1): 118-124.

Van Ek, J. A. 1986. *Objectives for Foreign Language Learning Vol. 1: Scope*. Strasbourg: Council of Europe.

Van Oudenhoven, J. P. & K. I. van der Zee. 2002. Predicting multicultural effectiveness of international students: The Multicultural Personality Questionnaire. *International Journal of Intercultural Relations 26* (6): 679-694.

Wang, W. T. & M. M. Zhou. 2016. Validation of the short form of intercultural sensitivity (ISS-15). *International Journal of Intercultural Relations 55*: 1-7.

Wang, Y. A. & S. J. Kulich. 2015. Does context count? Developing and assessing intercultural competence through an interview- and model-based domestic course design in China. *International Journal of Intercultural Relations 48*: 38-57.

Ward, C. & A. Kennedy. 1999. The measurement of sociocultural adaptation. *International Journal of Intercultural Relations 23* (4): 659-677.

Ward, C. & A. Rana-Deuba. 1999. Acculturation and adaptation revisited. *Journal of Cross-Cultural Psychology 30* (4): 422-442.

Ward, C., J. Wilson & R. Fischer. 2011. Assessing the predictive validity of cultural intelligence over time. *Personality and Individual Differences 51* (2): 138-142.

Ward, C., Y. Okura, A. Kennedy & T. Kojima. 1998. The U-curve on trial: A longitudinal study of psychological and sociocultural adjustment during cross-cultural transition. *International Journal of Intercultural Relations 22* (3): 277-291.

Wiseman, R. L. 2003. Intercultural communication competence. In W. B. Gudykunst (ed.). *Cross-Cultural and Intercultural Communication*. Thousand Oaks, CA: SAGE. 191-208.

Wiseman, R. L. & H. Abe. 1984. Finding and explaining differences: A reply to Gudykunst and Hammer. *International Journal of Intercultural Relations 8* (1): 11-16.

Wiseman, R. L. & J. Koester. (eds.). 1993. *Intercultural Communication Competence.* Newbury Park, CA: SAGE.

Witteborn, S. 2003. Communicative competence revisited: An emic approach to studying intercultural communicative approach. *Journal of Intercultural Communication Research 32*: 187-203.

Xiao, X. S. & G. M. Chen. 2009. Communication competence and moral competence: A Confucian perspective. *Journal of Multicultural Discourses 4* (1): 61-74.

Yamamoto, S. 1998. Applying the developmental model of intercultural sensitivity in Japanese context. *Journal of Intercultural Communication 2*: 77-100.

Yoo, S. H., D. Matsumoto & J. A. LeRoux. 2006. The influence of emotion regulation and emotion recognition on intercultural adjustment. *International Journal of Intercultural Relations 30* (3): 345-363.

Yuen, Y. M. & D. L. Grossman. 2009. The intercultural sensitivity of student teachers in three cities. *Compare: A Journal of Comparative and International Education 39* (3): 349-365.

Yum, J. O. 1988. The impact of Confucianism on interpersonal relationships and communication patterns in east Asia. *Communication Monographs 55* (4): 374-388.

Yum, J. O. 2012. Communication competence: A South Korean perspective. *China Media Research 8*: 11-17.

Zaharna, R. S. 2009. An associative approach to intercultural communication competence in the Arab world. In D. K. Deardorff (ed.). *The SAGE Handbook of Intercultural Competence.* Thousand Oaks, CA: SAGE. 179-195.

Zlobina, A., N. Basabe, D. Paez & A. Furham. 2006. Sociocultural adjustment of immigrants: Universal and group-specific predictors. *International Journal of Intercultural Relations 30* (2): 195-211.

陈国明，2009，《跨文化交际学》。上海：华东师范大学出版社。

陈国明，2014，跨文化传播学的现状与未来发展。载洪浚浩（主编），《传播学新趋势（下）》。北京：清华大学出版社。582-605。

陈国明、彭文正、叶银娇、安然，2011，《传播研究方法》。上海：复旦大学出版社。

陈平原，1998，《中国现代学术之建立——以章太炎、胡适之为中心》。北京：北京大学出版社。

戴晓东，2011，《跨文化交际理论》。上海：上海外语教育出版社。

范伟达，2001，《现代社会研究方法》。上海：复旦大学出版社。

冯天瑜、何晓明、周积明，2005，《中华文化史》。上海：上海人民出版社。

高一虹，1998，跨文化交际能力的"道"与"器"，《语言教学与研究》（3）：39-53。

高一虹，2002，跨文化交际能力的培养："跨越"与"超越"，《外语与外语教学》（10）：
27-31。

高永晨，2003，跨文化交际中文化移情的适度原则，《外语与外语教学》（8）：29-32。

高永晨，2005，跨文化交际中文化移情能力的价值与培养，《外语与外语教学》（12）：
17-19。

高永晨，2014，中国大学生跨文化交际能力测评体系的理论框架构建，《外语界》（4）：
80-88。

顾晓乐，2017，外语教学中跨文化交际能力培养之理论和实践模型，《外语界》（1）：
79-88。

胡庚申，2004，《国际交流语用学——从实践到理论》。北京：清华大学出版社。

黄文红，2013，跨文化交际能力理论模型：中国与西方的对比，《西安外国语大学学报》
（4）：37-40。

黄文红，2017，中国跨文化敏感度量表的初步构建，《外语教学理论与实践》（2）：92-98。

贾玉新，1997，《跨文化交际学》。上海：上海外语教育出版社。

金燕玲，2007，中韩日文化对比：从社会交往行为角度，《上海商学院学报》（4）：63-65。

雷纳德，2008，《传播研究方法导论》(Introduction to Communication Research)，李本
乾等译。北京：中国人民大学出版社。

李申，2006，《简明儒学史》。北京：中国人民大学出版社。

林大津，1996，跨文化交际能力新探，《福建师范大学学报（哲学社会科学版）》（3）：
58-62。

罗杰斯，2005，《传播学史——一种传记式的方法》。上海：上海译文出版社。

任仕超、梁文霞，2014，中外远程协作课程对跨文化交际能力影响的实证研究，《外语
界》（6）：87-94。

任裕海，2007，跨文化能力的伦理维度，《南京社会科学》（10）：98-102。

史兴松，2014，外语能力与跨文化交际能力社会需求分析，《外语界》（6）：79-86。

孙有中，2016，外语教育与跨文化能力培养，《中国外语》（3）：17-22。

王振亚，1990，社会文化测试分析，《外语教学与研究》（4）：32-36。

王振亚，1994，社会文化测试分析，载胡文仲（主编），《文化与交际》。北京：外语教
学与研究出版社。108-125。

文秋芳，2004，《应用语言学研究方法与论文写作》。北京：外语教学与研究出版社。

文秋芳，2012，《中国外语类大学生思辨能力现状研究》。北京：外语教学与研究出版社。

吴卫平、樊葳葳、彭仁忠，2013，中国大学生跨文化能力维度及评价量表分析，《外语教学与研究》（4）：581-592。

许力生，1997，交际能力与跨文化交际，《浙江大学学报（人文社会科学版）》（3）：105-110。

许力生，2011，跨文化能力构建再认识，《浙江大学学报（人文社会科学版）》（3）：132-139。

许力生、孙淑女，2013，跨文化能力递进——交互培养模式构建，《浙江大学学报（人文社会科学版）》（4）：113-121。

严文华，2009，西方人格工具在中国：文化的思考——以多元文化人格问卷为例，《心理科学》（4）：932-935。

严文华、车笠，2012，美国留学生在中国的跨文化适应研究。载戴晓东、顾力行（主编），《跨文化适应（一）：理论探索与实证研究》。上海：上海外语教育出版社。173-204。

杨建培，2012，《跨文化能力培养论——以德语教学为例》。上海：同济大学出版社。

杨寿堪、王成兵，2014，《实用主义的中国之旅》。北京：中国社会科学出版社。

杨盈、庄恩平，2007，构建外语教学跨文化交际能力框架，《外语界》（4）：13-21。

余英时，2004，《文史传统与文化重建》。北京：生活·读书·新知三联书店。

张淳，2014，中国高校外语教师信念量化研究——基于跨文化交际能力的培养，《中国外语》（6）：91-95。

张惠晶，2004，台湾人际传播理论重建。载陈国明（主编），《中华传播理论与原则》。台北：五南出版社。169-202。

张红玲，2007，《跨文化外语教学》。上海：上海外语教育出版社。

张卫东、杨莉，2012，跨文化交际能力体系的构建——基于外语教育视角和实证研究方法，《外语界》（2）：8-16。

郑全全、赵立、谢天，2010，《社会心理学研究方法》。北京：北京师范大学出版社。

钟华、樊葳葳，2013，中国大学生跨文化交际能力量具构建的理论框架，《中国外语教育》（3）：19-28。

钟华、白谦慧、樊葳葳，2013，中国大学生跨文化交际能力自测量表构建的先导研究，《外语界》（3）：47-56。

钟振升，2004，气的传播理论和语文策略。载陈国明（主编），《中华传播理论与原则》。台北：五南出版社。519-539。

朱云影，2007，《中国文化对日韩越的影响》。桂林：广西师范大学出版社。

推荐文献

Asante, M. K., Y. Miike & J. Yin (eds.). 2014. *The Global Intercultural Communication Reader* (2nd edition). New York, NY: Routledge.

Byram, M. 1997. *Teaching and Assessing Intercultural Communicative Competence.* Clevedon: Multilingual Matters.

Chen, G. M. 2010. *A Study of Intercultural Communication Competence.* Hong Kong: China Review Academic Publishers.

Chen, G. M. & W. J. Starosta. 1998. *Foundations of Intercultural Communication.* Boston, MA: Allyn & Bacon.

Dai, X. D. & G. M. Chen (eds.). 2014. *Intercultural Communication Competence: Conceptualization and Its Development in Cultural Contexts and Interactions.* Newcastle upon Tyne: Cambridge Scholars Publishing.

Deardorff, D. K. 2006. Identification and assessment of intercultural competence as a student outcome of internationalization. *Journal of Studies in International Education* 10 (3): 241-266.

Deardorff, D. K. (ed.). 2009. *The SAGE Handbook of Intercultural Competence.* Thousand Oaks, CA: SAGE.

Gudykunst, W. B. (ed.). 2005. *Theorizing About Intercultural Communication.* Thousand Oaks, CA: SAGE.

Jackson, J. (ed.). 2012. *The Routledge Handbook of Language and Intercultural Communication.* New York, NY: Routledge.

Kim, Y. Y. 2001. *Becoming Intercultural: An Integrative Theory of Communication and Cross-Cultural Adaptation*. Thousand Oaks, CA: SAGE.

Lustig, M. W. & J. Koester. 2002. *Intercultural Competence: Interpersonal Communication Across Cultures* (4th edition). Boston, MA: Allyn and Bacon.

Matsumoto, D. & H. C. Hwang. 2013. Assessing cross-cultural competence: A review of available tests. *Journal of Cross-Cultural Psychology* 44 (6): 849-873.

Miike, Y. 2007. An Asiacentric reflection on Eurocentric bias in communication theory. *Communication Monographs* 74 (2): 272-278.

Sorrells, K. 2013. *Intercultural Communication: Globalization and Social Justice*. Thousand Oaks, CA: SAGE.

Ting-Toomey, S. 1999. *Communicating Across Cultures*. New York, NY: The Guilford Press.

索引

阿拉伯文化 7, 39, 90, 99, 103-106

包容 6, 36, 39-40, 44, 53-54, 75, 81, 113-115, 119-121, 125-127, 134-135, 143, 145, 157-158, 191, 197, 230, 237

本土视角 7-8, 41, 94, 228-231

辩证 29, 43, 71, 122, 140-141, 148-150

不确定性 5, 23-24, 30, 32, 58, 61, 74, 76, 82, 124-128, 143, 149, 157, 159, 163, 225

不武断 31, 37, 40, 75-76, 86-87, 143, 147, 157-158, 197, 203

测量 2, 9-10, 13, 16-17, 22, 27-28, 33, 41, 46, 49-50, 161, 168, 174, 177, 183-194, 196, 199-200, 202, 205, 207, 212, 219-221, 233-237

策略 6, 15, 24, 34, 47, 53, 64, 71, 82, 110-111, 113-114, 128-133, 155, 161, 170, 190, 198, 206

超验性 43, 97-99

诚 91-92

道德 4, 6, 8, 15, 27, 34-35, 38, 41, 48, 78, 89-93, 96, 107-109, 112-113, 115, 119, 121-123, 126-128, 145-146, 148-150, 163, 166, 191, 221, 223, 228-229, 237

德尔菲方法（Delphi） 37, 172, 176-177, 183, 224

得体性 4, 23-24, 50, 57, 59-60, 78, 88-89, 94-96, 108, 110, 117, 136, 138, 143-144, 149, 165, 172, 178, 236

等级关系 33, 94, 96, 99

动机 6, 25, 29, 31-32, 36, 44, 47, 57-59, 68-73, 109-112, 125, 127-128, 130, 132, 134, 163, 189, 193-194, 196, 216-219, 226, 236-237

对话 3, 36, 43, 50, 60-61, 64, 80, 135, 143-145, 148-150, 164, 227-228,

230, 239

多元集体 80, 82

多元文化人格 3, 40, 187, 213-214

多元文化人格问卷（MPQ）40-41, 46, 187-188, 213-214, 216, 232, 235

访谈 11, 21, 26, 42, 171-175, 177-178, 182-183, 199, 235

非西方理论 8, 15, 39, 41-42, 50, 89-90, 99, 221, 228-230

非语言能力 104, 110

非洲文化 39, 90, 99-103, 119

分化 80, 129-130, 132-133

概念 2-5, 9-11, 14, 16-17, 19, 22, 25-27, 29-32, 34, 36-37, 43, 45, 48-51, 57, 59-60, 63, 65, 67, 71, 73, 77, 80-83, 86, 88-89, 91, 93, 99, 102-105, 109, 115, 123, 125, 127-128, 138-139, 141, 145, 147, 153, 156, 162-164, 166-167, 170, 172, 183, 193-194, 198, 202-203, 209, 216, 221-225, 231, 233-234, 236, 238

感应 10, 38, 91, 93, 228-229

个案研究 11, 171-172, 174, 178, 183

个人特性 3-4, 9, 20, 22-23, 25, 55, 60, 63, 66, 71, 76, 86, 88, 118, 122, 130, 132, 136-137, 157, 162-163, 197, 227, 237

构念效度 192-194, 196-197, 216, 219

观察法 173, 185, 193

关系 2-4, 6, 8, 10, 15, 21-26, 29, 31-34, 36, 38-41, 44, 46, 48-49, 52, 54-59, 62, 64-65, 67-73, 75-76, 88, 91-92, 94, 96-105, 107-108, 110, 112, 114-116, 118-121, 123-124, 126-134, 138-143, 146-149, 151-159, 164-166, 169-171, 174-176, 181, 185, 194, 209-210, 221-224, 229, 231-232, 234-235, 238

关系身份 139-141

过程 1, 3-4, 6, 8-9, 11, 19-21, 24, 26, 31-32, 38, 40, 43-45, 52, 55-56, 59-66, 68, 71, 74, 76-77, 79, 82-84, 86-88, 91, 94, 98, 104-105, 107, 110-112, 118-120, 122, 124-127, 129, 132-134, 136-143, 145, 147, 149, 151, 154-155, 157, 161-162, 166, 168-169, 171-173, 176-177, 179, 181-183, 193-194, 219-220, 223-228, 231, 234

韩国文化 7, 43, 90, 97-99, 231

互动管理 21, 31, 36, 57, 61-62, 70, 84-85, 185, 190, 209-210, 212

技能 2, 4-6, 8-10, 19-22, 31-32, 36-37, 39, 45, 47, 49-50, 55, 57-59, 61-70, 73, 76, 78, 84-85, 90, 93, 100, 104, 107-111, 113-116, 120-122, 157-158, 162-165, 175, 190-191, 196-197, 206, 209, 222-227, 230, 234, 237

技巧 5-6, 22-25, 32, 34, 36-37, 43-45, 47, 54, 60-62, 107, 114, 120, 129, 131-132, 134, 140, 142-145, 157, 163, 174, 176, 190, 206, 209-210, 212, 225, 236

价值 1, 4, 8, 10, 15, 20, 25, 27-29, 32-33, 35-36, 40-43, 45, 47, 49, 53-54, 61, 65, 75-78, 81, 89, 93-94, 96-97, 100, 102-103, 105, 107, 109-111, 113-115, 117, 120-121, 129, 137, 142, 145-149, 151-154, 158, 163, 166, 170, 183, 186, 191, 200, 207, 213, 228-229, 237

缄默 43, 97-99

焦虑 5, 23-24, 30, 32, 57, 61, 70, 124-128, 143, 159, 163, 225

阶段 4, 7, 14-16, 19-21, 25, 28, 39, 42, 47-48, 50, 53-56, 63, 74-76, 78, 84-86, 92, 134-135, 139-141, 162, 168-169, 175, 179, 189, 226-227

结果 3, 5-6, 12-13, 25, 31, 45, 47, 49, 57-59, 65, 68-71, 81, 88, 106-108, 111-113, 127, 135-139, 143, 152, 161-162, 165, 170, 174, 176-179, 181-183, 192-194, 196, 199, 202, 205, 209-210, 212, 216, 219-220, 222, 224, 233, 235-236

经验 5, 10, 20, 31, 36, 44, 46-47, 54, 57-59, 65-66, 71-73, 86-87, 119, 142, 152, 154, 173, 182, 194, 226, 236

刻板印象 29-30, 39, 75, 131, 179, 191

客位 6-8, 17, 72-73, 88, 123, 159

孔子学院 48, 154-156, 159

跨文化成熟 3, 52, 74-76

跨文化冲突 32, 124, 141-145, 166

跨文化发展 12, 33, 40-41, 189, 191

跨文化发展评价量表 (IDI) 12, 33, 40, 46, 189, 191, 232-233

跨文化交际能力 3, 6-7, 12-13, 25, 29, 34, 41, 44, 47-49, 52, 56-58, 60-67, 71-73, 189-190, 192, 194, 197, 235

跨文化交际能力量表 (ICCS) 12-13, 41, 46, 189-190, 192, 194, 196-197, 199, 220, 233, 235-236

跨文化交际行为评估量表 (BASIC) 28, 46, 185-186, 191

跨文化交际意愿量表 (IWTC) 13, 186-187, 192, 212

跨文化教学能力 154-156

跨文化敏感性 12-13, 25, 30-31, 33, 36, 40, 42, 44, 46, 49, 52-56, 62, 76, 93, 155, 166, 169-170, 179, 181, 186-187, 189, 191, 193-194, 202-203, 206, 212, 223

跨文化敏感性量表 (CCSS) 191

跨文化敏感性量表 (ISS) 12-13, 40-41, 46, 49, 186-187, 191-192, 199, 202-203, 205-206, 220, 232-233

跨文化敏感性评价量表 (ICSI) 33, 186, 233

跨文化能力 1-53, 55-60, 63-64, 66-
74, 76-83, 85, 88-119, 121-126,
128, 132, 135-140, 145, 148-172,
174-194, 196-197, 199, 202, 206,
213, 219-239
跨文化能力评估量表(AIC) 12, 191
跨文化人格 109-110, 112
跨文化身份 25, 38, 40, 42, 124, 135-
141, 159, 165
跨文化适应 5, 7, 24, 26, 28, 32, 38-39,
42, 45, 49, 56, 64, 124, 133-136,
151, 154-156, 159, 163, 165, 185,
191, 206, 209, 224, 226
跨文化适应能力评价量表(CCAI) 28,
185, 191, 233
跨文化调整潜力量表(ICAPS) 13, 188,
191, 232, 235
跨文化效力量表(IES) 12, 22, 45, 190,
206, 209-210, 212, 220
跨文化行为评估量表(IBAI) 12, 22, 28,
46, 185
跨文化语者 3, 63-64, 165
跨文化转变 38, 82, 134-136
礼 38, 92, 231
理论 2, 4-9, 11, 14-17, 20-23, 25-26,
28-45, 47-53, 55-57, 59-60, 63,
65-67, 70-74, 76-80, 83, 85-86,
88-91, 93-94, 96-97, 99-100,
102-103, 105-109, 112-113, 115-
119, 122-125, 128, 132-133, 136-

139, 141-145, 147-151, 153-154,
156, 159-161, 164, 166-167, 169-
170, 173, 176, 178, 181-182, 184,
188-189, 192-194, 197, 199, 206,
213, 216-217, 220-222, 225-232,
234, 238
理论建构 5, 9, 22-23, 25-26, 28, 35,
37, 41, 43, 49-50, 80, 91, 102,
106, 112-113, 230-231
量表 12-14, 16, 22, 28, 33, 40-41, 45-
46, 49, 179-180, 182-183, 185-
194, 196-197, 199-200, 202-203,
205-207, 209-210, 212-214, 216-
217, 219-220, 233-237
灵活性 6, 31, 33, 36-37, 39-40, 44, 61-
62, 75, 84-86, 92, 101, 113-114,
147, 154-160, 172-173, 185-186,
188, 190, 209-210, 213-214, 216,
225
灵巧性 31, 61-62, 223
留意 32, 118-119, 126-127, 142-145,
163, 165, 182
旅居者 21, 23, 26, 33, 56-58, 125, 133,
167, 188, 233
面子 1, 5, 7, 10, 23-25, 32-33, 38, 43,
94-95, 97, 102, 121, 124, 131,
133, 139-148, 159, 163, 165, 191,
231, 234-235
面子冲突 24-25, 32-33, 142
面子行为 7, 25, 32-33, 38, 124, 140-148,

159, 163, 165

陌生人 32, 38, 125-128, 133-136, 181, 191, 224, 226, 237

模型 5-7, 15, 20-21, 25, 29-34, 37, 39, 44, 47, 52, 55-60, 62-64, 66-77, 79, 81-89, 92-98, 105, 108-119, 122, 124-128, 131-132, 135, 138-139, 141-142, 144, 147, 150, 153-159, 181, 189, 194, 197, 199, 213, 216-217, 221-222, 225-227, 229, 231-232, 236, 238

批判思维 11, 37, 43, 115, 188

评估 2, 9-14, 16-19, 21-23, 27-29, 33-34, 36-37, 40-42, 44-46, 48-50, 87, 108, 116, 151, 157, 160-172, 174-179, 181-187, 191-194, 199, 206, 209, 213, 216, 220-222, 232-238

评估工具 12-14, 16-19, 21-22, 29, 33-34, 36, 40-42, 44-46, 48-49, 176, 183-184, 191-193, 199, 206, 213, 220-221, 232-238

普遍面子 145-146, 148

情感 2, 4, 6, 8, 10, 13-15, 18, 24, 26, 29-34, 41, 43, 45, 48, 55, 60-63, 69, 71-72, 84-85, 88-89, 91, 93-99, 104, 109, 112, 115-116, 118-119, 121-123, 125, 128, 130-131, 134, 143, 146-148, 154-155, 159, 163-164, 166, 168, 170, 175, 179,

181, 183, 187, 190, 193-194, 196, 199, 202-203, 209, 220-224, 227-230, 234, 236-237

倾听 36-37, 60, 62, 71-72, 96, 143-145, 149, 163-164, 194, 203, 214, 224, 236

趋同 107-108, 119, 129-130, 132-133

全球交际能力 33, 83-86

全球领导者 44, 156-159

全球能力 37, 52, 86-89, 222

全球思维 37, 84-86, 89, 157, 230

人道 43, 146, 148-150, 166, 227, 229

人格 3-4, 8, 20-22, 34, 40, 42, 74, 84, 86, 91, 107-110, 112, 134-135, 186-188, 195, 207, 213-214, 219, 234-236

认知 4, 6, 10-11, 24, 26, 29-31, 33, 37, 41, 44, 47-49, 54, 57, 59-63, 65, 72, 74-77, 84-88, 99-101, 109, 112, 120-122, 126, 130, 132, 143, 154, 157-159, 163, 170, 179, 186, 189-190, 194, 197, 202, 207, 209, 216-219, 222-225, 227, 236

日本文化 90, 93-97

儒家 7, 38, 90-93, 96-98, 102, 107, 228-229, 232

社会网络 45, 49, 104-106, 126, 225

社会文化适应量表(SCAS) 33, 186, 192, 206-207, 209, 232, 234

身份 2-3, 5-6, 23-26, 30-32, 36, 38,

40, 42-45, 47, 54-55, 60-62, 68,
75-76, 83-85, 100, 110, 118-122,
124-127, 129-130, 135-141, 143,
154, 158-159, 165, 167, 173, 190,
195-196, 198, 209-210, 212, 225,
230, 234-235

身份协商 2, 6, 23, 25-26, 30, 40, 42,
120-122, 124, 136-141, 159, 225

世界公民 3, 37, 84, 86-87, 89

世界主义 157-158, 227

实验法 11, 172, 175-177

适应 3, 5, 7-9, 20-21, 23-26, 28-29, 32-
33, 35-43, 45, 48-49, 53-56, 64,
68, 80-81, 83-84, 100, 109, 111,
114, 118, 124, 129, 133-136, 143-
144, 147, 151-152, 154-156, 159-
160, 163, 165, 169, 185-186, 188-
189, 191, 196, 206-210, 216, 218,
220, 224-227, 231, 234

实证主义 8, 11-12, 14, 21, 27, 29, 35-
36, 50

思辨 11, 47, 113-115

态度 6, 8, 22-25, 32-33, 37, 39, 43-44,
47, 49, 52-53, 55, 57, 60, 64-66,
71-73, 84, 87, 107, 110, 112-116,
118-119, 126-127, 129-130, 134,
143, 154-155, 157, 163-164, 168-
169, 172, 178, 183, 190-191, 193-
194, 196-197, 200, 205, 213, 224-
226, 229-230, 236

调整 3, 13-14, 21, 23, 26, 31, 38, 54-
55, 61-62, 65, 69, 81-82, 84, 100,
105, 110-111, 113-114, 119, 129,
131, 133, 135, 141, 143, 147, 149,
152, 154-155, 157, 182, 188-189,
191, 194, 197, 207, 213, 217, 224,
236

通融 5, 23-24, 26, 57, 124, 128-133,
159

外语教育 6-7, 17, 31, 42, 46-48, 52,
63, 66, 112, 116-118, 161, 165,
175, 238

委婉 8, 39, 43, 94, 97-99, 101-102

文化多样性 37, 39, 48, 116-117, 153-
154, 170, 216-217, 239

文化话语 77-79

文化间性 48, 118-119, 122, 151-153,
165

文化普遍 10, 20, 38, 71, 148

文化身份 3, 25, 38, 40, 42-43, 47, 54,
60-61, 110, 121, 124, 135-141,
159, 165, 195, 198, 210, 235

文化适应 5, 7, 20-21, 23-24, 26, 28,
32-33, 35-36, 38-40, 42, 45, 49, 56,
64, 124, 133-136, 151, 154-156, 159,
163, 165, 169, 185-186, 191, 206-
207, 209, 220, 224, 226, 234

文化特殊 10, 148

文化智力 3, 41, 151, 153, 189, 191, 216-
219

文化智力量表(CQS) 41, 46, 189, 191-192, 213, 216-217, 219-220, 232, 235, 237

文件夹 11, 171-172, 175, 178, 183

问卷 11, 13, 26, 40-41, 171-174, 176-178, 183, 185, 187-188, 199, 207, 213-214, 216

问卷调查 26, 171-174, 176-178

西方范式 8, 22-23, 25, 27-29, 34-35, 41, 56, 89, 230

西方理论 5, 8, 15, 17, 28, 35-36, 38-39, 41-42, 44-45, 48, 50, 88-90, 96, 99, 106-107, 109, 112-113, 119, 122-123, 128, 148, 166, 221, 228-230, 232

相互关系 6, 8, 21, 25, 39, 52, 56-59, 67, 70, 72-73, 75-76, 88, 97, 112, 115, 124, 128, 132-133, 141, 149, 157, 159, 181, 223

效度 14, 22, 34, 40-41, 45-46, 49, 174-176, 182, 185-194, 196-197, 199, 202, 205-206, 209, 212-213, 216, 219-220, 232-233, 235-238

协同 44, 143, 157

信度 14, 22, 34, 40-41, 45-46, 49, 175, 180, 182, 185-192, 194, 196, 199, 202, 205-206, 209, 212-213, 216, 219-220, 232-233, 235-236, 238

信任 44, 69, 71, 143-148, 202

悬置判断 30

一般化的族群中心主义量表(GENE) 13, 33, 187, 192, 199-200, 202, 220

意动 170

移情 5-7, 21, 29-31, 36, 39-40, 43-44, 49, 54, 57, 62-64, 71-73, 84-85, 97-99, 114, 116, 118-119, 122, 127, 143-144, 146-148, 163, 185-186, 188, 194, 203, 206-207, 209, 213-214, 216, 223-224, 226, 236

意识 6, 9, 13-14, 18, 21-22, 24-25, 30-32, 35-36, 39, 43-44, 47-49, 60-62, 64-67, 74-76, 83, 87, 93-94, 97, 104, 107, 110-114, 116-118, 120, 122, 126, 142-143, 151, 157-158, 162-164, 168, 175, 181, 190-191, 193-194, 197-199, 216-217, 220-223, 226-227, 230-231, 236-238

印象 24, 29-30, 39, 57, 59, 68-69, 75, 131, 179, 191, 204

因子分析 188, 194, 196-197, 199, 203, 205, 207, 210, 213-214, 217, 219

有效性 4, 9, 13, 20-24, 26, 28-29, 32, 36, 50, 57-60, 62, 64, 78, 88, 108, 110, 117, 124-128, 136, 143-144, 149, 155, 162, 165, 172, 178, 185, 188, 209-210, 213, 235

语境 1-3, 5, 16, 25-26, 31, 37, 39, 43-44, 47, 54-55, 59, 63, 67-71, 77, 83-85, 94, 96, 98, 103, 105, 109-

112, 123, 128-129, 132, 156, 158-159, 161, 164-165, 183, 186, 222, 228, 232-234

语言能力 6, 64, 66-67, 84-85, 104-106, 110, 128, 140, 163, 190

整合 1-2, 9, 14, 17, 25-26, 42, 44-45, 47-51, 53-56, 63, 68-73, 75-76, 81, 83, 102, 109, 113, 117, 120, 122-123, 135, 140, 145, 148, 150, 169, 177, 224-225, 227, 238-239

知识 2, 4-6, 8, 10-11, 13, 18-22, 24-25, 31-32, 34, 37, 39, 43, 45, 47, 49-50, 55, 57-61, 64-71, 73-74, 76, 78, 80, 82, 84, 86-87, 89-90, 93, 96, 99-100, 105, 107-120, 122-123, 126, 128, 133-134, 140, 142-146, 148, 151-152, 154, 157, 159-160, 162-165, 168, 170, 175, 178, 185, 190-191, 193, 197-198, 206, 216-217, 220-221, 223-225, 229-230, 234, 236-237

中国大学生跨文化交际能力自测量表 (ICCSRS) 13, 49, 190

中国大学生跨文化能力评估量表(ICCAS) 13, 49, 191-192, 194, 197, 220

主位 6-8, 17, 38, 72, 88, 93, 123, 231

自我 2, 4, 6, 8, 21, 24-25, 27, 30-33, 37-40, 43-44, 53-58, 60-61, 65, 70, 75-77, 82, 84-86, 91, 94-97, 100-102, 110-114, 118-122, 125-129, 132-135, 138-144, 146, 149, 151, 154, 157-159, 163-164, 166, 169, 175, 179-182, 185, 191, 195-197, 200-203, 205, 223, 227-229, 234-236

自信 40, 49, 58, 68, 104, 126, 146, 157-158, 187, 203-204, 217, 237

族群相对主义 25, 53-55, 169, 223, 226-227

族群中心主义 13, 25, 33, 39, 53-55, 57, 65, 72, 110, 120, 169, 187, 191, 193, 200, 202, 223, 226-227

组织跨文化能力 150-154, 159

组织协商能力 154-156

尊重 5, 21, 24, 32, 37-40, 43, 47-49, 57, 60, 67, 84-85, 93, 113, 116-118, 121-122, 127, 131, 143, 145-147, 149, 151, 153-156, 160, 164, 185, 187, 190, 197, 201-204, 210-212, 237

书名	书号	定价
北京四中语文课：亲近经典	9787515360980	59.00
从备课开始的56个英语创意教学：快速从小白老师到名师高手	9787515359878	49.90
美国学生写作技能训练	9787515355979	39.90
《道德经》妙解、导读与分享（诵读版）	9787515351407	49.00
京沪穗江浙名校名师联手教你：如何写好中考作文	9787515356570	49.00
京沪穗江浙名校名师联手授课：如何写好高考作文	9787515356686	49.80
人大附中中考作文取胜之道	9787515345567	39.80
人大附中高考作文取胜之道	9787515320694	49.90
人大附中学生这样学语文：走近经典名著	9787515328959	33.80
四界语文（入选《中国教育报》2017年度"教师喜爱的100本书"）	9787515348483	49.00
让小学一年级孩子爱上阅读的40个方法	9787515307589	39.90
让学生爱上数学的48个游戏	9787515326207	26.00
轻松100课教会孩子阅读英文	9787515338781	88.00
情商教育/心理咨询		
9节课，教你读懂孩子：妙解亲子教育、青春期教育、隔代教育难题	9787515351056	39.80
学生版盖洛普优势识别器（独一无二的优势测量工具）	9787515350387	169.00
与孩子好好说话（获"美国国家育儿出版物（NAPPA）金奖"）	9787515350370	39.80
中小学心理教师的10项修炼	9787515309347	36.00
别和青春期的孩子较劲（增订版）（入选《中国教育报》"2009年影响教师的100本书"）	9787515343075	28.00
100条让孩子胜出的社交规则	9787515327648	28.00
守护孩子安全一定要知道的17个方法	9787515326405	32.00
幼儿园/学前教育		
中挪学前教育合作式学习：经验·对话·反思	9787515364858	79.00
幼小衔接听读能力课	9787515364643	33.00
用蒙台梭利教育法开启0～6岁男孩潜能	9787515361222	45.00
德国幼儿的自我表达课：不是孩子爱闹情绪，是她/他想说却不会说！	9787515359458	59.00
德国幼儿教育成功的秘密：近距离体验德国学前教育理念与幼儿园日常活动安排	9787515359465	49.80
美国儿童自然拼读启蒙课：至关重要的早期阅读训练系统	9787515351933	49.90
幼儿园30个大主题活动精选：让工作更轻松的整合技巧	9787515339627	39.80
美国幼儿教育活动大百科：3-6岁儿童学习与发展指南用书 科学/艺术/健康与语言/社会	9787515324265等	600.00
蒙台梭利早期教育法：3-6岁儿童发展指南（理论版）	9787515322544	29.80
蒙台梭利儿童教育手册：3-6岁儿童发展指南（实践版）	9787515307664	33.00
自由地学习：华德福的幼儿园教育	9787515328300	29.90
赞美你：奥巴马给女儿的信	9787515303222	19.90
史上最接地气的幼儿书单	9787515329185	39.80
教育主张/教育视野		
父母不应该错过的犹太人育儿法	9787515365688	59.00
如何在线教学：教师在智能教育新形态下的生存与发展	9787515365855	49.00
正向养育：黑幼龙的慢养哲学	9787515365671	39.90
颠覆教育的人：蒙台梭利传	9787515365572	59.90
学习的科学：每位教师都应知道的77项教育研究成果	9787515364094	59.00

书名	书号	定价
真实性学习：如何设计体验式、情境式、主动式的学习课堂	9787515363769	49.00
哈佛前1%的秘密（俞敏洪、成甲、姚梅林、张梅玲推荐）	9787515363349	59.90
基于七个习惯的自我领导力教育设计：让学校育人更有道，让学生自育更有根	9787515362809	69.00
终身学习：让学生在未来拥有不可替代的决胜力	9787515360560	49.90
颠覆性思维：为什么我们的阅读方式很重要	9787515360393	39.90
如何教学生阅读与思考：每位教师都需要的阅读训练手册	9787515359472	39.00
"互联网+"时代，如何做一名成长型教师	9787515340302	29.90
教出阅读力	9787515352800	39.90
为学生赋能：当学生自己掌控学习时，会发生什么	9787515352848	33.00
如何用设计思维创意教学：风靡全球的创造力培养方法	9787515352367	39.80
如何发现孩子：实践蒙台梭利解放天性的趣味游戏	9787515325750	32.00
如何学习：用更短的时间达到更佳效果和更好成绩	9787515349084	49.00
教师和家长共同培养卓越学生的10个策略	9787515331355	27.00
★ 如何阅读：一个已被证实的低投入高回报的学习方法	9787515346847	39.00
★ 芬兰教育全球第一的秘密（钻石版）（《中国教育报》等主流媒体专题推荐）	9787515359922	59.00
世界最好的教育给父母和教师的45堂必修课（《芬兰教育全球第一的秘密》2）	9787515342696	28.00
★ 杰出青少年的7个习惯（精英版）	9787515342672	39.00
杰出青少年的7个习惯（成长版）	9787515335155	29.00
★ 杰出青少年的6个决定（领袖版）（全国优秀出版物奖）	9787515342658	49.90
★ 7个习惯教出优秀学生（第2版）（全球畅销书《高效能人士的七个习惯》教师版）	9787515342573	39.90
学习的科学：如何学习得更好更快（入选中国教育网2016年度"影响教师的100本书"）	9787515341767	39.80
杰出青少年构建内心世界的5个坐标（中国青少年成长公开课）	9787515314952	59.00
★ 跳出教育的盒子（第2版）（美国中小学教学经典畅销书）	9787515344676	35.00
夏烈教授给高中生的19场讲座	9787515318813	29.90
★ 学习之道：美国公认经典学习书	9787515342641	39.00
★ 翻转学习：如何更好地实践翻转课堂与慕课教学（中国教育新闻网2015年度"影响教师的100本书"）	9787515334837	32.00
★ 翻转课堂与慕课教学：一场正在到来的教育变革	9787515328232	26.00
翻转课堂与混合式教学：互联网+时代，教育变革的最佳解决方案	9787515349022	29.80
翻转课堂与深度学习：人工智能时代，以学生为中心的智慧教学	9787515351582	29.80
★ 奇迹学校：震撼美国教育界的教学传奇（中国教育新闻网2015年度"影响教师的100本书"）	9787515327044	36.00
★ 学校是一段旅程：华德福教师1-8年级教学手记	9787515327945	49.00
★ 高效能人士的七个习惯（30周年纪念版）（全球畅销书）	9787515360430	79.00

您可以通过如下途径购买：
1. 书　　店：各地新华书店、教育书店。
2. 网上书店：当当网（www.dangdang.com）、亚马逊中国网（www.amazon.cn）、天猫（zqwts.tmall.com）
　　　　　　京东网（www.360buy.com）。
3. 团　　购：各地教育部门、学校、教师培训机构、图书馆团购，可享受特别优惠。
　　购书热线：010-65511272 / 65516873